中外教育交流与变革书系

ZHONGWAI JIAOYU
JIAOLIU YU BIANGE
SHUXI

余子侠　主编

外人来华从教授业的历史考察

◎／兰　军　著

中原出版传媒集团
中原传媒股份公司
大象出版社
·郑州·

图书在版编目(CIP)数据

外人来华从教授业的历史考察/兰军著.—郑州：
大象出版社，2022.12
（中外教育交流与变革书系）
ISBN 978-7-5711-1656-9

Ⅰ.①外… Ⅱ.①兰… Ⅲ.①外国人-教师-教育工作-研究-中国-近现代 Ⅳ.①G451.2

中国版本图书馆 CIP 数据核字(2022)第 231335 号

外人来华从教授业的历史考察
WAIREN LAIHUA CONGJIAO SHOUYE DE LISHI KAOCHA

兰　军　著

出 版 人	汪林中
责任编辑	刘慧静　包　卉　陈　洁
责任校对	李婧慧　陶媛媛
版式设计	付锇锇
封面设计	王晶晶
责任印制	郭　锋

出版发行	大象出版社(郑州市郑东新区祥盛街 27 号　邮政编码 450016)
	发行科　0371-63863551　总编室　0371-65597936
网　　址	www.daxiang.cn
印　　刷	郑州新海岸电脑彩色制印有限公司
经　　销	各地新华书店经销
开　　本	720 mm×1020 mm　1/16
印　　张	20.5
字　　数	356 千字
版　　次	2022 年 12 月第 1 版　2022 年 12 月第 1 次印刷
定　　价	92.00 元

若发现印、装质量问题，影响阅读，请与承印厂联系调换。
印厂地址　郑州市鼎尚街 15 号
邮政编码　450002　　　　电话　0371-67358093

总序

人类社会已进入这样的历史时期——任何国家要想跻身于世界强国之列,必须高度重视教育。人才是国家强盛的战略资源,而人才的培养依赖教育的发展。教育交流与互鉴,对教育的发展有重要的促进作用。缘此,今日在认定教育为立国之本的同时,积极推进和发展与世界各国之间的教育交流,既是历史之必然,也是时代之应然。

一

早在十多年前,笔者在组织撰研中外教育交流丛书时,就阐明自学校教育在中国社会产生以来,中华民族的教育交流在不断地推进和发展。站在中国自身的角度或立场,这种教育交流大致可分为顺向交流、逆向交流和互向交流几种类型。笔者还根据学校教育与中华文化变迁和传衍之间的关系,大致分析了每种教育交流类型在中国历史进程中的主要特征或表现。

所谓顺向交流,是指在教育领域以中国为定点,通过相应的途径,将自身处于先进地位的文明因子和文化成分传输给其他的国家或民族的交流活动。以这种方式发生教育交流活动之时，中华文明往往处于一种上势地位或先进态势，通过相应的教育交流渠道，传播或输出到与己交流的国家或民族。例如中国近代以前的教育交流就是顺向交流，正是这种顺向教育交流，促进了今日人们所言的"东方儒学文化圈"的形成。

所谓逆向交流，则是中国作为一个文化的接受者，通过种种教育交流的渠道，将他国或他民族的先进文明因子和文化养分吸纳或引进国内，再结合国情所需融收化解于自身文明之中。其时自身的教育基本处于一种后进态势。这种逆向交流初现于明清之际，尤其突显于近代。这种类型的教育交流，推动了中国学校教育的变革和更新。

所谓互向交流是指在中外教育交流过程中，既有中华文化通过相应的教育交流途径传输给其他国家或民族，同时又有他国文化或他种文明输入中国的教育领域。其时教育交流的双方各有对方可资借鉴和吸纳的文明因子与文化养分。这种教育交流的情形，近二三十年来比较明显。它促进了中外文化的交流与互鉴，推动着人类文明的发展。

回望历史，上述三种教育交流类型只是以一种静态的眼光相对而言，其实无论在哪一个历史时期，中外教育交流的活动方式及文化内容，都不是单一的类型在发生或进行，而是顺向交流时也有逆向交流发生，逆向交流时也有顺向交流活动，或者互向交流发生时一时顺向交流占据优势，一时逆向交流成为主流。这不仅因为人类社会各个民族或国家，其文化各有优势，任何时候交流的双方互相都有可取之处，还因为双方的政治、经济、文化以及国际地位都处于一种恒动状态，故而在借鉴和吸收对方先进文化养分和积极文明因子时，也将自身的优良因素传输给对方，反之也是。如若求其区别，只是态度方面的积极与消极，作为方面的主动与被动，流量方面的充沛与弱小，以及交流时选择层面与领域的不同而已。要言之，教育，使人类社会走向文明且日益进步；交流，使教育事业得以创新而不断发展。

二

根据哲学的变易观点，任何事物只有不断地输入活性因子或吸纳新鲜养分，才能真正做到"日新，日日新"，具有"生生不息"的生命力。学校教育，无论其教育制度、教学内容，还是教育的思想理论、教学的方式方法，都只有不断地吸纳新的养分，才能够适应人类社会的发展和时代的需求，才能求其"系统"的活力常新，以利其更好地发挥自身的社会功能。

进入近代社会，中国发生"数千年来未有之变局"，国际政治地位由传统的"天朝上邦"沦落为贫弱挨打的后进之国，主体经济形态表现为自给自足的农耕经济被迫纳入世界工商经济的运行轨道。与之相应的传统教育系统，同样处于必须革新的历史关头。于是，通过教育交流我国的学校及其知识人才的培养获得了"自救"：学校教育系统吸纳新的养分，在艰难的"蜕变"过程中走向"涅槃"。

这一过程，在后人看来不过是万变宇宙间的一瞬，但在我国学校教育的发展历程中是一个极其重要的阶段，基本完成了中国学校教育的历史转型。这一转型，由何而起、因何而生、如何实现以及有何成效和经验教训，都值得学界去分析、总结，并借以探究其历史发展的规律性。因此，我们有必要也应该对这一历史时期的"中外教育交流"与中国教育的应变、革新与发展进行系统性研究和总结。

三

本书系定名为"中外教育交流与变革"，其中"交流"指中外之间在教育领域的交流，"变革"则指中国自身学校教育的变革。这两者自近代中国新式教育产生之后，一直处于一种相互联系又互相促进的状态。但学校教育无论是在理论层面、制度层面，或是教育教学实践层面，若进行线性梳理和分析，涉及的方方面面实在太多，不是一个小小的书系即能完事，因此在着手选题时，既要考虑研究者自身的学研能力和知识基础，又要考虑研究内容具有一定代表性。其结果就是产生了"码堆"的10部著作或10个方面的研究，虽说有些杂乱，但并非完全无"章"。

就学校教育的层次看，有学前教育方面和研究生教育层级的交流和变革作代表。就学校教育的类型看，有专门美术教育和电化教育这两种不同形态的教育交流与演变作代表。就教育交流的主体而言，既有来华者，也有华人出国者；既有受教者——学生群体，也有授教者——教师群体。就教育交流的成效而言，既有促进自身教育发展的教育翻译，又有促进中国社会变化的人才培养……当然，就教育交流的主要渠道或重要途径而言，留学教育及留学生群体着墨最多。就教育交流的流向及成效而言，则选题大多立足于中国自身教育的变革和发展。所有这些选题，从时间上来看，大多立足于"近代"。但如前面所言，中外教育交流与中国学校教育的发展，进入了一个新的历史阶段，即在过去近一个半世纪主要呈现为逆向交流的基础上，已开始转入以互向交流为主要特征的时代。缘此，本书系在外人来华留学和中外合作办学两项研究上，将其时间下限延至"当代"——以利于人们借以窥见新的"时代变局"中教育交流流向、形态变化之一斑。

纵观中华民族自古以来的教育交流，既有将自身已有的最先进文化推向世界的活动，亦有从其他先进的国家或民族摄取自身所需的文明因子的行为。在这种传输与求取、播衍与认同人类新知的过程中，中华民族通过种种途径一直未停歇教育交流活动，直到今天，仍在深化拓展与世界各国的教育交流与互鉴，为构建人类命运共同体贡献力量。

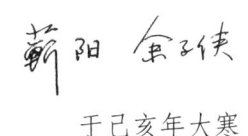

蕲阳 余子侠
于己亥年大寒

目 录

导论 001

第一章　外籍教师来华背景和从教轨迹 017
　第一节　外籍教师来华从教活动缘起 019
　第二节　来华教师授业活动历史轨迹 029

第二章　外籍教师来华渠道及数量统计分析 077
　第一节　外籍教师来华渠道 079
　第二节　外籍教师数量统计与分析 095

第三章　外籍教师的任聘管理 123
　第一节　聘任 125
　第二节　奖励 141
　第三节　薪酬 148

第四节　学术休假 ……………………………………… 164
　　第五节　离任 …………………………………………… 167

第四章　外籍教师的知识传授 ……………………………… 175
　　第一节　倾心教学活动 ………………………………… 177
　　第二节　完善课程设置 ………………………………… 204

第五章　外籍教师的学术探究 ……………………………… 231
　　第一节　语言学、宗教学研究及文学批评与创作 …… 233
　　第二节　历史学研究 …………………………………… 240
　　第三节　社会学研究 …………………………………… 246
　　第四节　理学研究 ……………………………………… 250
　　第五节　工学研究 ……………………………………… 255
　　第六节　农学研究 ……………………………………… 258

第六章　外籍教师对中国近代大学构建的影响 …………… 263
　　第一节　设科建系　传播新知 ………………………… 265
　　第二节　培养人才　发展新学 ………………………… 283
　　第三节　架设桥梁　促进交流 ………………………… 292

结语　外籍教师在华授业的现实观照 ……………………… 304

主要参考文献 ………………………………………………… 309

后记 …………………………………………………………… 316

导 论

清朝晚期，中国教育开始走上由传统向现代的转型之路。在这种历史转变过程中，中国不断尝试找寻新型教育模式。而此时，登上中国教育舞台的外籍教师连同他们在华从教所引起的知识流动，对中国新型教育模式的发展产生了不可小觑的作用。他们将西方的教育思想、教育制度、教学内容与方法带到中国校园，并在学术素养、教学风范等方面对中国学生的成长过程产生影响。他们所拥有的迥异于中国传统学校教师的办学理念和知识结构，拓宽了中国学生的文化眼界，丰富了中华文化的知识体系，促使在中国构筑的现代教育体系呈现出更加多姿多彩的图景。鉴于此，本书谨以在近代中国大学中从教授业的外国来华人物为研究对象①，探寻这一特殊的教师群体在中国高等学府内从教授业的情况，进而探索中国现代高等教育的发展轨迹，供当代高等教育机构在延聘外籍教师方面参考借鉴。

一 研究缘由

清末至20世纪50年代初期，数以千计的外籍教师在中国近代新式教育机构里任教，从事科学研究。他们传播西方的学科知识，带来多样的教学方法。然而，目前对这个中国近代新式教育机构中特殊的教师群体的研究还比较少，其形成、结构特征乃至对中国高等教育产生的影响等问题，至今还较为模糊。鉴于此，本研究作为中外教育交流的一个聚焦点，对厘清外籍教师群体与中国近代高等教育事业的诸多关系有一定意义。

首先，本研究可以丰富我国教师史和中外教育交流史的研究成果。本研

---

① 本书的叙述与论析，会兼及在早期准高等教育机构的洋务学堂中任职的外籍教师。

究所涉及的在华外籍教师,特指在中国有固定任职学校,并与之签订有任教合同,任教时间较长的教学研究人员。这些人不同于来华讲学的外国学者,后者不专门服务于某所学校,一般用专题演讲的方式来华交流学术思想与研究成果。既往对外籍教师的学术研究,或以个体形式展开,或在校史中略有提及,缺少对整个近现代中国学校中外籍教师群体的系统研究。本研究有助于廓清基本史实,客观还原外籍教师在华期间的生活和工作概况。通过阐释外籍教师的来华缘由、活动轨迹、聘用管理、职业行为及历史贡献等问题,初步勾勒出中国近代高等教育领域外籍教师的授业概貌,充实当前教师史和中外教育交流史的研究。

其次,本研究亦出于促进高校教师队伍建设国际化的现实需求。教师队伍建设的国际化程度,是当今评价一所大学的重要指标之一。中国现代学校并不是中国古代学校的自然延伸和发展,而是通过对西方教育模式的借鉴、模仿成长起来的。可以说,中国现代学校的发展进程,是一个不断国际化的过程。在这个过程中,聘用外籍教师,是其中一个重要方面和重大举措。近百年,中国大学聘请了数以千计的外籍教师,涉及众多学科领域。他们来华从教授业,部分解决了中国高校创建初期师资匮乏的问题,在一定程度上提升了高等教育学术研究的层次,提高了中国新式教育机构的教学管理水平。自清末以降,对外籍教师的管理举措,可以为现今高校的外籍教师管理提供不少有益的借鉴。同时,外籍教师在教学、学科建设、科学研究以及社会服务等方面的实践与经验,值得我们进行总结和深入探讨。

二 研究概况

基于上述原因,笔者以手头所能搜集到的资料为依据,对有关近代外国来华人士从教授业研究的主要学术成果做出简要的概述及评析。依据不同的视角和内容,这些研究大致可归为两大类——以人物个体为研究对象和依据教师群体定研究主题。

(一)从个体的角度,开展对外籍人士从教授业活动的研究

以个体为研究对象,对中国近代外籍人士从教授业活动的研究,主要

集中于那些在教会大学掌校且声誉甚高的外籍校长,或在著名大学执教且有重大学术影响的人物,如丁韪良(W. A. P. Martin)、狄考文(Calvin. W. Mateer)、司徒雷登(John Leighton Stuart)、卜舫济(F. L. Hawks Pott)、葛赉恩(J. W. Cline)、魏馥兰(Francis John White)、瑞恰慈(I. A. Richards)、罗伯特·温德(Robert Winter)、班威廉(William Band)、贝德士(Miner Searle Bates)、葛利普(Amadeus William Grabau)、葛德石(George Babcock Cressey)、服部宇之吉、毕启(Joseph Beech)等。而对个体的研究,又主要从以下几方面展开。

1. 对外籍人士个人在华从教授业活动进行整体分析

国内学术界已陆续开展了对京师同文馆总教习丁韪良、燕京大学校长司徒雷登、圣约翰大学校长卜舫济、东吴大学生物学教授祁天锡(Nathaniel Gist Gee),以及金陵大学著名历史教授贝德士的研究。其中代表性论著和论文有:苏精的《清季同文馆及其师生》①,较为全面地叙述评论了丁韪良在京师同文馆时期的活动;王文兵的《丁韪良与中国》②则对丁韪良在中国传播西方文化特别是在京师同文馆的活动进行了总结性研究。史静寰所著《狄考文与司徒雷登——西方新教传教士在华教育活动研究》③,对狄考文和司徒雷登创办学校、发展教育的历程以及他们的教育思想,展开了较系统的研究。罗义贤所著《司徒雷登与燕京大学》④,从燕京大学创建和发展的历程,对司徒雷登在燕京大学实施的办学理念、教育实践,以及司徒雷登在燕京大学创立与发展中的影响和作用进行了研究,并予以较为客观和公正的评价。美国学者丹尼尔·W.费舍(Daniel W. Fisher)所著《狄考文传——一位在中国山东生活了四十五年的传教士》⑤,通过引用狄考文生前所写的日记、书信、文章、著述等,较系统地叙述了狄考文创办登州蒙养学堂(文会馆)和山东大学堂的经历。作为狄考文在大学和神学院时的同窗好友和终生知己,费舍站在资深学者和

---

① 苏精:《清季同文馆及其师生》,福建教育出版社,2018年。
② 王文兵:《丁韪良与中国》,外语教学与研究出版社,2008年。
③ 史静寰:《狄考文与司徒雷登——西方新教传教士在华教育活动研究》,珠海出版社,1999年。
④ 罗义贤:《司徒雷登与燕京大学》,贵州人民出版社,2005年。
⑤ [美]丹尼尔·W.费舍:《狄考文传——一位在中国山东生活了四十五年的传教士》,关志远、苗凤波、关志英译,广西师范大学出版社,2009年。

教育家的高度，对传主做了全面而深入的介绍。石建国所著《卜舫济传记》，是国内第一本研究卜舫济的专著。虽名为传记，其实真正涉及卜舫济个人经历的笔墨并不多，作者更注重梳理卜舫济的教育理念，解析卜舫济所主持的圣约翰大学教育模式的盛衰过程。比较而言，石建国撰写的博士论文《卜舫济研究》①，则以圣约翰大学在卜舫济担任校长期间发生的变化为主线，从"圣约翰模式"出发，比较全面地阐释了卜舫济的教育思想。项建英所撰《卜舫济的大学教育思想及办学实践》②，探讨了卜舫济的"生命之丰富"和"性格之培养"的大学教育宗旨，阐释了卜舫济把学生训练成为"未来领袖和司令官"的大学教育目标，还分析了卜舫济对外为学校积极筹款、对内则以家庭理念经营学校的办学实践活动。美国学者威廉·哈斯（William J. Haas）所著《行走中国：祁天锡的科学生涯》，全面介绍了祁天锡1901—1920年在东吴大学授课、编写教材、创立生物系、培养学生、建设实验室和从事科学研究等活动，还论及祁天锡在燕京大学副校长职位上的工作情形。美国学者伯特·斯特恩（Bert Stern）所著《温德先生：亲历中国六十年的传奇教授》③，讲述了美籍教师罗伯特·温德在北京大学、清华大学执教的授业经历。余婉卉撰写《〈吴宓日记〉中的老温德》④，借助《吴宓日记》的有关记载来研究温德与中外学人的交往，其如陈寅恪、李济、温源宁、翟孟生（R. D. Jameson）夫妇、王文显、楼光来、徐志摩、叶崇智、钱端升、瑞恰慈、杨宗翰、魏智（H.Vetch）等。孙洪庆所撰《班威廉在中国（1929—1945）》⑤，研究了燕京大学英籍教授班威廉在中国的教学科研经历，并对其主要贡献做了简单的评述。作为贝德士的学生，章开沅对金陵大学历史系美籍教授贝德士颇有研究：在《实斋笔记》的《忆贝德士》篇章中，章开沅谈到贝德士有两大贡献，一是创建金陵大学历史系并促进其发展，一是全面抗战期间维护校产并救济南京难民；在《贝

---

①石建国：《卜舫济研究》，上海师范大学博士学位论文（2008年）。
②项建英：《卜舫济的大学教育思想及办学实践》，《高教探索》2008年第2期。
③[美]伯特·斯特恩：《温德先生：亲历中国六十年的传奇教授》，马小悟、余婉卉译，北京大学出版社，2016年。
④余婉卉：《〈吴宓日记〉中的老温德》，《读书》2016年第5期。
⑤孙洪庆：《班威廉在中国（1929—1945）》，载《2008年全国博士生学术论坛——科学技术哲学论文集》，山西大学2008年印行，第1—12页。

德士文献研究》①一书中，章开沅在对耶鲁大学图书馆所藏贝德士文献的研究基础上，对贝德士的生平尤其对其在南京大屠杀中为抗议日军暴行、挽救难民生命财产所做的艰苦卓绝的活动进行了研究；另他在所撰的《中国教会大学的历史命运——以贝德士文献（Bates' Papers）为实证》②一文中指出，司徒雷登、贝德士等现代派传教士教育家认识到并顺应了基督教本土化、中国化潮流，并且为现代中国社会做出了大量有益的工作，同时指出由于长期在中国生活和工作，有一大批外国传教士已不同程度中国本土化了。

2. 对外籍人士个人于中国学术领域贡献展开专题研究

研究有关外籍教师在华从事教育活动时对中华学术研究的贡献，这一方面的代表论著和论文主要有王启龙、邓小咏合著的《钢和泰学术评传》③，第一次向世人展示了俄籍学者钢和泰（Alexander von Stael-Holstein）在华从教活动的真实面貌。该书有专篇讨论了钢和泰与中国近现代学术的关系。在内容翔实的文字中，笔者认为钢和泰为北京大学后来在东方学领域执中华学术界的牛耳奠定了一定的基础。容新芳所著《I.A.瑞恰慈与中国文化：中西方文化的对话及其影响》④，从文化和文学比较研究的角度，探讨了瑞恰慈与中国文化的多次接触、在中国的教学实践以及在中国普及"基本英语"的探索工作，阐释了中国文化对他的影响和他对中国学界的影响，特别强调了瑞恰慈在中西文化交流方面的杰出贡献。此外还有多位学者从瑞恰慈文艺理论的角度对其展开研究，如陈越的论文《重审与辨正——瑞恰慈文艺理论在现代中国的译介与反应》⑤等。张雷撰写的《葛德石与中国近代地理学》⑥，对葛德石在中国的主要教育活动展开了较为全面的研究：在沪江大学创建地质与地理系，为中国培养地学人才；在中国进行广泛的地理考察，纠正中国地理文本上的诸多错误；撰写著述深化对中国地理的认识，向世界传播中国地理知识；与

---

① 章开沅：《贝德士文献研究》，广西师范大学出版社，2011年。
② 章开沅：《中国教会大学的历史命运——以贝德士文献（Bates' Papers）为实证》，《上海社会科学院学术季刊》1996年第1期。
③ 王启龙、邓小咏：《钢和泰学术评传》，北京大学出版社，2009年。
④ 容新芳：《I.A.瑞恰慈与中国文化：中西方文化的对话及其影响》，商务印书馆，2012年。
⑤ 陈越：《重审与辨正——瑞恰慈文艺理论在现代中国的译介与反应》，《中国现代文学研究丛刊》2009年第2期。
⑥ 张雷：《葛德石与中国近代地理学》，《地理学报》2009年第10期。

中国地理学界广泛交往，推动了中国地理学的近代化与国际化。作者通过对葛德石在中国的学术活动进行总结和分析，在一定程度上揭示了中国近代地理学的发展轨迹。瑞典学者扬帆（Jan Romgard）撰写的《新常富：民国时期中瑞地质学合作的开创者》①，对新常富（Erik Nystrom）在山西大学供职期间从事的地质研究和人才培养工作进行了探讨。潘云唐撰写的《葛利普——中国地质科学工作者的良师益友》②，是第一篇用中文撰写研究葛利普的文章，描述了这位美籍地质学家在中国古生物学和地质学教育与研究方面的贡献；孙承晟撰写的《葛利普与北京博物学会》③，将北京大学美籍教授葛利普作为20世纪具有重要影响的古生物学家和地质学家来看待，认为葛氏主持出版的《北平博物杂志》极大地促进了其时中国生物学的发展。孙丽青撰写的《服部宇之吉与近代中国教育》④，就服部宇之吉在1902—1909年任京师大学堂师范馆正教习期间对师范教育所做的开创性工作，进行了理性叙述并做出评价。朱志辉所撰《两位美国人与清末民初的中国法律教育》⑤，论述了丁家立（Charles Daniel Tenney）和兰金（Charles Rankin）两位外籍人士对中国法律教育的贡献。

此外，田涛的《丁韪良与〈万国公法〉》⑥，张燕的《葛赉恩与东吴大学校园文化建设（1911—1922）》⑦，章华明的《淹没在刘湛恩光环背后的魏馥兰》⑧，张淑锵、沈颖婕的《费佩德与之江大学》⑨，俞林的《一九四〇年至一九四一年燕大党支部与美国友人夏仁德的关系》⑩，张丽萍和郭勇的《融合中西文化　增进人民殷富——记华西协合大学创办人毕启》⑪等，均以学研论

---

① [瑞典]Jan Romgard.Erik Nystrom：*The creator of the Sino-Swedish collaborations in geology in Republican China*，《自然科学史研究》2015年第1期。
② 潘云唐：《葛利普——中国地质科学工作者的良师益友》，《中国科技史料》1982年第3期。
③ 孙承晟：《葛利普与北京博物学会》，《自然科学史研究》2015年第2期。
④ 孙丽青：《服部宇之吉与近代中国教育》，《齐鲁学刊》2009年第3期。
⑤ 朱志辉：《两位美国人与清末民初的中国法律教育》，《环球法律评论》2005年第3期。
⑥ 田涛：《丁韪良与〈万国公法〉》，《社会科学研究》1999年第5期。
⑦ 张燕：《葛赉恩与东吴大学校园文化建设（1911—1922）》，《苏州教育学院学报》2006年第3期。
⑧ 章华明：《淹没在刘湛恩光环背后的魏馥兰》，《天风》2011年第6期。
⑨ 张淑锵、沈颖婕：《费佩德与之江大学》，《浙江档案》2011年第4期。
⑩ 俞林：《一九四〇年至一九四一年燕大党支部与美国友人夏仁德的关系》，《北京党史》1985年第5期。
⑪ 张丽萍、郭勇：《融合中西文化　增进人民殷富——记华西协合大学创办人毕启》，《文史杂志》2013年第6期。

文的形式对外籍教师的教育和学术活动做了一定的研究。

（二）从群体角度开展对外籍人士从教授业活动的研究

一些学者从国籍、所在学校等角度，将外籍教师作为一个整体进行研究。近代以来，有来自20多个国家的外籍教师在中国高校中承担教学、研究工作，其中，来自美国、德国、英国、日本、法国、加拿大等国家的相对较多，因此对这些国籍的外来人士研究较为集中。另外，华西协合大学、北京大学、北洋大学、同济大学以及中央大学等高校聘用了较多的外籍教师，这些拥有较多外籍教师的学校，也成为学者开展外籍教师群体研究的对象。

1. 对不同国籍教师群体进行的研究

一些学者重点对日籍、德籍、美籍和法籍教师分别展开研究，主要有以下成果。

其一，对日籍教师的研究。汪向荣的专著《日本教习》[①]，对清末十年即1901—1911年间在中国从教的日本教习开展研究。该书探讨了清政府聘用日本教习的原因，并就日本教习对中国新教育的贡献做出了评价。书中还列有日本教习分布表，对日本教习的人数、分布、资格水平、遴选和聘请、执教学校分类、教授科目、薪水等都有详细统计，是研究日本教习较为权威的论著。余子侠所著《民族危机下的教育应对》[②]，在"近代教育交往的历史概观""近代中日教育交往的反常因素"等章目中论及日籍教师来华从教的概况，以及在中国新式教育进程中所扮演的角色。苏云峰所著的《三（两）江师范学堂——南京大学的前身，1903—1911》[③]中，第二章专门研究了日本教习在三（两）江师范学堂的执教情况，尤其对张之洞与东亚同文会之交涉延聘日本教习及日本教习之间的冲突等，都做了详细研究。尹伟琴、陈琛合撰的《清末日本法学教习来华原因探析》[④]，分析了20世纪初期日本教习逐渐取代欧美教习在中国法律教育界垄断地位的原因，认为来华日本教习对清末的法学教育事业、法制改革和法学发展均有裨助。孙传钊撰写的《清末师范教育中来自日

---

① 汪向荣：《日本教习》，商务印书馆，2014年。
② 余子侠：《民族危机下的教育应对》，华中师范大学出版社，2001年。
③ 苏云峰：《三（两）江师范学堂——南京大学的前身，1903—1911》，南京大学出版社，2002年。
④ 尹伟琴、陈琛：《清末日本法学教习来华原因探析》，《社会科学辑刊》2003年第4期。

本的影响》①,对清末国内师范学堂延聘大批日籍教习的问题有所涉及。日本学者实藤惠秀所著《中国人留学日本史》②,对清末在中国的日本教习也有较大篇幅的描述。

其二,对德籍教师的研究。李乐曾著有《德国对华政策中的同济大学(1907—1941)》③,其中第七章"德国对华文化政策中的同济德国教师",从德国教师的人员构成及其聘用、德国教师的教育及学术背景、德国教师来同济工作的动机及其作用等方面,对德籍教师在同济大学的教育教学活动展开了详细讨论。该书还附有《国立同济大学聘任外籍教授规则》《国立同济大学德籍教授及教员薪俸标准》和《同济德国教师简历》。李乐曾还撰有论文《同济大学历史上的德籍教师》④,对在1907—1950年间在同济大学工作过的近百名德籍教师做了概述,肯定了他们对同济大学的建设做出的重要贡献。

其三,对美籍教师的研究。苏云峰所著《从清华学堂到清华大学 1911—1929:近代中国高等教育研究》⑤的第五章"中美教师素质与差别待遇",研究了在清华学校美籍教师的待遇问题,并将之与中国教师的待遇进行了比较,同时还对清华学校美籍教师的学历、性别进行了统计。苏云峰的另一本专著《从清华学堂到清华大学 1928—1937:近代中国高等教育研究》⑥,专设有"教师资料的统计分析"一节,对外籍教师的比例、职级、年龄做了分析。

其四,对法籍教师的研究。马学强所撰《近代都市扩张中的文化力量——以上海震旦大学街区形成为中心的考察》⑦,以独特的视角,围绕大学街区的形成与发展,对震旦大学的法籍教师所带来的法国文化社区氛围展开讨论。

2. 对在不同学校供职的外籍教师群体进行的研究

一些学者从校史和相关专题的角度,对外籍教师展开讨论和研究。其主

---

① 孙传钊:《清末师范教育中来自日本的影响》,《教育评论》1989年第3期。
② [日]实藤惠秀:《中国人留学日本史》,谭汝谦、林启彦译,生活·读书·新知三联书店,1983年。
③ 李乐曾:《德国对华政策中的同济大学(1907—1941)》,同济大学出版社,2007年。
④ 李乐曾:《同济大学历史上的德籍教师》,《同济大学学报(社会科学版)》2002年第2期。
⑤ 苏云峰:《从清华学堂到清华大学 1911—1929:近代中国高等教育研究》,生活·读书·新知三联书店,2001年。
⑥ 苏云峰:《从清华学堂到清华大学 1928—1937:近代中国高等教育研究》,生活·读书·新知三联书店,2001年。
⑦ 马学强:《近代都市扩张中的文化力量——以上海震旦大学街区形成为中心的考察》,《思想与文化》2015年第1期。

要成果可见下述。

其一，在校史中对外籍教师展开整体记述和研究。这类著作在对大学进行全方位的介绍和归纳的同时，给予了一定篇幅论及来华的外籍教师的教育教学活动。由于教会大学聘请的外籍教师颇多，因而教会大学校史中的教师教育教学活动多与外籍教师有关。

华中师范大学"中国教会大学史研究中心"分别于1999年、2005年推出"中国教会大学史研究丛书"，包括《华中大学》《齐鲁大学》《之江大学》《华西协合大学》《福建协和大学》《东吴大学》《金陵女子大学》《沪江大学》《燕京大学》《华南女子大学》《圣约翰大学》《基督教高等教育在变革中的中国（1880—1950）》《北京辅仁大学——天主教本笃会时期的个案研究》等13本译著，以及《中国教会大学建筑研究——中西建筑文化的交汇与建筑形态的构成》《狄考文与司徒雷登——西方新教传教士在华教育活动研究》《教育与宗教：作为传教媒介的圣约翰大学》等3本专著。这些著作具有很强的史料价值，可以增进当代人对教会学校外籍教职员的理解，只是理论深度稍显不足。该丛书的主编章开沅在总序中写道："这系列丛书虽然缺乏足够的研究深度，但由于作者大多曾在各个教会大学工作，而且有些人还任职甚久，他们对教会大学历史情况的陈述比较起来更贴近于当年的实际。即使是作者所固有的某些西方偏见与宗教立场，也可以增进我们对于教会大学及其外籍教职员的理解。"章先生还主编有"教会大学在中国"丛书[1]，包括《江汉吴华林——华中大学》《博习天赐庄——东吴大学》《海上梵王渡——圣约翰大学》《会友贝勒府——辅仁大学》《相思华西坝——华西协合大学》《金陵百屋房——金陵女子大学》和《香飘魏歧村——福建协和大学》。该丛书多从创办始末、发展经过、院系设置、经费来源、教学特点、学生概况、校园建筑等方面，对教会大学进行全方位的描述，而这些内容都与外籍教师有关。王立诚所著《美国文化渗透与近代中国教育——沪江大学的历史》[2]，以该校从开办到解体的整个历史过程为线索，对教会高校沪江大学将美国文化渗透

---

[1] "教会大学在中国"丛书共计7部，由河北教育出版社2003年出版。
[2] 王立诚：《美国文化渗透与近代中国教育——沪江大学的历史》，复旦大学出版社，2001年。

于近代中国教育中进行分析,其中涉及外籍教师的授业活动。白燕撰写的《从"洋教习"到"外国专家"——北京大学聘请外籍教师百年回顾》①,对北京大学在各个历史时期聘用外籍教师的内容、形式、背景及影响进行了研究。李玉莲所撰《上海圣约翰大学教师群体研究》②,以圣约翰大学的教师群体为研究对象,分析了教师群体形成的原因及过程、教育背景、在教育和社会领域所扮演的角色及其群体特征。此外,王碧滢撰写的《老武大的外籍教师》、党跃武撰写的《四川大学早期的外籍教师及其管理》③,均对所在学校的外籍教师有所论述。

其二,针对外籍教师中的特定群体开展研究。谢竹艳所著《中国近代基督教大学外籍校长办学活动研究(1892—1947)》④,具体详述了基督教大学在中国的起源及发展,分析了外籍校长背景,介绍了外籍校长的办学宗旨、初期创校工作、师资队伍建设、学生观、专业课程观、管理理念与方式、社会服务观及其实践等方面的情况,并对其办学影响做出了相应的评价。生云龙撰写的《清华大学教师学历与学缘结构的变迁》⑤,对清华大学几个重要时期包括外籍教师在内的教师学历与学缘结构的变迁进行了梳理,展示了不同历史时期清华大学教师的学历、学缘结构如何随着学校的发展不断变化。李悦民撰写的《晚清学堂洋教习探析》⑥,主要探讨了京师大学堂、山西大学堂和北洋大学堂对洋教习的聘请、管理,以及他们的教学情况。杨齐福所著《近代福建社会史论》⑦,对福建地区外籍教师的流动、教育背景、群体特征及其教育角色,进行了历史总结和分析。

其三,按照一定主题对外籍教师群体展开研究。郭卫东撰写的《西方传教士与京师大学堂的人事纠葛》⑧,以人事纠葛为切入点,阐述了外籍教师对

---

①白燕:《从"洋教习"到"外国专家"——北京大学聘请外籍教师百年回顾》,《北京大学学报(哲学社会科学版)》2001年第5期。
②李玉莲:《上海圣约翰大学教师群体研究》,河北师范大学硕士学位论文(2014年)。
③党跃武:《四川大学早期的外籍教师及其管理》,《光明日报》2006年8月5日。
④谢竹艳:《中国近代基督教大学外籍校长办学活动研究(1892—1947)》,福建教育出版社,2015年。
⑤生云龙:《清华大学教师学历与学缘结构的变迁》,《清华大学教育研究》2008年第2期。
⑥李悦民:《晚清学堂洋教习探析》,河北师范大学硕士学位论文(2010年)。
⑦杨齐福:《近代福建社会史论》,社会科学文献出版社,2011年。
⑧郭卫东:《西方传教士与京师大学堂的人事纠葛》,《社会科学研究》2009年第1期。

京师大学堂直接干预的终结。其另一篇论文《由西到东：京师大学堂聘请外籍教习的转变》[①]，探讨了在庚子事变以后，京师大学堂对外籍教习的聘请由欧美转向日本的转变历程。杨洁琼的硕士学位论文《清末和新中国初期聘用外籍教师比较研究》[②]，对我国历史上曾出现的两次聘用外籍教师高潮——清末聘请日本教习和中华人民共和国初期聘请苏联专家进行比较研究。吴民祥所著《流动与求索——中国近代大学教师流动研究：1898—1949》[③]，内有专节讨论近代大学中的外籍教师问题。他主要通过对北京大学、清华大学和西南联合大学外籍教师的梳理，认为当时聘请外国专家到大学任教，是解决师资队伍力量不足和发展学术、提高学校整体水平的一条行之有效的途径。陈媛的博士学位论文《回望与沉思——近代中国大学教授群体研究（1895—1949）》[④]，内有专节讨论大学教授的国籍问题，指出教授群体国籍结构的变化反映了近代中国大学教授群体的民族性历程和独立性程度，她认为是否拥有一支较高水平的中国籍教授群体，是否由中国籍教授构成中国大学教授群体的主体力量并直接管理中国大学，是衡量半殖民地半封建社会的中国是否具有独立高等教育体系的一个重要标志。赵飞飞和殷昭鲁合撰的《国民政府授勋的金陵大学外籍教师》[⑤]，集中讨论了金陵大学贝德士、史迈士（Lewis S. C. Smythe）、林查理（Charles Riggs）、福开森（John Calvin Ferguson）、包文（A. J. Bowen）5位外籍教师获得的国民政府授勋及相关事迹，其中前三位是奖励他们在抗战期间抑制强暴、伸张正义、救济难民的义举，后两位是奖励他们在中国创办教育事业和宣传中国文化方面做出了卓著贡献。叶隽撰写的《清华德文专业的早期发展及其学术史意义》[⑥]和《北大德文系早期的师生状况及其

[①] 郭卫东：《由西到东：京师大学堂聘请外籍教习的转变》，载中国中外关系史学会、浙江大学日本文化研究所、暨南大学华人华侨研究院主编《新视野下的中外关系史》，甘肃人民出版社，2010年。
[②] 杨洁琼：《清末和新中国初期聘用外籍教师比较研究》，华中师范大学硕士学位论文（2011年）。
[③] 吴民祥：《流动与求索——中国近代大学教师流动研究：1898—1949》，浙江教育出版社，2006年。
[④] 陈媛：《回望与沉思——近代中国大学教授群体研究（1895—1949）》，华东师范大学博士学位论文（2009年）。
[⑤] 赵飞飞、殷昭鲁：《国民政府授勋的金陵大学外籍教师》，《档案与建设》2015年第10期。
[⑥] 叶隽：《清华德文专业的早期发展及其学术史意义》，《教育学报》2008年第6期。

学术史意义》①，通过考察北京大学德文系早期的发展和师生状况，注意到其创办时期师资组成里的中、德两国人员身份的双重性，并突出展示了德国学者欧尔克的授业活动。吴凤鸣所撰《1840至1911年外国地质学家在华调查与研究工作》②和《1911至1949年来华的外国地质学家》③，记述了从鸦片战争起到中华人民共和国成立以前来华的外国地质学家对中国华北、东北、西北、西南等地区开展的地质考察与研究工作，并对他们带回国内发表的考察报告、资料以及论著做了简要的介绍和评述。此外，韩小昆所著的《抗日战争中国际友人援助的作用——以燕京大学外籍教师为例》④，则对燕京大学的外籍教师群体以独特的方式援助中国抗日的行为展开研究。

总体而论，学界对近代中国高校中来华外籍教师从教授业活动的研究，在研究模式、研究对象、研究主题等方面呈现出以下几个特点。

其一，研究对象侧重个案，但关注群体较少。在既往研究成果中，呈现出两类研究对象：一类是以某个外籍教师为个案的研究。这主要集中于几所著名大学的著名外籍教师身上，而其他外籍教师并未进入学者的研究视域中。即使是对外籍校长群体的研究，也大多淹没在校史的介绍中，只有极少相关学术论文以他们为主要研究对象。另一类是以外籍教师群体为研究对象的综合性研究，只涉及一些著名高校尤其是教会大学的外籍教师，如北京大学、清华大学、同济大学、燕京大学、金陵大学、圣约翰大学、沪江大学、东吴大学、岭南大学、华西协合大学、金陵女子大学、辅仁大学，而对中山大学、上海交通大学、武汉大学、复旦大学、厦门大学、南开大学、暨南大学、云南大学、东北大学、西北大学、震旦大学、之江大学、福建协和大学、大夏大学、光华大学等高校的外籍教师关注较少乃至阙如。

其二，研究视角日益丰富，但研究深度不足。对外籍教师的研究视角是多样的：有从国籍的角度对美国、德国、日本、英国、法国等国外籍教师进

---

①叶隽：《北大德文系早期的师生状况及其学术史意义》，《教育学报》2007年第6期。
②吴凤鸣：《1840至1911年外国地质学家在华调查与研究工作》，《中国科技史料》1992年第1期。
③吴凤鸣：《1911至1949年来华的外国地质学家》，《中国科技史料》1990年第3期。
④韩小昆：《抗日战争中国际友人援助的作用——以燕京大学外籍教师为例》，《日本侵华史研究》2016年第2期。

行研究；有从时代的角度对清末、北洋政府时期或国民政府时期外籍教师进行研究；有从文化的角度探讨外籍教师与街区的形成、发展的关系。但从研究的主体来看，专门研究外籍教师的专著不多，大多是在对教师群体研究中附带涉及外籍教师，因而间接研究多，直接研究少。虽说不少校史也给予外籍教师一定的篇幅，但极少有校史专门讨论外籍教师问题。教会大学校史中涉及外籍教师的授业活动稍多，乃在于此类学校尤其在其早期，外籍教师是其办学主体。即便如此，对外籍教师的授业活动多处在叙述层面，无法对外籍教师群体形成一个整体而深入的认识。笔者认为，只有直接将中国高校来华外籍教师群体作为研究对象，才能使相关研究全面而深入。

其三，研究外籍教师的积极作用较多，对外籍教师在授业活动中产生的负面问题较少论及。在20世纪80年代之前，从各地出版的文史资料汇编和各有关高校编纂的校史对外籍教师的评价中，可以明显看出研究者带有鲜明的思想意识形态烙印，而当代的研究则对外籍教师多做正面评价，不再论及"文化侵略"。

其四，研究外籍教师的原始材料太单薄，多以间接资料为主。有关外籍教师在华从教授业活动的原始资料散见于档案、史料汇编、校（志）史、典册类等，相对而言较为欠缺。这种原始资料欠缺的状况，自然不利于全面、客观地展现外籍教师的整体面貌。在所搜集的间接资料中，笔者也发现其存在诸多模糊不清乃至论述错讹的问题，这些限制了研究的深度和广度。

简而言之，有关来华外籍教师从教授业的研究，依然存在很大的空间，有待学者的开发与拓展。

三、研究思路

在中国近代高校发展历程中，外籍教师扮演了极其重要的角色，但已有关于高校外籍教师研究的成果大多是个案研究，缺乏从宏观角度对这一群体进行专题研究，从而不能准确把握外籍教师在中国近代大学教育发展进程中的概貌。本书试图在对已有研究成果与资料分析的基础上，从教育史学的视角，以来华外籍教师在中国近代大学的从教授业状态为主线，对外籍教师群体的形成、结构和扮演的角色等展开研究,力图回答中国近代大学外籍教师群体从哪里来、如何形成与活动,以及怎样影响中国高等教育的产生与发展等基本问题,同时,补充和推进学术界现有的有关外籍教师的研究。

本书由导论、第一至六章和结语组成。

导论部分,主要从研究缘由、研究概况和研究思路等方面,对本书的写作做简要交代和说明,借以从学术背景上为研究做好铺垫。

第一章探讨外籍教师来华背景和从教轨迹。促成外籍教师来华授业的主要缘由有中国新式教育师资的匮乏、西方学生志愿海外传教运动的助推、在华外籍教师享有待遇的优渥、各国对中国聘任外籍教师的重视及中国官方对外籍教师的接受等。本书将来华外籍教师从教授业活动划分为四个阶段:一为肇始期。以1862年京师同文馆首开外籍教师聘用之先河为上限,以1894年中日甲午战争爆发为下限。这一时期,洋务学堂开始聘请外籍教习,这些外籍教习在中国逐渐形成一个特殊的教师群体。二为高峰期。以1895年天津北洋西学学堂的创建为始,至1926年前后。这一时期,伴随中国现代大学规模的逐渐扩大,聘请的外籍教师人数达到高峰。三为困守期。1927年至1937年十年间,伴随着"非基督教运动"和"收回教育权运动"的爆发,以及中国的留学归国服务者日益增多,中国教师逐步取代了外籍教师在高等学府的优势地位,受聘的外籍教师人数开始回落。四为消落期。自1938年至1953年这一时期。1937年七七事变发生后,战乱和迁校迫使众多外籍教师纷纷离校归国,只有极少数外籍教师留守中国。抗战胜利后,有部分外籍教师重返中国执教,使外籍教师在数量上有所回升。新中国成立初期,随着全国高校的院系调整,大批外籍教师离境归国。通过对以上历史脉络的梳理,可以把握外籍教师群体消长之轨迹。

第二章交代外籍教师的来华渠道,并对所搜集到的外籍教师基本信息进行分析。外籍教师通过外国政府直接派遣、外国驻华人员举荐、海外宗教组织选派、外国世俗社团选送、外籍教习受命延揽、驻外使馆参与选聘、官员国外考察招募、友朋关系相互引荐、私人自愿来华求职等渠道,来中国从事教学活动。在对外籍教师群体基本信息进行分析时,本书重点对其个体特征(诸如国籍、性别和任职年限)、教育及学术背景等要素展开讨论,大致勾勒出来华外籍教师群体的基本轮廓。

第三章概述中国政府对外籍教师在华的聘任管理。清末至20世纪50年代初，中国历届政府和有关学校颁布了一系列与外籍教师任职资格和聘任有关的法规和条例。这些法规和条例对外籍教师的聘任、来华渠道、奖励、薪酬和离任等方面都做出了具体的规定，使得对外籍教师的管理由无序的自由放任状态逐渐走向规范化和制度化，确保了外籍教师从教授业的专业水准。

第四章展示外籍教师的教学生存状态。教学活动是外籍教师在华大学所从事的最基本、最主要的工作。在中国大学里，他们构建课程体系，选择和组织课程内容，编写教材或讲义，向中国学生传播现代学科知识。他们成为中国近代大学课程设置转型的主导力量之一，为中国大学课堂植入了新的教学观念、教学内容及教学方法。

第五章探究外籍教师的学术研究活动。本书选择了数十位在语言学、宗教学、历史学、社会学、理学、工学、农学等领域颇有造诣的外籍来华人士，并对他们的学术研究活动进行了探究。这些外籍教师在特定时代的学术领域各领风骚，其学术拓荒活动深深地影响着中国近现代学术的发展，推动了中国近代大学科研水平的提高。

第六章考察外籍教师在华大学教学研究活动所产生的影响。外籍教师受聘传播新知，缓解近代中国大学师资匮乏之急，为中国刚刚起步的新式高等教育贡献了才智。他们担当起创建新学科、讲授新课程的重任，促进了中国文化的多元化，丰富了世界思想库，成为中国近代大学创建早期的主导力量之一，为中国近代大学尽早步入正轨奠定了基础，为中国近代新学科的发展提供了保障，也为中国社会各界培养了大批时需的优秀人才。

本书的结语主要就中国近代大学外籍教师在华从教授业的现实观照提出几点看法：一是探索政府主导与高校自主发挥相结合的延揽外籍教师模式。二是围绕国家人才发展规划，在全球范围内招聘高层次综合型外籍教师，以优化师资队伍。三是以聘用长期教师为主，确保教学工作的稳定性和研究工作的延续性。四是健全严密的资格审核制度，把好所聘人员质量关。五是建立对以授课为主的外籍教师的教学质量保障机制。六是加强对外籍教师合同管理，借以促进中外教育交流。

要而言之,笔者试图对近百年间外籍教师在中国近代大学的从教授业活动做出整体考察,梳理出外籍教师在华从教授业的基本概貌,分析外籍教师的教学、学术研究行为及其影响,揭示出外籍教师在华从教授业的价值所在,客观评价外籍教师在中国近代大学教育发展进程中所做的贡献。

第一章
外籍教师来华背景和从教轨迹

京师同文馆的创建，成为近代中国教育变革和转型的肇端，催生了外籍来华从教授业人士这一特殊教师群体。之后出现的中国近代新式高等教育机构，在其创办初期更是倚重外籍教师。这些外籍教师或为本国政府派遣，或由相关社团组织推荐和联系，或经友人介绍，或因倾慕东方文化，纷纷到中国高等学府任教，帮助中国近代大学走出创建之初师资匮乏的困境。直至20世纪20年代中期，随着中国留学生的大批归国和中华教育界对西学的逐步掌握，外籍教师在中国高校中的地位才逐渐式微乃至边缘化。从外籍教师群体的消长及演变，可以窥见我国近代以来新式高等教育发展的历史轨迹。缘此，对来华外籍教师从教授业活动进行全面而系统的研究，也是对中国近代高等教育历史情境的一种回放。

第一节　外籍教师来华从教活动缘起

自1862年京师同文馆开办，至1953年新中国高校院系调整工作结束，诸多客观因素和缘由促成了数以千计的外籍教师在华从事教育教学和学术研究活动。

一、新式教育师资的匮乏

师资是保障学校正常运行的核心元素。中国新式教育在产生初期，即面临严重的师资匮乏局面。京师同文馆在筹办期间，其主办者首先考虑在广东和上海两地招募师资。1861年1月，恭亲王奕䜣等人建议，"认识外国文字，通解外国言语之人，请饬广东、上海各派二人来京差委，以备询问也"。"闻广东、上海商人，有专习英、法、美三国文字语言之人，请饬各省督抚挑选诚实可靠者，每省各派二人，共派四人，携带各国书籍来京。并于八旗中挑选天资聪慧，年在十三四以下者各四五人，俾资学习。其派来之人，仿照俄罗斯馆教习之例，厚其薪水，两年后分别勤惰，其有成效者，给以奖叙"①。接着，"行文两广总督、江苏巡抚，派委教习"②。但这一初衷未能如愿，因"所请派委教习，广东则称无人可派，上海虽有其人，而艺不甚精，价则过巨，未便饬令前来……广东、江苏既无咨送来京之人，不得不于外国中延访"③。在国内搜求不得的情况下，他们只得将目光转向国外。经英国驻华公使馆参赞威妥玛（Thomas Francis Wade）推荐，英国传教士包尔腾（John S. Burdon）

---

① 《咸丰十年十二月初三日恭亲王奕䜣等奏》，载朱有瓛主编《中国近代学制史料（第一辑上册）》，华东师范大学出版社，1983，第5页。
② 《同治元年七月二十五日总理各国事务奕䜣等折》，载朱有瓛主编《中国近代学制史料（第一辑上册）》，华东师范大学出版社，1983，第6页。
③ 《同治元年七月二十五日总理各国事务奕䜣等折》，载朱有瓛主编《中国近代学制史料（第一辑上册）》，华东师范大学出版社，1983，第6页。

受聘担任京师同文馆首任英文教习。包氏是英国圣公会传教士，已在华多年，兼通汉文。自是而后，计有52名外籍人士在京师同文馆任职。可见包尔腾的受聘，实在是京师同文馆主办人的无奈之举。

至19世纪末20世纪初，清政府建立的北洋大学堂、京师大学堂和山西大学堂三所大学，无一例外聘请外籍人士作为教学掌门人。他们分别是美国人丁家立、丁韪良和英国人李提摩太（Timothy Richard）。各高等教育机构于创办初期不得不借才异域，其原因自然是中国无新式高等教育，所设近代学科谱系和专业分类均移植自西方，国人在这方面既无经验可援，更无资源可取，所开西学课程更是无人担纲，只能倚重外籍人士。袁世凯于此曾颇有感触："育才莫先于兴学，兴学莫重于得师"，而"中国士子向囿于章句帖括之习，于各种新学多未讲求，自难膺教习之选"。①盛宣怀在创办天津北洋西学学堂（北洋大学堂创办之初名）时，与美国人丁家立商研筹划师资聘用之事，认为"所有学堂事务，任大责重，必须遴选深通西学体用之员总理，方不致有名无实"②。而在当时，所谓"深通西学体用之员"，无疑只有西人胜任。所以，清政府在实行新政期间颁布的《奏定学堂章程·学务纲要》（1904年1月13日）中声称："此时开办学堂，教员乏人。初办之师范学堂及普通中学堂以上，势不能不聘用西师。"③同时，在《奏定学堂章程·奏定任用教员章程》（1904年1月13日）中明确规定：大学堂、高等学堂、优级师范学堂和高等实业学堂的正教员和大学堂的副教员，"暂时除延访有各科学程度相当之华员充选外，余均择聘外籍教师充选"④。这些足以说明，近代中国高等教育自其创办开始，就面临着国内人才不足、师资奇缺的困境，不得已只好以外国教师充选。1909年袁世凯为山东大学堂聘请总教习时就强调："学者任便涉猎，既难望

---

① 《遵旨敬抒管见上备甄择折》（光绪二十七年三月初七日），载朱有瓛主编《中国近代学制史料（第一辑下册）》，华东师范大学出版社，1986，第988页。
② 北洋大学—天津大学校史编辑室编：《北洋大学—天津大学校史（第一卷）》，天津大学出版社，1990，第18页。
③ 《奏定学堂章程·学务纲要》（光绪二十九年十一月二十六日），载朱有瓛主编《中国近代学制史料（第二辑上册）》，华东师范大学出版社，1987，第89页。
④ 《奏定学堂章程·奏定任用教员章程》（光绪二十九年十一月二十六日），载璩鑫圭、唐良炎编《中国近代教育史资料汇编·学制演变》，上海教育出版社，2007，第432页。

其能自得师,且各种西学,有非身亲其境,不能考验得实者,必须延聘洋人。"①

高等教育机构教师匮乏的情况,在北洋政府时期依旧没有得到改观。中华民国成立初期,北洋政府教育部颁发的《公立私立专门学校规程》(1912年)、《私立大学规程令》(1913年)都对教员资格做了规定。前者第十条规定,充任公立、私立专门学校教员者须具有下列各款资格之一:"一、在外国大学毕业者,二、在国立大学或经教育部认可之私立大学毕业者,三、在外国或中国专门学校毕业者,四、有精深之著述、经中央学会评定者。如校长教员一时难得合格者,得延聘相当之人充之,但须呈经教育总长认可;其认可之效力,以在该校任职时为限。"②后者第八条规定私立大学教员须具有下列各款资格之一:"一、在外国大学毕业者。二、在国立大学或经教育部认可之私立大学毕业,并积有研究者。三、有精深之著述,经中央学会评定者。如校长教员一时难得合格时,得延聘相当之人充之;但须呈请教育总长认可。"③

从中可以看出,其时对聘请教师的要求仅要有大学毕业文凭就可以了。严复在1912年2月被任命为京师大学堂总监督时,就有聘用国人的想法,他认为:"所聘教习,如非万不得已,总以本国人才为主。其聘请之法,则选本国学博与欧美游学生各科中卒业高等而又沉浸学问,无所外慕之人,优给薪水,一面教授,一面自行研究本科。如此则历年之后,吾国学业可期独立,有进行发达之机。"他以为此法"较之从前永远丐人余润,以重价聘请一知半解之外国教员,得失之数,不可同年而语矣"④。然而,严氏的计划,终因人才匮乏而未能实施。我们从蔡元培在出任北大校长时的演讲中也可窥见师资匮乏之窘境:"现在我国精于政法者,多入政界,专任教授者甚少,故聘请教员,不得不聘请兼职之人,亦属不得已之举。"⑤1926年,他在另一文中又忆及:"从前大学,科目甚不完备,求曾在大学毕业之人来任大学教员,

---

① 袁世凯:《订美国人赫士充大学堂总教习片》(光绪二十七年九月二十四日),载天津社会科学院历史研究所、天津图书馆编:《袁世凯奏议(上)》,天津古籍出版社,1987,第340页。
②《1912年11月13日教育部公布公立私立专门学校规程》,载朱有瓛主编《中国近代学制史料(第三辑上册)》,华东师范大学出版社,1990,第594—596页。
③《教育部公布私立大学规程令》(1913年1月16日),载中国第二历史档案馆编《中华民国史档案资料汇编(第三辑教育)》,江苏古籍出版社,1991,第141—143页。
④ 萧超然等编:《北京大学校史(1898—1949)》,上海教育出版社,1981,第29页。
⑤ 蔡元培:《就任北大校长之演讲词》(1917年1月9日),载王学珍、张万仓《北京高等教育文献资料选编(1861—1948)》,首都师范大学出版社,2004,第384页。

已苦于不易得，不得已仍以旧时代所谓学者充之。"①

至20世纪20年代中期之前，中国高等教育机构从国内获取数量充足和合格的师资，一直尚存有困难。郭秉文认为："难以找到数量充足、能力合格的教师，是中国推进现代教育的最大障碍。""当新教育制度之幕刚刚开启时，聘请外国教员是必要的，特别是从中学至大学的高等程度学校。"②缘此，聘用外籍教师，成为当时解决师资匮乏并使教学质量得以保障的最有效方式。这一解决问题的路径，成为当时中国各高等教育机构普遍采用的做法。而外籍教师在新学领域的独到优势，使他们成为中国新式教育机构诸多系科的前驱先锋。

二、传教运动的助推

比较而言，创办于中国的教会学校，不少任教的外籍人士则大多是响应学生志愿海外传教运动的传教人士。19世纪末20世纪初，在北美基督教发展历史上形成了以高等教育机构青年学生为基础，志愿到外国进行传教事业的学生志愿海外传教运动。这一运动高涨之时，正值中国教育变革、新式学校大量设立之际，为了争夺对中国青年的教育权，各教会组织觉得有必要在中国增加教育投入。是故，1902年，中国教育会向所有传教差会发出一份呼吁书，要求尽量多派专职教师来华充实教会学校师资："通过强化和完善这一服务力量，我们便增加了未来的中国政府教育制度受这一更佳榜样的影响和以之为范本的可能性。"该呼吁书还指出："在中国，一个保守的非基督教的政府在自称试图按照西洋方式重塑其教育制度的同时，以其不宽容的政策，正精心地试图不让这个国家的青年获得只能来自基督教教育的那种力量和人格发展。于是尽可能地充实教会学校的人员和设备就尤有必要。因此让我们训练有素的专家，最好是平信徒，来这里开展教育工作，以此取得我们作为

---

① 蔡元培：《十五年来我国大学教育之进步》（1926年10月10日），载高平叔编《蔡元培教育论集》，湖南教育出版社，1987，第412页。
② 郭秉文：《中国教育制度沿革史》，储朝晖译，商务印书馆，2014，第157页、第159页。

教育家和这个国家青年思想导师的正当地位。"①时任东吴大学校长的孙乐文在 1905 年报告中说:"最近政府教育体系的变化、科举制度的废除、直接从学校中选拔官吏,这将对中国所有的学校产生影响,包括官学和教会学校。……如果我们想取得有影响的地位,我们必须彻底地准备做第一流的工作。"②由此可见,教会学校是西方列强试图通过教育控制中国的产物。

有关史料显示,在 1886—1918 年间,通过学生志愿海外传教运动派往外国的传教士达 8140 人,其中有 2524 人被派往中国,占总人数的三分之一。③其时的金陵大学、金陵女子大学、圣约翰大学等教会大学,吸纳了一批外籍传教士来校授业。这些来华传教士多受过正规的学术训练,深谙大学运行机制,成为中国早期教会大学的教师主体。因此,传教运动在客观上助推了中国早期大学的发展。

三、优渥待遇的吸引

中国近代新式教育兴起以来,无论是晚清政府还是民国政府,都给予外籍教师远高于本国教师的待遇。晚清政府与来华外籍教师签订合同时,往往会在第一条就列出薪俸待遇以吸引外籍人士。京师同文馆首任英文教习包尔腾试用期的年薪为白银 300 两,正式聘请后年薪则高达 1000 两。而与他同堂教学的中国教习月薪仅 8 两,年薪总计最多 96 两,不及其试用年薪的三分之一,更不及其正式聘请期的十分之一。福州船政学堂的正、副监督由外籍人员担任,薪金最高可达每月 1000 两,比官职属一品官的船政大臣还要多出 400 两。外籍教师的薪水不仅高于中国教习,也高出他们在本国学校的同行。曾有学者做过相关研究,1919 年时,北京大学支付给地质学家葛利普的年薪是 4800元,而据南开大学经济研究所创始人何廉回忆,1919 年中国银元对美元的比

---

① *An Appeal to Foreign Mission Boards for Trained Educators for China*, in: *The Chinese Recorder*, Dec., 1902.转引自王立诚:《近代中外关系史治要》,上海人民出版社,2012,第252页。
② 王国平编著:《东吴大学——博习天赐庄》,河北教育出版社,2003,第35—36页。
③ Clifton J.Philips, *The Student Volunteer Movement and Its Role in China Mission, 1886—1920*, p.105.转引自赵晓阳:《美国学生海外志愿传教运动与中华基督教学生立志传道团》,《宗教学研究》2008年第3期,第210—215页。

值略高出于 1∶1，即中国银元的价值比美元还要高。另据美国联邦教育局的调查，1919 学年度美国教授的平均年薪为 2628 美元，副教授是 2486 美元，助理教授则是 1933 美元。① 因此，葛利普的收入是美国教授亦即他在国内的同行平均年薪的 1.8 倍。中国大学聘用的外籍教师不仅能获得较高的薪金，在住房和假期等方面也都有良好的待遇。如同济大学聘用的德国教师，不仅在寒暑假期间可以领全薪，而且每次续约后可以享受一次带薪的回国休假，还有免费住房等。② 德国政府还支付德籍教授特种补助和旅费补助金，直至 1938 年下半年因战事关系才停发。③ 关于外籍教师的薪资，将在后面章节详尽讨论。

早期外籍教师除在华享有丰厚经济待遇外，还享有许多优越的政治待遇，比如享受治外法权保护，免受中国法律的约束和制裁，有的还可被授予奖励性官位（虚衔）、荣誉等。如清政府曾钦赐丁韪良三品官虚衔、毕利干（Anatole A. Billequin）和华必乐（Charles Vapereau）四品官虚衔、李提摩太格致举人和文学翰林、敦崇礼（Moir Dunkan）头品顶戴翰林、新常富三品顶戴，以及燕瑞博（Robert William Swallow）三品顶戴和格致博士等，福开森还先后获得国民政府授予的嘉禾章、文虎章、彩玉章、红十字会勋章等荣誉。

四、各国政府的重视

19 世纪下半叶起始，欧美列强在以武力扩大海外市场的同时，试图强行将殖民地国家纳入本国文化教育体系，成为其精神附庸。外籍教师是一所大学呈现某国教育特征的主要载体。因此，欧美各国乐于派遣本国教师赴外任教，以保持本国教育特征在他国大学的优势地位，希冀通过教育传播和同化，让他国人接受其文化价值，以影响他国未来，获取更多的政治和经济利益。如清政府海关总税务司英国人赫德凭借对京师同文馆经费的掌控，把持了该教

---

① Ralph Hurlin, "Educational Research and Statistics: The Salaries of College Teachers in 1920", *School and Society*, XII.305（October 30, 1920）, p.412. 转引自江勇振：《舍我其谁：胡适（第二部 日正当中，1917—1927）》，浙江人民出版社，2013，第75页。
② 李乐曾：《德国对华政策中的同济大学（1907—1941）》，同济大学出版社，2007，第246页。
③ 翁智远、屠听泉主编：《同济大学史 第一卷（1907—1949）》第二版，同济大学出版社，1987，第78页。

育机构教习的聘用权，而作为京师同文馆的主办机关总理各国事务衙门对洋教习几乎没有任免权：延聘洋人一事一概由赫德代为招聘[①]。"旧教习离开时，对于后任不许推荐，由外国新到人员，亦不许直接来谋教习之职，必须由总税务司推荐。"[②]

中国大学延聘外籍教师之事还曾引起列强干预。《总理衙门奏拟京师大学堂章程》第五章"聘用教习例"对各国教习做出明确的定额："设溥通学分教习十人，皆华人。英文分教习十二人，英人华人各六；日本分教习二人，日本人华人各一；俄德法文分教习各一人，或用彼国人，或用华人，随所有而定。专门学十种分教习各一人，皆用欧美洲人。"[③]对此，多国竟然表示不满。其如意大利驻华署理公使萨尔瓦葛于1898年8月5日照会中方："讵该章程各国言语教习内，并未载义（意）国言语教习，此系遗忘无疑。"[④]并且无理要求清政府承续明末清初延请利玛窦等教士的传统，聘用意籍教习。同月10日，德国驻华公使海靖也"龂龂辩争"，"不得以学校偏重英国，使其余各国向隅"，并语带威胁地提出"大学堂须聘请德国德文教习者三，专门教二"，若做如此安排，"于中国大局实为幸甚，德中两国睦谊自可日亲也"。[⑤]意、德两国驻华使节以外交照会的方式向中国强行推荐教习，试图对中国的高等教育施加影响，仅此即可见，各国都将大学堂的创办当作扩大本国在中国的影响力并谋取经济利益的大好机遇。好在其时京师大学堂负责人孙家鼐均以"中国开设大学堂乃中国内政"，"德国意国大臣似不应干预"为由加以拒绝。[⑥]孙家鼐聘任丁韪良为西学总教习的做法，同样引起多国关注。1898年9月24日，美国《纽约时报》发表了一篇正题为"中国的帝国大学"、副题为"美国人丁韪良被任命为校长"的文章。而此举也遭到意大利、德国等驻华使节的质

[①]《同治五年十一月初五日总理各国事务奕䜣等折》，载中国史学会主编《中国近代史资料丛刊·洋务运动（二）》，上海人民出版社，1961，第23页。
[②]齐如山：《齐如山回忆录》，上海文艺出版社，2014，第25页。
[③]《总理衙门筹议京师大学堂章程》（光绪二十四年五月十五日），载朱有瓛主编《中国近代学制史料（第一辑下册）》，华东师范大学出版社，1986，第661页。
[④]《义国使署照会总理衙门京师大学堂须聘请义国教习》（光绪二十四年六月二十三日），载朱有瓛主编《中国近代学制史料（第一辑下册）》，华东师范大学出版社，1986，第679页。
[⑤]《德国使臣照会总理衙门京师大学堂须聘请德国教习》（光绪二十四年），载朱有瓛主编《中国近代学制史料（第一辑下册）》，华东师范大学出版社，1986，第679页。
[⑥]《管学大臣孙家鼐致总理衙门咨文》（光绪二十四年七月初十日），载朱有瓛主编《中国近代学制史料（第一辑下册）》，华东师范大学出版社，1986，第681页。

疑和干涉。此事足以说明各国对于保持本国在中国高等教育上的优势地位十分在意并极力争取。

日本对中国聘用教师也颇为关注。1898年，日本成立了一个半官方组织——东亚同文会，其宗旨为"保全清国"。在这一政策指导下，日本朝野对日本人赴华任教持积极态度。"庚子事变"后，面对清政府实行教育变革的布局，日本驻华大使内田康哉，受日本外务大臣小村寿太郎指示，积极游说管理京师大学堂事务的管学大臣荣庆和张百熙，希冀清政府聘请日本教习。1901年，张百熙奏荐保定莲池书院山长吴汝纶出任京师大学堂总教习。吴汝纶先再三推辞，后提出东渡日本考察教育。1902年，吴汝纶赴日，抵达时受到日本名流数千人集会相迎。在日逗留4个多月，吴氏实地考察三四十所学校，各类各级者均有，无不受到热情接待。所拜访对象，上至日本天皇、退职首相、文部大臣，下至普通学校的校长、教师。日方如此盛情，实际是想借助吴汝纶之行，促成京师大学堂招聘日本教习之举。日本学者冈田朝太郎当年受聘京师大学堂教习一事，还曾得到日本媒体的积极报道。

日本民间也有人士宣扬向中国派遣日本教师这一主张。在明治三十四年（1901）十二月五日出版的《教育时论》第599号中，即有人著文：

> 今日之支那①，渴望教育，机运殆将发展，我国先事而制其权，是不可失之机也。我国教育家，苟趁此时容喙于支那教育问题，握其实权，则我他日之在支那，为教育上之主动者，为智识上之母国。
> 此种子一播，确立地步，则将来万种主权，皆由是起焉。②

作为京师大学堂师范馆正教习的服部宇之吉，曾于1909年向日本官方呈递《支那人教育之所见（附北京朝廷之现状）》，言及"近来欧美各国皆注意支那人教育问题，纷纷建设面向支那之大学"，"外国人于支那教育，热衷扩张自国势力"，建议日本"于中国内地设立学校，并从日本聘任讲师"，

---

① "支那"是近代日本侵略者对中国的蔑称。——引者注
② 《就于支那教育调查会》，《教育时论》第599号，文见《异哉所谓支那教育权者》（《清议报》第100册"国闻短评"）所引。

借以"为支那教育略尽绵薄"。①此语的本义，实则是通过向中国学校输送教师，以提高日本在中国的影响力。由此，20世纪初叶，日本派遣了数以百计的日本教习到中国。

总之，列强都将中国学校聘用其国家的教师作为在华势力渗透的手段之一。

五、中国官方的接受

中国官员对学校聘用外国人任教的态度也有变化。京师同文馆初创时，清政府内部对是否聘用外籍教师发生过激烈争论。大学士倭仁认为，"西人教习正途，所损甚大"②；御史杨廷熙则称，聘请外籍教师大伤风教，并借自然灾害要求"撤销同文馆""以弥天变而顺人心，杜乱萌而端风教"。③洋务派首领人物恭亲王奕䜣力排众议，坚持聘用外籍教师，并针锋相对地指出："若夫以师法西人为耻者，此其说尤谬。夫天下之耻，莫耻于不若人。"④甲午战争战败后，政府官员对聘用外人来华任教的看法才逐渐有所转变。其时各地督抚在办学过程中，都对外籍教师多加聘用。如在其时新式教育机构开办较多的湖北，该省巡抚谭继洵即于奏折中指出："其他化电制造方言武备各专门学堂，暂宜聘请西人为师，俟学生学成，然后自相传习，则师亦不难得矣。"⑤及至1904年，清政府颁布的《奏定学堂章程·学务政要》中明确指出："学堂必须有师。此时大学堂、高等学堂、省城之普通学堂，犹可聘东西各国教员为师。"⑥

---

①服部宇之吉：《支那人教育之所见（附北京朝廷之现状）》（1909年），载日本政法大学大学史资料委员会编《清国留学生法政速成科纪事》（原《法政大学史资料集第十一集》），裴敬伟译，广西师范大学出版社，2015，第250—254页。
②倭仁：《请罢同文馆用正途人员习天算折〈节录〉》（同治六年二月十五日），载高时良、黄仁贤编《中国近代教育史资料汇编·洋务运动时期教育》，上海教育出版社，2007，第11页。
③杨廷熙：《奏请撤销同文馆以弭天变折》（同治六年五月二十二日），载陈学恂主编《中国近代教育史教学参考资料（上册）》，人民教育出版社，1986，第195页。
④奕䜣：《奏拟同文馆学习天文算学章程折》（同治五年十二月二十三日），载陈学恂主编《中国近代教育史教学参考资料（上册）》，人民教育出版社，1986，第184页。
⑤《湖北巡抚谭继洵折》（光绪二十四年五月二十七日），载朱有瓛主编《中国近代学制史料（第一辑下册）》，华东师范大学出版社，1986，第691—694页。
⑥《奏定学堂章程·学务纲要》（光绪二十九年十一月二十六日），载朱有瓛主编《中国近代学制史料（第二辑上册）》，华东师范大学出版社，1987，第80—81页。

甲午战争之后，由于大批中国留学生，特别是留日学生积极从事反清活动，成为推翻清王朝的主要力量，促使清政府更倾向于聘请外国教师到中国任教，以代替派送留学生到国外留学的做法。所以在20世纪初期，学校聘任外籍教师成为一种潮流，特别是大批日籍教师拥至中国学校任教。据前人统计，1903—1918年间日本人在华从事教育的人数有2000余人（见表1-1）。

表1-1　1903—1918年间日人在华从事教育人数表

年份	1903	1904	1906	1908	1909	1912	1913	1914	1916	1918
人数	99	163	约600	535	424	63	84	63	27	36

【资料来源】余子侠：《民族危机下的教育应对》，华中师范大学出版社，2001，第27页。

随着外籍教师的增多，清政府颁布的各有关学堂章程，均列有条文规范外籍教师的教学活动。1902年颁布的《钦定京师大学堂章程》中"第六章聘用教习"，对聘用外国教习的国籍、名额和教学管理均有规定。1904年颁布的《奏定学堂章程·学务纲要》和《奏定学堂章程·奏定任用教员章程》中，专门制定了管理外籍教师的措施。1905年学部成立后，专门出台了聘请外籍教师的合同试样，要求各省将所聘外籍教师的姓名、国籍、职任及到堂年月、薪金等情况，上报学部备案，借以规范外籍教师的聘用和管理制度。

北洋政府时期，国立大学将外国教职员明确定为与中国教职员并列的职员。1917年5月3日，北洋政府教育部公布了《国立大学职员任用及薪俸规程》，提及国立大学职员包括"校长、学长、正教授、预科教授、助教、讲师、外国教员、图书馆主任、庶务主任、校医、事务员"。外国教员由校长聘任，并呈报教育总长。[①]

南京国民政府时期，政府还积极出面与国际组织联系向中国派遣教授的事宜。20世纪30年代初，南京国民政府教育部常任次长陈布雷致函国际联盟秘书长，希望从欧洲聘请教授前往中国的中央大学任教。

---

① 《国立大学职员任用及薪俸规程》（1917年5月3日），载王学珍、张万仓编《北京高等教育文献资料选编（1861—1948）》，首都师范大学出版社，2004，第388—389页。

第二节 来华教师授业活动历史轨迹

外国人士来华从教授业的活动,在明朝开设的四夷馆里就有先例。《古今图书集成》载:"此四夷馆之设,猷虑甚宏远也。当是时为馆傅者多征自外国,简吾子弟之幼颖者,而受学焉。"① 康熙四十七年(1708),清政府设俄罗斯文馆之时,亦聘有其时在中国经商的俄国人瓦西里任教师。两个月后,瓦西里随商队离华。② 在之后一个半世纪里,先后有多名俄国人担任教习之职。该馆后于1863年并入京师同文馆。

京师同文馆,作为中国近代新式教育的肇端,在创建之初就延揽英国人包尔腾为总教习。其延聘外籍教师的做法,被随后创办的众多洋务学堂采用。1861—1895年间共兴办洋务学堂30余所,聘请外籍教师已过百人。③ 作为近代中国开办的第一所真正意义上的大学,是创建于1895年的北洋西学学堂(北洋大学堂的前身)。该新式高等教育机构,在其创办之初就聘请了一位美国人丁家立为总教习,开启了中国近代大学延聘外籍教师的先河。自是而后,来华授业的外籍教师如涓涓细流,赓续不断。纵观中国近代新式教育产生以降,外籍教师群体的形成及其在华活动过程,大致经历了肇始期(1862—1894年)、高峰期(1895—1926年)、困守期(1927—1937年)和消落期(1938—1953年)这样一个演变过程。

一、肇始期(1862—1894年)

洋务学堂作为洋务运动在教育领域的产物,是中国教育现代化萌发的标志。洋务学堂虽非真正意义上的近代大学,但可以视其为近代准高等教育之机构,因此在对外籍教师兴起的历史追溯中,将洋务学堂时期作为聘用外籍

---

① 向达:《唐代长安与西域文明》,河北教育出版社,2001,第654页。
② 高文风:《我国的第一所俄语学校——俄罗斯文馆》,《黑龙江大学学报(外语版)》1979年第2期,第106页。
③ 杜石然统计的是127人,但此人数仍有遗漏。杜石然、林庆元、郭金彬:《洋务运动与中国近代科技》,辽宁教育出版社,1991,第204—205页。

教师的肇始期。这一时期，随着西方语言文字、科学技术引入学堂，洋务学堂的课程结构开始走向多样化。根据人才培养目标和主要教授内容，洋务学堂可以划分为三类：一是以学习外国语言文字即"西文"为主的外国语学堂，二是以传授西方科技知识即"西艺"为主的技术学堂，三是以培养军事人才为主的军事学堂。其中技术学堂又分为军事技术学堂和其他技术学堂，军事学堂则包括水师学堂和武备学堂。根据既有史料所提供的数据资料，这些学堂截至甲午战争爆发时已先后创办30余所，而其中绝大多数学堂均聘有外籍人士从教授业。

（一）外国语学堂聘用外籍教师情况

在洋务派开设的7所以教习外国语言文字为主的外国语学堂中，京师同文馆、上海广方言馆、广州同文馆、台湾西学馆、湖北自强学堂等，均聘请有外籍教习。

于1862年设立的京师同文馆，首开官办学堂聘请外籍教习之先河。最先招聘的英文教习是英国人包尔腾，其后是法国人司默灵（A. E. Smorrenberg）和俄国人柏林（A. Popoff）。1869年，丁韪良任京师同文馆总教习后，按照西方模式对京师同文馆进行改造，使其新式教育的特点更为明显，成为近代中国教育变革的起端。正是通过聘请一批外籍人士任教，京师同文馆的教师队伍才初具规模，各门课程均有专任教师担纲讲授，为同文馆以后的发展奠定了基础。依据1898年颁布的《同文馆题名录》所载，该新式教育机构先后共聘请51位外籍教习。这些外籍教习分别来自英国、美国、法国、德国、俄国和日本等6个国家（见表1-2）。

表1-2 京师同文馆外籍教习名录

序号	中文名	西文名	国籍	到馆时间	馆别
1	包尔腾	John S. Burdon	英国	1862	英文馆
2	傅兰雅	John Fryer	英国	1864	英文馆
3	丁韪良	W. A. P. Martin	美国	1865	英文馆
4	额伯连	M. J. O' Brien	英国	1868	英文馆
5	吉德	C. Edward Mckean	英国	1872	英文馆
6	柯理士▲	J. P. Cowles	不详	1874	英文馆

续表

序号	中文名	西文名	国籍	到馆时间	馆别
7	马士▲	Hosea B. Morse	美国	1879	英文馆
8	欧礼斐	Charles H. Oliver	英国	1879	英文馆
9	韩威礼▲	William Hancock	英国	1885	英文馆
10	烈悌▲	Oliver G. Ready	英国	1888	英文馆
11	安格联	Francis A. Aglen	英国	1889	英文馆
12	贝安德	C. M. B. Bryant	英国	1892	英文馆
13	马都纳	William Mac Donald	英国	1892	英文馆
14	徐迈德▲	J. H. Smyth	英国	1898	英文馆
15	司默灵	A. E. Smorrenberg	法国	1863	法文馆
16	李壁谐	E. Lepissier	法国	1868	法文馆
17	德达那	G. d'Arnoux	法国	1871	法文馆
18	林春▲	Paul Ristelhueber	法国	1871	法文馆
19	华必乐	Charles Vapereau	法国	1871	法文馆
20	雷乐石▲	Louis Rocher	法国	1876	法文馆
21	帛黎▲	A. Theophile Piry	法国	1876	法文馆
22	师克和▲	F. A. Scherzer	法国	1882	法文馆
23	施克和▲	不详	不详	1892	法文馆
24	柯必达	不详	不详	1892	法文馆
25	谭安▲	C. E. Tannant	法国	1894	法文馆
26	铁士兰▲	Henri Picard Destelan	法国	1897	法文馆
27	柏林	A. Popoff	俄国	1863	俄文馆
28	伟贝	Carl Waeber	俄国	1871	俄文馆
29	第图晋▲	N. Titoushkin	俄国	1872	俄文馆
30	夏干▲	W. N. Hagen	俄国	1872	俄文馆
31	班铎	E. G. R. Pander	俄国	1881	俄文馆
32	柯乐德▲	Victor von Grot	俄国	1888	俄文馆
33	劳腾飞▲	P. B. von Rautenfeld	俄国	1894	俄文馆
34	单尔▲	不详	不详	1896	俄文馆
35	邰悌爱▲	不详	不详	1897	俄文馆
36	葛诺发	N. A. Konovaloff	俄国	1898	俄文馆

续表

序号	中文名	西文名	国籍	到馆时间	馆别
37	吴乐福▲	H. E. Wolf	德国	1888	德文馆
38	威礼士	A. H. Wilzer	德国	1891	德文馆
39	顾伦曼▲	H. M. W. Grundmann	德国	1895	德文馆
40	聂务满▲	Julius Neumann	德国	1895	德文馆
41	阿森玛▲	不详	德国	1896	德文馆
42	毕斯玛▲	H. M. A. Bismarck	德国	1898	德文馆
43	杉几太郎		日本	1898	东文馆
44	毕利干	Anatole A. Billequin	法国	1871	化学馆
45	施德明▲	C. C. Stuhlmann	德国	1893	化学馆/格致馆
46	海灵敦	Mark W. Harrington	美国	1878	天文馆
47	费理饬▲	Hermann P. Fritsche	俄国	1878	天文馆
48	骆三畏	Samuel M. Russell	英国	1879	天文馆
49	德贞	John Dudgeon	英国	1872	医学馆
50	卜世礼▲	Stephen W. Bushell	英国	1884	医学馆
51	英德秀▲	不详	不详	1890	医学馆
52	满乐道	Robert Coltman, Jr.	美国	1896	医学馆

【资料来源】根据《〈同文馆题名录〉记历任汉洋教习》整理，载朱有瓛主编《中国近代学制史料（第一辑上册）》，华东师范大学出版社，1983，第37—41页。注：表中标有▲号者均为署任。

在京师同文馆，来华外籍教习主要从事语言和文化课程的教学。他们承担的语言课程，包括英文、法文、俄文、德文和日文5个语种，文化课程则有化学、天文、格致、医学、万国公法、富国策、历史和地理等。在担任教学工作的同时，他们还从事著述和翻译工作。据光绪二十四年（1898）所刊《〈同文馆题名录〉记翻译书籍》一文记载，同文馆师生译著的书籍达27种。其中，丁韪良翻译有《万国公法》《公法会通》，并著有《格物入门》《中国古世公法论略》；毕利干翻译有《化学指南》《化学阐原》和《法国律例》，著有《汉法字汇》；医学教习德贞译有《全体通考》；欧礼斐著有《电理测微》

和《弧三角阐微》等。①

不同于京师同文馆的上海广方言馆，其教习则以中国人为主。在被并入江南制造总局之前，该教育机构仅聘有3位英文教习，历年外籍教习累计也不过8人（见表1-3）。其中任外语教习的倒有17名中国人，是外籍教习的2倍多。该馆首位来华的外籍教习是林乐知（Young Allen）。林乐知于1864年受冯桂芬、应宝时推荐入馆，聘期为6个月。6个月后他因病辞职，由中国人黄胜接替。1867年，黄胜辞职，林乐知复任英文教习，到1881年为止。

表1-3　上海广方言馆担任外语教习的外籍教习名录

序号	姓名	西文名	国籍	到馆时间	馆别
1	林乐知	Young Allen	美国	1864	英文馆
2	傅兰雅	John Fryer	英国	1865	英文馆
3	克利蒙	不详	法国	不详	法文馆
4	卜沃野	Boyer	法国	不详	法文馆
5	金楷理	Carl Kreyer	德国	不详	德文馆
6	璞琚	Adolf Bottu	法国	不详	法文馆
7	裴勃盟	Bebelmann	法国	不详	法国馆
8	火荣业迪生	不详	英国	不详	天文馆

【资料来源】朱有瓛主编：《中国近代学制史料（第一辑上册）》，华东师范大学出版社，1983，第246—247页。

于1864年创办的广州同文馆，在开办之初仅设英文一馆，聘请1名美国人谭顺（Theos Sampsom）入馆任教。据两广总督毛鸿宾奏称，该人士"精熟西文，人亦体面，堪为西文教习"②。除教英文外，谭顺还兼授算学，每天授课6个小时，教学负担相当繁重。之后，该馆又聘请了哈巴安德（A. P. Happer）和巴化理（W. L. G. Badham）等人。先后共计15名外籍人士在该馆任教，1862—1894年间有8人，其具体名录可见下表（表1-4）。

---

①《〈同文馆题名录〉记翻译书籍》，载朱有瓛主编《中国近代学制史料（第一辑上册）》，华东师范大学出版社，1983，第153—154页。
②《两广总督毛鸿宾折》（同治三年六月初十日），载朱有瓛主编《中国近代学制史料（第一辑上册）》，华东师范大学出版社，1983，第259页。

表 1-4　广州同文馆外籍教习名录

序号	姓名	西文名	国籍	到馆时间	职位
1	谭顺	Theos Sampsom	美国	1864 年	英文教习
2	哈巴安德	A. P. Happer	美国	1865 年	英文教习
3	巴化理	W. L. G. Badham	英国	1867 年	英文教习
4	三顺	Theo. Sampson	英国	1870 年	英文教习
5	俾士	George Piercy	英国	1874 年	英文教习
6	雷尼	G. G. Lame	不详	1887 年	英文教习
7	布茂林	Pumolling	英国	1891 年	英文教习
8	申玛士	J. A. Summers	英国	1892 年	英文教习
9	李知	A. W. Leach	英国	1903 年	英文教习
10	佘玛璐	N. R. Shaw	英国	1904 年	英文教习
11	乐满福		俄国	1897 年	俄文教习
12	萨泽斯基（又名萨泽基）	P. Zazerski	俄国	1897 年	俄文教习
13	善迈尔	C. Steinmeyer	俄国	1903 年	俄文教习
14	长谷川雄太郎		日本	1897 年	日文教习
15	马尔德	不详	法国	1900 年	法文教习

【资料来源】苏精：《清季同文馆及其师生》，福建教育出版社，2018，第111—112页。

值得一提的是，该馆所聘的长谷川雄太郎，可以说是中国新式学校中最早聘任的日本教习。1896 年 12 月，中国驻日公使裕庚代表两广总督，请日本外务省协助招聘"东文教习"到广东同文馆新设东文馆任教，日本外务省推荐了这位能通华语的日籍教习。① 长谷川氏于次年 3 月到馆任教②，拉开了日本教习大批来华授业的序幕。

由湖广总督张之洞于 1893 年创建的湖北自强学堂，在张之洞的支持下，也积极录用外籍教习。如在 1899 年聘请的 18 名教习中，洋教习就占了 8 名。现将其具体名录列下（见表 1-5）。

---

① 许宪国：《日本教习与晚清教育改革》，《乐山师范学院学报》2009年第9期，第90页。
② 《〈长谷川雄太郎与广州同文馆〉关于广州同文馆的简略记载》，载高时良、黄仁贤编《中国近代教育史资料汇编·洋务运动时期教育》，上海教育出版社，2007，第258页。

表 1-5　湖北自强学堂外籍教习名录（1899 年）

序号	姓名	国籍	教授科目	备注
1	波立沙	俄国	俄文	由总署衙门推荐，约 1898 年春到任，次年 5 月离职
2	萨哈哪甫斯祁	俄国	俄文	1899 年 5 月订约到任
3	喀凌呵	原籍俄国，寄籍顺天	俄文	1899 年 10 月订约为帮授
4	贝伦司多尔夫	德国	德文	1896 年 5 月到鄂，任护军营工程队总教习，兼任教习；1899 年 7 月离职
5	柳原又熊	日本	日文	1898 年到职，1903 年赴三江师范任教
6	吉山荣三郎	日本	普通学兼体操兵	不详
7	根岸福弥	日本	普通学兼体操兵	不详
8	骆丙生	英国	矿化学	兼任教习。1896 年 6 月到堂，1899 年 5 月离职

【资料来源】朱有瓛主编：《中国近代学制史料（第一辑上册）》，华东师范大学出版社，1983，第 317 页。

1902 年，湖北自强学堂更名为湖北方言学堂后，更是大量引进外籍教习以增强师资力量。1902 年到任的洋教习共计 15 人，其中日籍最多，11 人，其他国籍 4 人。[①] 值得关注的是，自 1901—1911 年，恰值所谓"日本教习的时代"。这一时期，晚清政府聘请了大批日籍教习，仅 1906 年就有 500~600 名。[②] 这使得中国在近代教育改革过程中，新式学校从学堂章程的制定、管理经营、到课程的设置、教科书的采用，都留有日本教育的印痕。

台湾巡抚刘铭传于 1888 年创设的台湾西学馆，也聘用过 2 名外籍教习。他们是丹麦人辖治臣（Hating）和曾在广州同文馆就职的英国人布茂林。[③] 只有设于中国西北和东北边疆之地的新疆俄文馆和珲春俄文书院，其教习均由

---

① 吴贻谷主编：《武汉大学校史（1893—1993）》，武汉大学出版社，1993，第 21—22 页。
② 汪向荣：《日本教习》，商务印书馆，2014，第 131 页。
③ 《〈台湾省通志〉关于台湾西学堂的记载》，载高时良、黄仁贤编《中国近代教育史资料汇编·洋务运动时期教育》，上海教育出版社，2007，第 268 页。

中国人担任。

（二）军事学堂聘用外籍教师情况

清政府创办的一批军事学堂以及技术学堂中属于军事技术教育的学堂也多聘用外籍教习。其中，又以英国、法国、德国、日本和丹麦等国人士居多。

在洋务派开办的军事技术学堂中，福州船政学堂聘用外籍教习的举措最早，规模也较大。该新式教育机构成立之初，就聘请法国人日意格（Prosper Marie Giquel）、德克碑（Paul d'Aiguebelle）为正、副监督，并授权他们从海外雇募外籍教习。船政学堂在开学之时，日意格和德克碑还在欧洲采购机器、雇募外籍教习，遂暂以监督秘书法籍人士博赖（A. Borel）和新加坡籍人士曾恒忠授课。1867年10月6日，日意格率外籍教习12人抵达福建马尾，1个月之后英籍教习嘉乐尔（James Carroll）等4人也到达学堂，其余外籍教习则于1868年初与德克碑偕同前来履任。①

福州船政学堂分为前后两学堂。前学堂设制造专业，聘法国教习主讲有关轮船制造的课程；后学堂设驾驶和管轮专业，聘英国教习讲授驾驶和管轮等课程。前堂还附设绘事院和艺圃，培养绘制船图、机器图以及测算方面的人才。据前人编纂的《清季福州船政学堂职官表》记载，1866—1911年间，该学堂共聘用来自法国、英国和新加坡等国外籍教习52人，具体名录见表1-6所示。

表1-6 福州船政学堂部分外籍人员表

序号	姓名	国籍	职位	任职时间
1	日意格	法国	各学堂监督，前学堂制造总教习	1866年12月11日就任，1873年由各学堂监督转任前学堂制造总教习。1874年合同期满回国，1877年任留学生监督，1886年2月病逝于法国
2	杜业尔	法国	各学堂监督	1897年2月获聘船政监督兼各学堂监督，1903年离职

① 刘传标编纂：《近代中国船政大事编年与资料选编（第三册）》，九州出版社，2011，第996页。

续表

序号	姓名	国籍	职位	任职时间
3	斯恭塞格	法国	各学堂监督	1886年2月受聘
4	德克碑	法国	各学堂副监督	1866年12月11日受聘,1868年4月11日到职,1874年合同期满回国
5	韦德尔	法国	各学堂副监督	1897年3月24日到职
6	额澜	不详	文案	1875年11月到职,1879年12月因病离职
7	伯尔	法国	书记官	1897年3月24日到职
8	尉达尔	法国	医官	1867年7月10日到职
9	威德	不详	医官	1903年10月到职,1907年7月合同期满回国
10	博赖	法国	前学堂监督兼洋秘书	1867年4月11日兼任洋秘书到职(主持前学堂教学工作),1868年4月免兼洋秘书
11	迈达	法国	前学堂监督,制造总教习	1868年4月到职(主持前学堂教学工作),1874年2月16日合同期满回国。1876年续聘,1882年2月20日第二期合同期满,再获得留工2年。1883年11月2日续聘。1885年因中法马江海战回国。1887年9月7日再聘,1907年10月12日续聘
12	德尚	法国	前学堂制造总教习	1876年9月到职,1880年因病回国
13	舒斐	法国	前学堂制造教习、枪炮制造教习	1867年10月6日到职,1873年延聘
14	马尔识	法国	前学堂制造教习	1867年10月6日到职
15	乐平	法国	前学堂制造教习	1867年10月6日到职
16	德索	法国	前学堂制造教习	1867年10月6日到职
17	竺蒲匏	法国	前学堂制造教习	1903年5月9日到职,1903年10月18日续聘,1907年10月12日合同期满回国
18	赖格罗	法国	前学堂格致教习	1885年5月到职,1888年2月5日续聘
19	禄赛	法国	前学堂理化教习	1868年4月获聘
20	斯恭塞格	法国	前学堂枪炮制造教习	1867年10月6日到职,1873年延聘,1886年转任留学生监督

续表

序号	姓名	国籍	职位	任职时间
21	嘉乐尔	英国	后学堂英文教习,不久任后学堂监督,兼驾驶教习	1867年11月7日到职(主持后学堂驾驶学堂教学工作),1873年冬聘约期满回国。1876年3月10日续聘,1880年5月病亡
22	阿澜	英国	后学堂监督、驾驶专业教务	1868年初任管轮学堂监督,接着转聘驾驶专业教务,1880年4月辞职
23	德勒塞	英国	后学堂驾驶教习、后学堂驾驶总教习	1867年11月7日到职,1875年6月18日任后学堂驾驶总教习(兼练船学堂总练官)
24	邓罗	英国	后学堂驾驶总教习	1880年10月1日到职,1883年9月30日3年合同期满后续聘。1892年2月20日聘约满回国
25	仕记	英国	后学堂驾驶教习	1867年11月7日到职
26	阿务德	英国	后学堂航海教习	1867年11月7日到职,1872年6月任练船学堂航海教官
27	儒昂索	英国	后学堂枪炮教习	1867年11月7日到职,1872年6月任练船学堂枪炮教官,1874年合同到期回国
28	阁顺	英国	后学堂帆缆教习	1875年6月21日到任
29	穆勒登	英国	后学堂管轮教习	1878年1月20日到职,1880年5月合同期满归国
30	理格	英国	后学堂管轮教习	1880年10月1日到职,1882年因不能胜任遭辞退
31	曾恒忠	新加坡	后学堂英文教习	1867年4月11日到职,1872年5月因接受委派往助容闳携幼童赴美就学之命,离开船政
32	逊顺	英国	练船学堂驾驶教习	1871年2月受聘,1871年12月因侮辱学生被解聘
33	周顺	英国	练船学堂帆缆教习	1875年7月到职
34	纳尔逊	英国	"通济"钢胁钢壳练舰总教官	1896年受聘

续表

序号	姓名	国籍	职位	任职时间
35	师丢瓦	英国	管轮学堂管轮总教习	1883年4月3日受聘，1883年6月12日到职，1884年4月因水土不服辞职回英国
36	裴士博	英国	管轮学堂管轮教习	1888年10月到职，1892年2月20日聘约期满回国
37	帛黎	法国	管轮学堂艺圃教习	1868年2月到职
38	禾排托	法国	管轮学堂艺圃教习	1868年2月到职
39	罗布尔特	法国	管轮学堂艺圃教习	1868年2月到职
40	里瓦赛奥	法国	管轮学堂艺圃教习	1868年2月到职
41	力法索	法国	管轮学堂艺圃教习	1870年11月受聘
42	嘉部勒	法国	管轮学堂艺圃教习	1870年11月受聘
43	马益识	法国	管轮学堂艺圃教习	1870年11月受聘
44	克林	法国	管轮学堂艺圃教习	1870年11月受聘
45	腊都实	法国	管轮学堂艺圃教习	1870年11月受聘
46	赛和	法国	管轮学堂艺圃教习	1870年11月受聘
47	卢维	法国	绘事院院首、教习	1868年受聘，兼（主持教学工作），1874年合同期满回国
48	费廉	法国	绘事院院首	1874年4月5日受聘
49	李嘉尔	法国	绘事院院首	1897年3月24日到职
50	萨巴铁	法国	绘事院院首	1903年5月9日到职，当年10月18日受聘，1907年10月12日合同期满回国
51	杰公司达	法国	教习	1869年兼任

【资料来源】刘传标编纂：《近代中国船政大事编年与资料选编（第三册）》，九州出版社，2011，第997—1001页。

福州船政学堂创建初期的一批外籍教习，业务水平较高，职业责任心较强，为近代中国培养了第一批航海、造船人才，部分毕业生又反过来充实到学堂师资队伍中。1875年以后，聘用的外籍教习人数逐渐减少。至1907年时，清政府陆军部咨令福州船政学堂停办，仅留下迈达（M'edard）和竺蒲袍2名外籍教师继续授教学生，其余均被解聘回国。①学堂在成立初期多聘请法国教习，中法战争爆发后，因部分法籍教习提前返国，学堂转而聘用英籍教习。

晚清重臣亦为洋务派要员的李鸿章，任直隶总督兼北洋大臣期间，先后于1880年和1885年在天津设立北洋水师学堂和北洋武备学堂。北洋水师学堂聘请了英国教习麦克利什教英语和算学，沃克（H. W. Walker）和赫森（G. H. Hearson）教轮机；②北洋武备学堂延聘了李宝（Major Puali）、博郎、崔发禄、哲宁、那珀（Napp）、后间士、巴恩壬、艾德（Lieut Hecht）、黎熙德（Major Richter）、拜耳（M. Emeche）、高恩兹等一批德国教习，他们将德国军校的课程移植到学堂，讲授天文、地理、测绘、数学等近代课程，并教导马队、步队、炮队的操练及行军、布阵、分合、攻守等近代军事战术。③李鸿章对德国教习的青睐，缘自他极为信赖德国的军事技术。早在19世纪80年代，北洋舰队就购进了大批德式舰船，而随着德国军火的进入，大量德国军事教习跟进中国。所以，聘用德国教习是李鸿章经过一番考量后做出的决定。

张之洞任两广总督期间，于1886年在广东创办黄埔鱼雷学堂，聘请德人马驷为鱼雷教习。1887年奏请将广东博学馆改名为广东水陆师学堂，开堂之际就聘用外籍教习3名，其中英国人李家孜（F. T. Richards）为水师教习，德国人欧披次为陆师教习。1890年在南京设立的江南水师学堂，也聘请有英籍教习2名。

1895年以后，作为洋务运动后期教育变革的成果，不少省份陆续开办武备学堂。其中如1896年张之洞创办的湖北武备学堂，在其开办的1896—1903年间，有德籍教习3名、日本教习6名。德籍教习是法勒根汉（Erich Falkenhayn）、根茨（R. Genz）和斯忒劳（E. Strauch），日本教习分别是太原武庆、平尾次郎、久米德太郎、木野村正德、野村岩藏、木下健太，而其时该学堂的中国教习仅有11人，另有译书和管理人员13人。④

---

① 《咨遣闽厂洋员，暂留教习迈达、竺蒲匏二员教导学生折》，载张作兴主编《船政文化研究——船政奏议汇编点校辑》，海潮摄影艺术出版社，2006，第543—544页。
② 杨学新：《清末直隶总督与外籍教习》，《河北大学学报（哲学社会科学版）》2003年第1期，第99页。
③ 王扬编著：《1894—1938德国对华政策研究》，湖北人民出版社，2015，第12页。
④ 曾崇贵：《晚清湖北武备学堂研究》，华中师范大学硕士学位论文（2014年），第7页。

(三) 技术学堂聘用外籍教师情况

晚清洋务运动时期，清政府先后创办有电报学堂 6 所，其中以北洋电报学堂最为著名。1880 年，北洋电报学堂成立后聘请丹麦人为教员，教授电学和电报操作技术。1882 年设立的上海电报学堂，分设按报塾、测量塾，聘请丹麦人博怡生（J. J. Bojesen）、葛雷生（Christjensen）任教①。1888 年，李鸿章用本地商人的捐契在天津创建了一所政府办的新医院，北洋医学堂就附属于这所医院。1893 年医学堂聘用天津税务署的英国医官欧士敦（Andrew Irwin）监理教学事宜。到 1900 年时，该学堂教学人员有 3 名中国医生和 2 名外国医生。②1896 年，由张之洞创建的南京陆军学堂附设的铁路学堂，也曾聘用骆白克、泰白福、屯和恩、朴满斯等几名德国教习。1892 设立的湖北矿务局工程学堂，聘请牛津大学硕士罗宾逊（Henry H. Robinson）和洛郭维（Low Kuo-Jui）（曾求学于美国 Renseelaer 技术学院）为教习。③1898 年，南京矿务学堂也是聘请欧洲著名矿师为教习。④

1905 年，清政府成立统辖全国新式学校教育事业的行政机构——学部，此时京师同文馆等一批早期创办的洋务学堂已先后并入其他机构或被裁撤。至此洋务学堂聘用外籍人士为教习的活动即成历史。因洋务运动而创设的数十所洋务学堂先后共聘请了多少外籍人士来华从教授业，既往研究统计不一。如林庆元统计出洋务运动时期（1860—1895）洋务学堂中的来华教习有 119 人⑤，杜石然等人统计出 1861—1895 年受聘的外籍教师为 127 人⑥。由于史料不全和来华外籍教师流动性甚大，加之其时洋务学堂的创办基本上各自为政、互不统一，所以这些数据仅供参考。要而言之，这一时期，外国来华任教的人员，有的在华授业年限较长，有的则甚短。其中如丁韪良在京师同文馆执教 32 年，

---

① 《〈交通部电信学校五十周年纪念特刊〉记上海电报学堂》，载朱有瓛主编《中国近代学制史料（第一辑上册）》，华东师范大学出版社，1983，第488页。
② 《毕乃德记天津医学堂》，载朱有瓛主编《中国近代学制史料（第一辑上册）》，华东师范大学出版社，1983，第491—492页。
③ 《毕乃德记湖北矿务局工程学堂》，载朱有瓛主编《中国近代学制史料（第一辑上册）》，华东师范大学出版社，1983，第494—495页。
④ 《〈集成报〉记南京拟开矿务学堂》，载朱有瓛主编《中国近代学制史料（第一辑上册）》，华东师范大学出版社，1983，第495页。
⑤ 林庆元辑：《洋务运动中来华洋匠名录》，载庄建平主编《近代史资料文库（第八卷）》，上海书店出版社，2009，第666页。
⑥ 杜石然、林庆元、郭金彬：《洋务运动与中国近代科技》，辽宁教育出版社，1991，第204页。

毕利干在馆20年，华毕乐25年，德贞23年，骆三畏21年，欧礼斐22年；林乐知掌上海广方言馆计20年；傅兰雅先在京师同文馆任英文教习2年，后到江南制造局翻译馆任译员，兼任上海广方言馆英语教习28年；福州船政学堂的迈达连续得到聘用，前后长达40年。在华为师从教甚短者，则如湖北自强学堂聘请的德籍教习贝伦司多尔夫。他于1896年5月到鄂，7月即离职，仅待了2个月。再如福州船政学堂英籍教习师丢瓦，他于1883年月6月12日到职，因水土不服，于次年4月辞去教职。

另外，带有高等教育元素的教会学校均聘有外籍教师，如金陵大学的前身汇文书院（1888年）、基督书院（1891年）和益智书院（1894年），燕京大学的前身汇文大学（1889年），岭南大学的前身格致书院（1888年）。其详情在此不赘述。

二、高峰期（1895—1926年）

北洋大学堂（其前身天津北洋西学学堂创办于1895年）、京师大学堂（创办于1898年）和山西大学堂（创办于1902年），这3所中国自己的官办大学，其创办标志着中国近代高等教育跨入新的发展阶段。尤其随着1904年癸卯学制的颁布实施、1905年科举制的废除和1906年学部的成立，更是引发了近代中国教育的大变革，中国近代高等教育也由此获得发展。作为中国近现代高等教育重要组成部分的教会大学，也与公立大学同步成长。大量近代西方自然科学和社会科学课程输入高校，使得高等教育机构的课程结构和教学模式发生了重大变化。同时，这类学校都面临着设备不足、教师缺乏的局面。由于在国内难以找到能胜任新式大学西式课程教学的教师，故而不得不借用外籍教师。由是在这一时期，不管是公立大学、私立大学还是教会大学，均聘请有外籍教师承担专业课程的教学任务，以缓解师资匮乏之难题。

（一）公立大学聘请外籍教师情况

中国现代意义的新式公立大学，在1895—1925年间，从3所发展到47所。为确保人才培养质量，这些学校均将眼光投向海外，想方设法聘用了一批高质量的外籍教师充实师资队伍。据不完全统计，自1895年至1925年，公立大学（含清华学校）聘用外籍教师360多名。1925年前后，随着大批中国留学人员回国充任教职，这种情况才有所缓解，各校聘请的外籍教师人数开始回落。现以这一时期几所代表性的高等教育机构为例，将聘请外籍教师事宜约略述之。

先看由盛宣怀创办于天津的北洋大学堂。该校创办伊始即聘请美国人丁家立任总教习，以美国哈佛大学、耶鲁大学为蓝本筹备和规划建校。该学堂创立之初，分为头等学堂和二等学堂。头等学堂属于具有高等教育性质的办学机构，学制4年；二等学堂则为预科性质的学校。作为校务的具体负责人，丁氏将延聘教习作为重要任务。他最初曾设想在头等学堂聘用外籍教习13人：第一年聘格物学、化学外籍教习1名；第二年聘格物学、化学外籍教习1名，工程学、数学外籍教习1名；第三年聘分门外籍教习5名；第四年聘分门外籍教习5名。①但据统计他在任期间（1895—1908年）所延聘的教习实则计有44人，其中外籍教习10人（见表1-7）。外籍教习中又以美籍人士居多，达7人。在他离任之年至1925年间，该校共聘有外籍教习34人。②1925年时，该校共有教职员38人，其中在23人教师队伍中（含兼职员者2人），美国教习就有9人。依据《北洋大学—天津大学校史》提供的教职员名录，从建校至1926年，该校先后共有外籍教习60余名。之后，外籍教习人数逐渐减少，一些原来由外籍教习担当讲授的课程多改由本国教习接替。

表1-7 1895—1908年北洋大学堂所聘外籍教习名录

序号	姓名	西文名	国籍	任职
1	克赖福	L. C. Clitfardan	美国	头等学堂格致化学教习
2	薛颂勋	不详	美国	头等学堂英文教习
3	贾满	E. F. Gamnman	美国	二等学堂洋文教习
4	林文德	Edgar Pierce Allen	美国	法律学教员（林乐知之子）
5	任纳福	V. A. Renocg	美国	外国历史兼财政学教员
6	裴福士	W. H. Peels	美国	格致学兼工程学教员

---

① 北洋大学—天津大学校史编辑室：《北洋大学—天津大学校史（第一卷）》，天津大学出版社，1990，第35—36页。
② 北洋大学—天津大学校史编辑室：《北洋大学—天津大学校史（第一卷）》，天津大学出版社，1990，第98—99页。

续表

序号	姓名	西文名	国籍	任职
7	德雷克	N. F. Drake	美国	矿学兼地舆学教员
8	吉德尔	Seon de Gieler	法国	法文教员
9	罗沙	Suduig Rozen	德国	德文教员
10	来觉福	Aely Ander Saptew	俄国	俄文教员

【资料来源】王杰、韩云芳主编：《百年教育思想与人物》，天津大学出版社，2010，第58页。注：本表对原文中林文德的英文名有修改。

再看同样为盛宣怀于1896年创办于上海的南洋公学。在该校创办之时，盛氏就聘任美国人福开森为首任监院，总管教务工作，并命福氏出面聘请了一批美国教习。1908—1920年唐文治掌校期间，该校外籍教习几占"半边天"，其时如铁路、电机等工程专业课程，几乎全由外籍教习担纲讲授，就连附属中学也任用了不少外籍教习。[①] 而在外籍教习中，尤以美籍人士为主。

再看作为维新变法运动产物的京师大学堂。当初力主清廷兴办京师大学堂的人物中就有2名美国传教士，他们是李佳白（Gilbert Reid）和狄考文。李、狄二人在1897年曾分别著文《拟请京师创设总学堂议》[②] 和《上译署拟请创设总学堂议》[③]，呈送清总理各国事务衙门。次年，京师大学堂诞生。这所在中国现代高等教育的发展进程中具有重要意义的现代高等教育机构，在其创办初期，秉持"中学为体，西学为用"的办学宗旨，并以师法日本为价值取向，在聘用教师时颇倚重外籍教师。基于外籍教师在学校中所处的重要地位，清政府相继颁发了聘用外籍教师的相关文件。如1898年颁发的《总理衙门筹议京师大学堂章程》就对外籍教师的数量做了规定，设"英文分教习十二人，英人华人各六；日文分教习二人，日本人华人各一；俄德法文教习各一人，或用彼国人，或用华人，随所有而定。专门学十种分教习各一人，

---

① 余子侠：《工科先驱　国学大师——南洋大学校长唐文治》，山东教育出版社，2004，第131页。
② 李佳白：《拟请京师创设总学堂议》，载朱有瓛主编《中国近代学制史料（第一辑下册）》，华东师范大学出版社，1986，第649页。
③ 狄考文：《上译署拟请创设总学堂议》，载朱有瓛主编《中国近代学制史料（第一辑下册）》，华东师范大学出版社，1986，第651页。

皆用欧美洲人"①。1902年颁发的《钦定京师大学堂章程》规定了外籍教师名额："西学教习拟暂聘欧美人六员或四员，教授预备科学生；日本人四五员，教授速成科学生。"②1904年颁发的《奏定任用教员章程》在对高校正、副教员任职资格做出规定的同时，指出在没有找到满足条件的教师的情况下，可以"暂时除延访有各科学程度相当之华员充选外，余均择聘外国教师充选"③。据1903—1906年"京师大学堂教习执事题名录"统计，在由56人组成的师资队伍中，外籍教师有19人，中国教师37人；而外籍教师中又以日本人居多，为12名，占到外籍教师的63%。④另据《第一次中国教育年鉴》统计，1907年、1908年和1909年，京师大学堂外籍教师分别是14人、13人和6人，中国本土教员人数为35、34、13。⑤可以看出，在京师大学堂成立初期，尽管外籍教师人数不及中国本土教师多，但西学课程的教学工作基本上由外籍教师担任，所以，外籍教师在学校里的地位举足轻重。1912年5月，京师大学堂更名为北京大学。根据1914年底的记录，该校本科部53名教授中，外籍教授有10位；预科部38名教授中，外籍教授也有7位。⑥1917年，蔡元培出任北京大学校长后，在教师任用上偏重于国内著名学者，将对外籍教师的聘请作为辅助形式，自此该校外籍教师有所减少。现将1903—1936年间北京大学聘请外籍教师的人数统计列出（见表1-8）。

表1-8　1903—1936年北京大学聘请外籍教师人数统计

年份	外籍教师人数	教师总数	所占比例
1903—1906	19	56	33.93%
1907	14	35	40.00%

---

①《总理衙门筹议京师大学堂章程》（光绪二十四年五月十五日），载朱有瓛主编《中国近代学制史料（第一辑下册）》，华东师范大学出版社，1986，第661页。
②《钦定京师大学堂章程》（光绪二十八年七月十二日），载朱有瓛主编《中国近代学制史料（第二辑上册）》，华东师范大学出版社，1987，第767页。
③《奏定任用教员章程》（光绪二十九年十一月二十六日），载璩鑫圭、唐良炎编《中国近代教育史资料汇编·学制演变》，上海教育出版社，2007，第432页。
④北京大学校史研究室编：《北京大学史料　第一卷：1898—1911》，北京大学出版社，1993，第329页。
⑤《清末大学概况统计表》，载南京国民政府教育部中国教育年鉴编审委员会编《第一次中国教育年鉴（丙编"教育概况"）》，开明书店，1934，第12页。
⑥Timothy Weston, *The Power of Position*. pp. 104-105, 123. 转引自江勇振：《舍我其谁：胡适（第二部　日正当中，1917—1927）》，浙江人民出版社，2013，第73页。

续表

年份	外籍教师人数	教师总数	所占比例
1908	13	34	38.24%
1909	6	13	46.15%
1918	12	200	6.00%
1922	17	319	5.33%
1924	19	不详	不详
1926	16	336	4.76%
1930	14	304	4.61%
1933	8	217	3.69%
1936	9	211	4.27%

【资料来源】南京国民政府教育部中国教育年鉴编审委员会编：《第一次中国教育年鉴（丙编"教育概况"）》，开明书店，1934，第12页；北京大学校史研究室编：《北京大学史料 第一卷：1898—1911》，北京大学出版社，1993，第329页；北京大学校史研究室编：《北京大学史料 第二卷：1912—1937 上》，北京大学出版社，2000，第345—447页。

由上表可以看出，从人数规模上来看，1903—1906年段和1924年所聘外籍教师人数最多；但就师资比例而言，1909年及之前外籍教师所占比例较高，超过30.00%，特别是1909年达到最高值46.15%，1918年陡降至6.00%，之后逐渐下降。

再看山西巡抚岑春煊于1902年奏请设立的山西大学堂。作为中国第一所省立大学，它设有西学专斋和中学专斋，前者负责人是英国传教士李提摩太。当时的西斋整个师资队伍仅有14人，外籍教师10人（英籍7人、美籍2人、瑞典籍1人）[1]。其时，以英籍教师为主体的师资队伍将英国学校有关教学内容和教学方法，移植到这所位于中国腹地的新式大学中。1902—1911年间，西斋学堂教职员已扩增到40人，其中外籍教师18人，几近一半。外籍教师中，

---

[1] 王家驹：《山西大学堂初创十年间》，载山西文史资料编辑部编《山西文史精选：建国前的山西教育》，山西高校联合出版社，1992，第12—13页。

有英籍11人、美籍3人、瑞典籍和澳大利亚籍各1人，另有2人国籍不详。①这是山西大学在1949年以前聘用外籍教师最为集中的时期。

再看作为中央大学前身之一的三江师范学堂。该校是20世纪初期师范院校中办得较好的学校。三江师范学堂在开办之初的1903—1905年间，共聘用日籍教习11人。1906年，该校易名为两江师范学堂，此时聘有日籍教习10人；1907年9月时，有6人到任。据苏云峰统计，1903—1911年，三（两）江师范学堂共延揽日籍教习约32人次。②两江师范学堂因辛亥革命而停办，后局势暂时稳定，北洋政府在此基础上又成立了南京高等师范学校（1915—1923年），这一时期学校较少聘用外籍教师。如1918年，在由92人组成的教职员队伍中，仅有美籍教师3人。③这与时任学校教务长的郭秉文延师有道有关。他在筹备南京高等师范学校（后简称"南京高师"）期间，就前往美国延揽了一批中国留学生归国任教，如竺可桢、秉志、胡刚复、胡明复、胡先骕、吴宓、梅光迪、陈鹤琴、陶行知、茅以升、廖世承、孟宪承、陆志韦等。郭秉文后又筹备东南大学，并在1923年将南京高师与其合并。在南高—东南大学时期，该校有外籍教师16人，在全校222人的教师队伍中仅占7.21%。④据美籍人士司徒雷登的叙述，郭秉文在这一时期"搜集了大约五十来名归国留学生，每个人都有突出的专长"⑤。

再看作为清华大学前身的清华学校（1912—1928年）。该校"系专为预备学生留美而设"，"学程要以使学生程度适合于美国大学制度为准"⑥。是故，清华学校所聘用的外籍教师皆为美国人。1911年到校的第一批17名美籍教师几乎承担了学校全部自然学科课程。直至1925年，该校共聘请美籍教员

---

① 山西大学编：《山西大学一览》，山西大学图书馆，1932，第1—6页。
② 苏云峰：《三（两）江师范学堂——南京大学前身，1903—1911》，南京大学出版社，2002，第23—24页、第29页、第36页。
③ 《代理校长郭秉文关于本校概况报告书》（1918年10月），载《南大百年实录》编辑组《南大百年实录·上卷：中央大学史料选》，南京大学出版社，2002，第58页。
④ 王德滋主编：《南京大学百年史》，南京大学出版社，2002，第97页。
⑤ [美]约翰·司徒雷登：《在华五十年——司徒雷登回忆录》，程宗家译，北京出版社，1982，第96页。
⑥ 梅贻琦：《清华学校的教育方针》，载清华大学校史研究室编《清华大学史料选编 第一卷 清华学校时期（1911—1928）》，清华大学出版社，1991，第273页。

64位①，属于当时聘请外籍教师较多的学校。而位于内陆省份的河南留学欧美预备学校（河南大学的前身），在1919—1923年间共聘请教职员50余位，其中外籍教师占到三分之一。②

从上述几所学校聘用外籍教师的情况看，公立大学在开办之初，无不延揽外籍教师承担西学课程，且在整个教师队伍中均占有相当的比重。

（二）私立大学聘用外籍教师情况

在中国近代私立大学中，教会大学占有特殊的地位。从19世纪末至1927年，教会大学的办学活动基本上自成一体。他们聘用了大批外国传教士来华任教，这些传教士多为创办学校的西方基督教会或罗马天主教组织所在国的宗教人士。

19世纪末，外国传教士将一些书院和教会中学合并并提升，增设大学课程或大学班级，冠以学院或大学之名开始运行。如1879年由度恩书院、培雅书院合并而成的上海圣约翰书院③，1882年由登州文会馆演变而成的高教层次的学院等。1900年，美国基督教监理会在苏州创办了具有真正意义上的第一所中国教会大学——东吴大学。在之后的25年里，中国相继建立起了14所教会大学：震旦学院（1903年，上海）、圣约翰大学（1906年，上海）、岭南大学（1904年，广州）、协和医学院（1906年，北京）、沪江大学（1908年，上海）、华南女子文理学院（1908年，福州）、金陵大学（1910年，南京）、华西协合大学（1910年，成都）、之江大学（1910年，杭州）、金陵女子大学（1913年，南京）、福州协和大学（1915年，福州）、齐鲁大学（1917年，济南）、燕京大学（1919年，北京）、华中大学（1924年，武汉）。④据1917年的有关统计，其时教会大学总人数已占到全国高等学校学生总数的80%。⑤如此规模的高等教育，需要聘请的外籍教师自然也较多。

教会大学在创办初期，多依赖外籍教师，使得教师队伍中外籍人员远多

---

① 苏云峰：《从清华学堂到清华大学 1911—1929：近代中国高等教育研究》，生活·读书·新知三联书店，2001，第128页。
② 河南大学校史修订组：《河南大学校史》，河南大学出版社，2012，第11页。
③ 田正平：《教会大学与中国现代高等教育——以19世纪末20世纪初为中心》，《高等教育研究》2004年第3期，第88页。
④ 刘海峰、史静寰主编：《高等教育史》，高等教育出版社，2010，第145—146页。
⑤ 陈景磐编：《中国近代教育史》，人民教育出版社，1979，第264页。

于中国人员。比如华西协合大学,在1910年开办时,10名教师中就有8名是外籍人士。① 该校医科创始之初,仅有外籍教员5位②。发展到1920年,在该校拥有的37名正式教职员中,外籍教师就有21名,占56.76%。又如福建协和大学,在1916年创办时,只有9名教师,且全部是外籍教师。据福建协和大学校长林景润回忆:"我们入校当第一批第一年级学生的时候,职教员不及半打。除国文国语外,其他都是外国教士,义务任职的。"③ 1920年,时任校长庄才伟在报告中称学校"教职员已达20人,其中6人为中国人,14人为外国人"④,"其最大缺憾之一,是在教师团体中,真正得到与外籍教师同样资格的中国籍教师,为数很少"⑤。同时,我们还可以从《福建协和大学章程(1926—1927)》所列教职员一览表中看出,其师资以外国人为主,28名教师中,外籍教职员有20名,中国教职员仅8名。⑥ 再如齐鲁大学,1917年9月正式开学时,外籍教职员为36人,在全部53名教职员中占67.92%。⑦ 其他如燕京大学在1919年初创时,教师有20余人,其中中国籍教师只有2人(李荣芳和陈在新)。⑧ 华中大学1924年成立时,外籍教师有18人,中国教师仅有14人。另外,金陵女子大学在1915年9月开学时,"只有6名教师,其中美籍教师4人,华籍教师2人"⑨。1915—1927年间,共有"43位外籍教师和28位华籍教师来校任教"⑩。1920—1921年间,广州岭南大学的外籍教职员竟为中国教职员的3倍(见表1-9)。

---

① 罗中枢:《四川大学:历史·精神·使命》,四川大学出版社,2009,第146页。
② 罗中枢:《四川大学:历史·精神·使命》,四川大学出版社,2009,第149页。
③ 《庆祝改大纪念会——校长林景润博士训词》,《协大周刊》1942年第17卷第7期。
④ 庄才伟:《福建协和大学报告表》,《美以美会福州年录》(1920年),第59页。转引自杨齐福:《近代福建社会史论》,社会科学文献出版社,2011,第272页。
⑤ [日]平冢益德:《记辛亥革命至壬戌学制期间的第三国在华教育活动》,载朱有瓛、高时良主编《中国近代学制史料(第四辑)》,华东师范大学出版社,1993,第190页。
⑥ 汪征鲁主编:《福建师范大学校史(上编)》,中国大百科全书出版社,2007,第98页。
⑦ 赵丽、宋静:《中国历史上最早的教会大学——齐鲁大学》,《山东档案》2010年第2期,第69页。
⑧ [美]约翰·司徒雷登:《在华五十年——司徒雷登回忆录》,程宗家译,北京出版社,1982,第49页。
⑨ 徐海宁:《中国近代教会女子大学办学研究——以金陵女子大学为个案》,南京师范大学出版社,2008,第29页。
⑩ 徐海宁:《中国近代教会女子大学办学研究——以金陵女子大学为个案》,南京师范大学出版社,2008,第30页。

表 1-9　1920—1921 年广州岭南大学教职员人数一览表

级别	外籍教师人数	中国教师人数	总数
行政人员	7	2	9
教授	10	1	11
副教授	3	1	4
讲师	7	3	10
重复计算	3	0	3
总数	24	7	31

【资料来源】[美]杰西·格·卢茨：《中国教会大学史（1850—1950）》，曾钜生译，浙江教育出版社，1988，第 181 页。

中国基督教教育调查会调查的结果显示，1921—1922 年度，基督教大学外籍教师与中国教师的比例约为 6∶4。[①] 其时，除金陵大学、东吴大学等少数学校外籍教师少于中国教师外，其他大多数学校外籍教师均多于中国教师。到 1925—1926 年间，基督教教会大学有外籍教师 465 人，中国教师 181 人[②]，两者比例约为 2.57∶1。从中可以看出，较 1921—1922 年间，外籍教师不但总体数量有所增加，而且所占比例也有所提升。"东吴、齐鲁和圣约翰的中国教师已超过教师总数的一半。华西、福建协和、雅礼和路德书院的中国教师不到三分之一。其他学校的中国教师约占 33%~45%。"[③]

在有些教会学校中，外籍教师的数量竟然是中国教师的四五倍之多，如金陵女子大学。1927 年以前，该校外籍教师在教师总数中一直占 60% 以上，特别是 1923 年，新聘 10 位外籍教师来校任教，致使外籍教师占比达到 93%，为历史最高点（见表 1-10）。这与 1924 年起该校扩充教学规模，分设英文、历史、社会学、体育、数理、化学、生物和医学预科等科系密切相关。[④]

---

① 中国基督教教育调查会编：《中国基督教教育事业》，商务印书馆，1922，第 360 页。
② [美]葛德基：《基督教高等教育在中国（1925—1926）》，载[美]杰西·格·卢茨：《中国教会大学史（1850—1950）》，曾钜生译，浙江教育出版社，1988，第 181 页。
③ [美]杰西·格·卢茨：《中国教会大学史（1850—1950）》，曾钜生译，浙江教育出版社，1988，第 181 页。
④ 张连红主编：《金陵女子大学校史》，江苏人民出版社，2005，第 37 页。

表 1-10　1915—1928 年金陵女子大学外籍教师和中国教师数量比较

年份	外籍教师人数及比例	中国教师人数及比例	教师总数
1915—1916	3（60%）	2（40%）	5
1916—1917	5（83%）	1（17%）	6
1917—1918	8（80%）	2（20%）	10
1918—1919	8（80%）	2（20%）	10
1919—1920	8（73%）	3（27%）	11
1920—1921	9（82%）	2（18%）	11
1921—1922	12（80%）	3（20%）	15
1922—1923	14（82%）	3（18%）	17
1923—1924	25（93%）	2（7%）	27
1924—1925	21（75%）	7（25%）	28
1925—1926	17（63%）	10（37%）	27
1926—1927	20（65%）	11（35%）	31
1927—1928	14（48%）	15（52%）	29

【资料来源】曾芳苗：《民国教会女子教育——"金陵女子文理学院"的个案研究（1915—1951）》（未刊发），1996年印行，第99页；黄洁珍：《从吴贻芳与金陵女子大学看基督教教育理念的实践》（未刊发），1996年印行，第137页。转引自徐海宁：《中国近代教会女子大学办学研究——以金陵女子大学为个案》，南京师范大学出版社，2008，第30页。

有些教会学校外籍教师人数虽然不及中国教师人数，但所占比例也较大。以东吴大学为例，从1900年开办到1909年，该校外籍教师一直多于中国教师。但从1910年开始，情况出现转变，中国教师开始多于外籍教师，尽管如此，外籍教师所占比例仍然较高，占30%以上（见表1-11）。

表 1-11　东吴大学外籍教师和中国教师数量之比较

年份	外籍教师人数（所占比例）	中国教师人数	总计
1900	不详	不详	6
1903	7（50%）	7	14
1909	10（59%）	7	17

续表

年份	外籍教师人数（所占比例）	中国教师人数	总计
1910—1911	6（33%）	12	18
1912	6（33%）	12	18
1913	5（33%）	10	15
1915	8（35%）	15	23
1917	8（33%）	16	24（不包括在教学和行政部门的助手）
1918—1919	11（33%）	22	33（不包括上海法科的教职工）
1920	12（41%）	17	29（包括全职和兼职）
1919—1921	17（40%）（含全职和兼职）	26（其中助手7位）	43
1922	12（31%）	27	39

【资料来源】根据东吴大学报告制作。王国平等编：《东吴大学史料选辑（历程）》，苏州大学出版社，2010，第115页、第117页、第122页、第125页、第129页、第139页、第145页、第167页、第180页。

教会大学良好的发展势头在20世纪20年代受到打压，特别是收回教育权运动中发生的"南京事件"，对教会大学外籍教师队伍的稳定性产生不小的冲击，直接导致外籍教师离校潮，使得在中国大学任教的外籍教师总体数量骤减。

1895—1927年这段时间，究竟有多少外籍教师在中国大学里从教授业，并无一个准确数据。笔者根据已经搜集到的公立大学、私立大学和教会大学外籍教师名录进行统计，共计约700人。假如以1925年的教职员人数为计算基数，其时国内50所大学（含公立和私立大学），教职员人数为4669人[1]，意味着服务于大学教育的外籍教师所占比例约为15%。从以上各主要大学聘请外籍教师的情况看，1925年、1927年分别为公立大学、教会大学外籍教师

---

[1]《民国以来国内大学教育情况表》，载教育部高教司编《全国高等教育统计》，商务印书馆，1928，第25页。

人数呈现由高转低的时间拐点。因此，1895—1927年应是中国近代大学所聘外籍教师数量最为集中，也是最多的时期，故将这一时期称为外籍教师从教授业的高潮期应是可以的。

三、困守期（1927—1937年）

该时期中国各大学聘用外籍教师的情况，可以通过南京国民政府教育部于1934年发布的相关数据初步了解。1934年，中国大学聘用的外籍教职员共计704人，内有教员598人，其中国立126人，公立各专科4人，省立20人，私立448人。有职员106人，在国立学校11人，私立学校94人。[1]其时全国专科以上学校教职员人数为7205人[2]，也就意味着外籍教师在全国高等教育师资中占比达到8.30%。公立院校和私立院校的外籍教师，分别占外籍教师总数的25.08%和74.92%，私立学校外籍教师数是公立学校的近3倍。另1936年《教育杂志》（第26卷9号）的统计结果显示，1934年全国大学、学院和专科学校聘用外籍教师的具体情况如表1-12所示，从中可以看出：在大学服务的外籍教师人数较多，达到444人，占整个高教界外籍教师598人的74.25%，同时占全国专科以上学校教职员人数的6.16%。据其他资料统计，在表中所列34所大学中有13所国立大学、5所省立大学和16所私立大学，它们聘用的外籍教师分别为88人、12人和344人。[3]由此可以看出私立大学所聘外籍教师远多于国立和省立大学，前者是后者的3.4倍。可以看出，这一时期外籍教师人数不但总体上有所减少，而且在教师队伍中的比例也呈现下降趋势。

---

[1]《全国专科以上学校外籍教职员人数与月俸》，载南京国民政府教育部统计室编《全国高等教育统计（二十三年度）》，商务印书馆，1936，第24—25页。
[2]《全国专科以上学校教职员状况·教职员之资格性别及籍别》，载南京国民政府教育部统计室编《全国高等教育统计（二十三年度）》，商务印书馆，1936，第22页。
[3]《全国专科以上学校外籍教职员人数与月俸》，载南京国民政府教育部统计室编《全国高等教育统计（二十三年度）》，商务印书馆，1936，第24—25页。

表 1-12　1934 年全国高等教育外籍教职员情况一览表

学校类别	学校数	外籍教师人数	外籍职员人数	外籍教职员人数
大学	34	444	53	497
独立学院	18	125	52	177
专科学校	7	29	1	30
总计	59	598	106	704

【资料来源】《全国高教外籍教职员与月俸》,《教育杂志》第 26 卷,1936 年第 9 号,第 142—143 页。

该时期外籍教师受聘规模下降,其原因主要有两点:一是大批中国留学生于 1925 年前后回国,他们多进入高校工作,取代了大部分外籍教师,成为高校师资的主要来源。从 1909 年庚款留美开始,数以千计的中国留学生赴美学习。有人做过统计,1909—1929 年间,中国仅派出的各类庚款留美学生达 1825 人,其间赴美入大学、学院的中国留学生则达 5362 人。[①] 二是受到非基督教运动和收回教育权运动的影响。自 1921 年起,中国掀起了声势浩大的反基督教运动,发起者们对教会大学中的外籍教师的宗教布道行为表达了强烈不满。教会学校的游行、罢课、退学等浪潮此起彼伏,并由此衍生出收回教育主权运动。此运动在 1925 年达到高潮,北洋政府、广州国民政府和南京国民政府相继颁布法令,要求教会大学必须在中国政府立案注册。此潮未落,北伐风暴又起。1927 年 3 月 24 日、25 日,攻进南京的"部分国民革命军士兵与下属群众,在排外情绪驱使下,抢劫、焚烧外国教堂、教会学校乃至伤害外籍人士,享有很高声望的金陵大学副校长怀恩(Dr. J. E. William)即在住宅被劫时不幸身亡。教会学校除金陵女子大学外,几乎无一幸免于洗劫,外籍传教士与教员从家庭到随身财物全被抢走。其后果便是外籍人员被迫全部撤退,先到上海,继而分为三路:一部分回国,一部分去日本,一部分去朝鲜"[②]。传教士们被害的消息在各地传播。位于济南的齐鲁大学外籍教师担心受到攻

[①] 东北师范大学国际与比较教育研究所编著:《国际教育:世纪之交的回顾与展望》,吉林人民出版社,2005,第 77 页。
[②] 章开沅:《教会大学与二十世纪二十年代的中国政治》,载顾学稼、林霨、伍宗华编《中国教会大学史论丛》,成都科技大学出版社,1994,第 4—5 页。

击而选择赴青岛避难，校内只剩下施尔德与惠义路两个外国人。① 鉴于局势不稳，许多教会大学被迫关闭。据统计，1927年，全国教会学校8000名外籍教师中，约有7500名离华回国。②

经过非基督教运动与依法立案注册风波后，除圣约翰大学外，教会大学于1927—1933年间相继在中国政府注册，成为中国私立大学的一部分。教会大学在注册前，外国差会在人事上拥有绝对控制权；而在注册后，中国人担任校长，更侧重于招募中国教师充实到教会大学来任教。有些学校在聘请外籍教师的文件中，明确规定在同等情况下，尽量聘用中国教师。

留学生归国、注册后教会大学向本土化转型以及"南京事件"等诸多因素，促使中国大学教师队伍成员结构在1927年南京国民政府上台后出现重大转变。中国教师逐步取代了外籍教师的优势地位，教授起自然科学和社会科学方面的主要课程。外籍教师在教学上的主角地位逐渐褪色，在大学中的地位渐次式微乃至边缘化就很自然了。

（一）公立大学外籍教师情况

1928年，中国的公立大学发展到28所，立案注册的私立大学已有21所。现就一些知名的公立大学聘请外籍教师的具体情况简述如下。

清华学校的教师结构在1924—1927年间发生蜕变。1927年，在校工作的84名教师中，美籍教师仅余9人，占10.71%。学校自然学科和工程方面的课程已全部由中国人教授，外籍教师只教授西洋文学、历史和音乐等课程，而西洋文学系15名教师中，中国教师有9名，超过半数。③1928—1930年，在清华大学任教的84名教师中，外籍教师仅留4名，占4.76%。1931—1937年，受聘清华大学的教师至少有190名，而外籍教师只有12名左右，人数稍有增添，但其比例也仅为6.32%④，大大低于改制前的水平。

南洋大学（上海交通大学前身）在1921—1927年间的师资队伍，已由海

---

①徐保安：《教会大学与民族主义——以齐鲁大学学生群体为中心（1864—1937）》，南京大学出版社，2015，第127页。
②潘懋元主编：《中国高等教育百年》，广东高等教育出版社，2003，第261页。
③依据苏云峰著《从清华学堂到清华大学 1911—1929：近代中国高等教育研究》（生活·读书·新知三联书店，2001年）第127—143页的内容整理而成。
④生云龙：《清华大学教师学历与学缘结构的变迁》，《清华大学教育研究》2008年第2期，第95页。

外留学归来的中国教师组成。美籍华人钱谦在《1920年代的交大》一文中回忆道:"到我进南洋时只剩汤生和谢尔顿两位,他们刚好都是电机系教授,使我有幸亲受教诲。"①钱谦于1922年进入南洋大学电机科读本科,汤生(G. Thompson)和谢尔顿(S. R. Sheldon)都在1927年离任。

北洋大学(天津大学前身)在1928年的教师数量虽比1925年增加4人,达到28人(包括职员兼教员2人),然而外籍人员却由10人减至3人(教师2人,校医1人)。②

北京大学聘请的外籍教师,其比例在1930—1936年间较前一时期锐降。1930年、1933年和1936年所聘人数分别为14人、8人和9人,所占比例分别为4.61%、3.68%和4.27%,且具有高级职称者寥寥无几。据1935年2月颁布的《国立北京大学核发薪金清册》记载,其时北京大学13个系58名教授中,只有4名外籍教授。

四川大学在1935年时尚有6位外籍教师。是年,任鸿隽到校后,仅留下黄微华兰,其余外籍教师均被辞退。

同济大学在1932—1933年间的德籍教师有将近40人,此后人数有所下降,1934—1935年间留有30名。③1937年八一三事变之后,日军继续向南方进逼,导致绝大部分德籍教师离开同济大学回国。

由上述数校可见,这一时期,公立大学外籍教师逐渐减少这一趋势基本相同。

(二)私立大学(以教会大学为主)外籍教师情况

20世纪20年代初,由中国知识界发动的非基督教运动,使得教会学校备受社会各界抨击,而且这场运动发展到后来则以收回教育权为运动的中心目标。南京国民政府成立后,收回教育权运动仍在继续。南京国民政府教育部

---

① 朱隆泉主编:《思源湖——上海交通大学百年故事撷英》,上海交通大学出版社,2006,第61页。
② 北洋大学—天津大学校史编辑室编:《北洋大学—天津大学校史(第一卷)》,天津大学出版社,1990,第144—145页。
③ 《本校德籍教职员调查表》(21年度、22年度),同济大学档案馆馆藏,案卷号1-LS11-1337。转引自李乐曾:《德国对华政策中的同济大学(1907—1941)》,同济大学出版社,2007,第241页。

颁布了《私立大学及专门学校立案条例》（1927年12月20日）[①]，其中规定："凡私立大学及专门学校须经中华民国大学院立案"；"凡未立案之私立大学或专门学校，其肄业生及毕业生不得与已立案之私立大学及专门学校学生受同等待遇"。之后颁布的《私立学校规程》（1929年8月29日）第四条又规定："私立学校如系外国人所设立，其校长须以中国人充任。"[②] 教会大学必须无条件地由中国人收归自办这一重大变动，导致教会大学部分外籍教师离校。为适应本土化与专业化的需要，教会大学在继续聘请外籍教师的同时，大量招聘本国教师来充实教师队伍，恰值其时大批留学生归国以及一些学校培养的学生毕业，使得中国教师逐渐成为教师队伍的主要构成人员，由此，外籍教师数量开始低于中国教师。据章开沅先生研究，1932年，教会大学中外籍教职员之比为2∶1，1936年变为4∶1，说明外籍教职员人数正在不断减少。[③]

现将一些主要教会大学外籍教师队伍情况约略介绍如下。

华西协合大学是全国公私立大学里聘用外籍教师人数较多的学校。在非基督教运动背景下，中国教职员提出尊重中国文化的呼吁，要求增加中国文学及历史教学内容的分量。1925年后，学校开始在文科、教育科增加中国教员。时任校长加拿大人毕启，还在1926年10月，向全体学生表示，决意多聘有学识的中国教员来本校执教。[④] 此后，中国教员人数迅速增加。据1928年《华西协合大学概况报告统计》，学校有教职员93人，中国教员41人，占教职员队伍的44.09%。到1931年，虽然外籍教师总数有所增加，达到60人，但在教职员队伍中的比例从1928年的55.91%下降至49.18%，开始出现外籍教师少于中国教师的情况。[⑤]

金陵女子大学在1927—1928年间，首次出现外籍教师少于中国教师的情

[①] 刘焯元、曾少俊编：《民国法规集刊（第五集）》，民智书局，1929，第115—118页。
[②] 王学珍、张万仓编：《北京高等教育文献资料选编（1861—1948）》，首都师范大学出版社，2004，第612页。
[③] 章开沅：《教会大学与二十世纪二十年代的中国政治》，载顾学稼、林霨、伍宗华编《中国教会大学史论丛》，成都科技大学出版社，1994，第6页。
[④] 张丽萍、郭勇：《采中补洋：华西协合大学对中国文化的吸纳》，载卓新平、唐晓峰主编《基督宗教研究（第十七辑）》，宗教文化出版社，2014，第268页。
[⑤] 张丽萍：《中西合冶：华西协合大学》，巴蜀书社，2013，第391页。

况，占比为48.28%，至1930年外籍教师占比更下滑至36.17%（教职员有47人，外籍人员为17人）。①在1925—1926年间，东吴、齐鲁和圣约翰三所大学的中国教师，已超过学校教师总数的一半。②其中东吴大学受"南京事件"冲击，其美籍教师全体离校，这是自该校开办以来第一次出现这种情况。随着中国人潘慎明被任命为代理校长，学校管理工作自此也由中国教职员承担。1929年，该校文理学院及第一中学教职员共有88人，外籍教师只剩下12人。③福建协和大学1926—1927年度，外籍教师17人，中国教师4人。④而在1927—1934年新聘的15名教授中，仅有2名外籍教授，其余均为中国教授；1934年，该校新增教员43人，仅有4名外籍教员，其余都是中国教员。⑤1934年，燕京大学的152名教师中，外籍教师54人，占总数的35.53%，而中国教师已达到98人，所占比例上升至64.47%。⑥

但有些学校外籍教师依旧是教师队伍的中坚力量。其如沪江大学，在1928—1937年间，外籍教师多达57人。⑦其中，1936年外国语言文学系13名教师中就有12名美籍教师。又如震旦大学，在1936年的师资队伍中，法籍教师人数居第一位，中国教师居其次。具体情况为：法学院中，法籍教师16人，中国教师13人，其他籍教师1人；医学院中，法籍教师11人，中国教师11人，其他籍教师1人；理工学院中，法籍教师18人，中国教师10人，其他籍教师1人。⑧不过，这也只是个案。

从上可以看出：这一时期几所著名的公立大学聘请的外籍教师多以个位数计算，外籍教师规模骤减；教会大学的外籍教师在学校中所占比例也开始

---

① 程斯辉、孙海英：《厚生务实　巾帼楷模——金陵女子大学校长吴贻芳》，山东教育出版社，2004，第136页。
② [美]杰西·格·卢茨：《中国教会大学史（1850—1950）》，曾钜生译，浙江教育出版社，1987，第181页。
③ 王国平：《东吴大学简史》，苏州大学出版社，2009，第131页。
④ 谢必震：《福建史略》，海洋出版社，2011，第180—181页。
⑤ 王调馨：《三十年度开学与抗战》，《协大校友》第34号。转引自杨齐福：《近代福建社会史论》，社会科学文献出版社，2011，第273页。
⑥ 南京国民政府教育部统计室编：《全国高等教育统计（二十三年度）》，上海商务印书馆，1936，第62页、第70页。
⑦ 《年刊》（1928—1937年），转引自王立诚：《美国文化渗透与近代中国教育——沪江大学的历史》，复旦大学出版社，2001，第177页。
⑧ 《私立震旦大学一览》，上海市档案馆：Q244，卷17，第44—56页。转引自张士伟：《近代中法教育交流史》，南开大学出版社，2014，第34页。

低于中国教师。

四、消落期（1938—1953年）

这一时期因日本侵华外籍教师纷纷离校回国。1937年七七事变后，各国驻华使馆纷纷致函本国在华人员，告知他们尽快撤离。随后，众多学校先后踏上内迁之路，随校内迁的外籍教师只有极少数。由于缺乏完整资料，无法反映出战争期间大学外籍师资的整体状况。但据笔者粗略统计，在1937—1945年间，有278名外籍教师（有任职时间标识的外籍教师）仍然在中国的大学里任教（见表1-13）。

表1-13 1937—1945年各校聘用外籍教师人数（有任职时间标识的外籍教师）

序号	校名	人数
1	私立华西协合大学	72
2	私立燕京大学	29
3	私立金陵女子文理学院	28
4	私立沪江大学	27
5	国立同济大学	17
6	私立辅仁大学	17
7	私立福建协和大学	17
8	私立圣约翰大学	16
9	国立西南联合大学	13
10	私立震旦大学	10
11	私立武昌中华大学	10
12	国立武汉大学	6
13	国立云南大学	5
14	私立金陵大学	4
15	私立东吴大学	2
16	国立北洋大学	1
17	国立中央大学	1
18	国立山西大学	1

续表

序号	校名	人数
19	国立四川大学	1
20	国立西北大学	1
21	私立之江大学	1
22	私立光华大学	1
重合人数		2
共计		278

抗战胜利后，随之而来的是三年解放战争。新中国刚刚成立不久，保家卫国的抗美援朝战争爆发。战争期间，外籍教师纷纷离境。

（一）公立大学外籍教师情况

全民族抗战期间，国内局势动荡不定，众多公立大学被迫内迁。

作为公立大学中的佼佼者，北京大学、清华大学和南开大学三校，辗转南迁至昆明组建西南联合大学，这一时期聘请的外籍教师总计有18人[①]，是当时公立大学中聘用外籍教师较多的大学。其他的公立大学所聘外籍教师寥寥无几，多为个位数。现以同济大学、武汉大学和山西大学为例，分别代表东部、中部和西部的大学聘用外籍教师的情况。

自1937年8月始，同济大学即踏上迁徙之路，先后六易校址。先从上海迁到浙江金华，再转迁江西赣州和吉安时，尚有一批德籍教师随迁。但当学校于1938年7月由江西赣州准备迁往广西八步时，德国驻华使馆在发给学校的备忘录中提出，德国政府因战事原因不再继续发给德籍教师特种补助及旅费补助，并建议学校最好暂时减少德籍教师人数。其时已迁至江西的德籍教师本就不愿意跟随学校继续深入内地，加之缺乏来自各方的经济保障，绝大部分教师决定回国。不久贝勒（Berrer Alfred）、范远等一批德籍教师离开赣州，经广州回到上海，并于当年11月16日乘坐"格奈色瑙"号轮船离开上海回国。

---

① 该数据通过以下资料汇总而成：西南联合大学北京校友会校史编辑委员会编写的《国立西南联合大学校史资料》（北京大学出版社、云南人民出版社，1986）；北京大学、清华大学、南开大学、云南师范大学合编的《国立西南联合大学史料（一 总览卷）》（云南教育出版社，1998）；西南联合大学北京校友会编的《国立西南联合大学校史——1937至1946年的北大、清华、南开》（北京大学出版社，1996）；云南省地方志编纂委员会总纂，云南省地方志编纂委员会办公室人物志编纂组编撰的《云南省志（卷八十 人物志）》（云南人民出版社，2002，第899—913页）。

仅留下史图博（Hans. Stubel）、欧特、许华生、哈朋、费切尔5位德籍教授，随同济师生一路跨越浙、赣、湘、桂、越南……一路跨越七省两国，于1940年到达四川李庄。①对于史图博的留任，同济大学水利专家陈士骅还特赋诗一首，名为《河内旅舍与史图博共话》："客卿皆已去，夫子何独留。我爱中华土，难忍故国秋。暴徒豺狼性，不共戴天仇。家乡谁不恋，客泪腹内流。"②在西迁过程和留居李庄期间，同济大学又新聘魏特（Adolf H. Weit）、褚华南、陈一狄（Chen Edith）3位外籍教师。③该校的德籍教师因战争成批离校，此次并非第一次。早在第一次世界大战结束后，根据协约国的规定，在1919年初，作为同济大学前身的同济医工学堂的大部分德籍教师就被遣送回国，使得当时该校的德籍教师由1917年的34人减少到9人。④

武汉大学于1938年3月—6月陆续向四川迁校期间，外籍教师多辞职而去，仅留下2位外籍教师——李那（George H. Rainer）和杨安妮。他们从1938年8月—1946年6月，跟随武汉大学师生在四川嘉定（乐山）度过了8年的艰苦生活。

1939年12月—1949年1月，山西大学的外籍教师只有3人，占全部教师总数195人的1.54%。⑤

（二）私立大学（以教会大学为主）外籍教师情况

全民族抗战爆发后，与公立学校一样，私立大学中的多数基督教教会大学开始了充满荆棘的漫漫迁徙之路。金陵大学、金陵女子文理学院⑥、齐鲁大学和燕京大学⑦，均陆续迁至成都华西坝，在华西协合大学校园内继续办学，由是出现了五所基督教大学联合办学的盛况。东吴大学和之江大学，则被迫搬到上海公共租界，与圣约翰大学、沪江大学组成"上海基督教联合大学"。华中大学辗转远迁至云南大理喜洲小镇；福建协和大学迁避福建邵武；华南

---

① 黄莹：《同济学子感念78年前情谊——德教授不弃中国学生 上海迁四川坚持教学》，2015年8月23日《长江日报》第2版。
② 陈士骅《河内旅舍与史图博共话》，载《陈士骅诗集》，中国文联出版社，2003，第148页。
③ 《同济大学聘任外籍教授的有关文书·国立同济大学呈文（1944年10月19日）》，中国第二历史档案馆馆藏档案，全宗号5，案卷号2582。
④ 翁智远主编：《同济大学史（第一卷 1907—1949）》，同济大学出版社，1987，第33页。
⑤ 山西大学校史编纂委员会编：《山西大学百年校史》，中华书局，2002，第553页。
⑥ 即金陵女子大学。该大学于1930年在南京国民政府教育部立案后，更名金陵女子文理学院。
⑦ 七七事变爆发后，燕京大学坚持在原地北京办学，直到珍珠港事件后才迁至成都。

女子文理学院徙往福建南平；岭南大学则先迁香港，后辗转至广东梅州。自1937—1945年，13所基督教大学中除华西协合大学因位于战时大后方而不用搬迁以及圣约翰大学"足未出沪"外，其余的教会大学都不同程度地做了迁移。

由于缺乏完整资料，无法反映出战争期间教会大学外籍师资的整体状况。笔者粗略统计，1937—1945年间仍然有233名有任职标识的外籍教师在教会大学里任教。这种战时外籍教师坚守在华任职的情况可从华西协合大学窥其一斑。作为七七事变前聘用外籍教师最多的华西协合大学，1940年外籍教职员有53人（见表1-14），远远少于1933年的73人。①

表1-14　1940年华西协合大学教职员人数统计

类别	籍别	人数	所占比例	总计
教员	中国	126	76.36%	165
	外籍	39	23.64%	
职员	中国	147	91.30%	161
	外籍	14	8.70%	

【资料来源】根据《华西协合大学一览》（1940年度）整理。转引自张丽萍：《中西合冶：华西协合大学》，巴蜀书社，2013，第391页。

1941年12月8日，太平洋战争爆发。留守在沦陷区的燕京大学、齐鲁大学、圣约翰大学校区被日伪强行占领，各校被迫停办，未及时撤走的英美籍教职员也全部被分别拘入设在山东潍县的集中营和上海的盟国侨民集中营。之后，有部分人士被日军遣返回国。

七七事变后，因日伪政权强制在沦陷区的大学增设日语课程，在中国任教的日籍教师有所增加。1940年，汪伪政权在南京开办伪中央大学之初，有日籍教员2人，到1942年8月，日籍教员已达15人，另有德籍教员1人。②辅仁大学虽在沦陷区得以继续办学，但美籍教职员陆续离校，由德籍人士逐渐递补。自1939年开始，日本又派遣细井次郎以第二外国语教授名义来校监督。此后派到学校的日籍教师增多起来。③抗战胜利后，包括细井次郎在内的十多

---

① 张丽萍：《中西合冶：华西协合大学》，巴蜀书社，2013，第394页。
② 龚放、冒荣编著：《南京大学》，湖南教育出版社，1995，第69页。
③ 孙邦华编著：《会友贝勒府——辅仁大学》，河北教育出版社，2004，第64页。

名日籍教师被遣返回国。①

尽管战事纷乱，一些国际友人仍然冒险前来中国从教。南京国民政府教育部在抗战时期还接洽了英国生物学家李约瑟（Joseph Needham）、文学家陶德斯（E. R. Dodds），美国畜牧学家蒋森（R. G. Johnson）、法学家庞德（Roscoe Pound）等10位来华教授。他们踏入战时的中国土地，或开设讲座传播新知，或据高头讲章讲课授徒。

抗战结束后，原在沦陷期间被遣返回国的许多外籍教师又陆续返华任教。如曾在岭南大学工作多年的嘉惠霖（William Warder Cadbury）、包令留（Henry C. Brownell）、富伦（Henry S. Frank）、贺辅民（W. E. Hoffmann）和聂雅德（A. R. Knipp）夫妇等，都迫不及待地赶回广州，继续他们战前在中国的教学和科研工作。不少外籍教师还积极参与战后重建工作。如代表美国长老会岭南基金委员会的驻校董事香雅各（James M. Henry），就担任了联合国善后救济总署广东分署副署长，协助华南地区进行复兴工作。② 原岭南大学农学院院长高鲁甫（George Weigman Groff），也曾任该组织华南农业复兴官员1年有余。

因解放战争爆发，一些外籍教师又陆续离华。在动荡时局中，只有为数不多的外籍教师留华任教。据笔者统计，1946—1953年在华外籍教师大约有187人，其中北京大学等10所公立大学约有31人，华西协合大学等私立大学约有156人（见表1-15、表1-16）。

---

①孙邦华编著：《会友贝勒府——辅仁大学》，河北教育出版社，2004，第96页。
②陈国钦、袁征：《瞬逝的辉煌——岭南大学六十四年》，广东人民出版社，2008，第114页。

表 1-15　1946—1953 年部分大学在华外籍教师人数一览

学校	外籍教师人数	合计
北京大学	6	31
清华大学	3	
同济大学	1	
复旦大学	8	
武汉大学	3	
四川大学	1	
北洋大学	2	
山西大学	2	
厦门大学	1	
云南大学	4	
金陵大学	3	156
金陵女子文理学院	18	
燕京大学	10	
齐鲁大学	1	
辅仁大学	10	
福建协和大学	7	
东吴大学	2	
沪江大学	16	
华西协合大学	48	
华中大学	14	
圣约翰大学	27	
合计		187

表 1-16　1946—1953 年在华部分外籍教师名单

中文名	西文名	国籍	任职学校	任职时间
洪涛生	Vincenz Hundhausen	德国	北京大学	1924—1949 年
	Dr. Crete Stohr		北京大学	1946 年在任
傅汉斯		美国	北京大学	1948 年 12 月离职
米士	Peter Misch	德国	北京大学	1946 年在任
燕卜荪	William Empson	英国	北京大学	1947—1953 年

续表

中文名	西文名	国籍	任职学校	任职时间
毕古烈威池		俄国	北京大学	1947年北洋大学北平部并入北京大学。1948年12月离职
温德	Robert Winter	美国	清华大学	1925—1987年
噶邦福	John Jan Gapanovich	俄国	清华大学	1931—1949年
史图博	Hans. Stubel	德国	同济大学	1924—1951年
	Hoskins Lewism		复旦大学	1946年10月到校
	George Hugh Begble		复旦大学	1946年10月到校
	Macaleavy	英国	复旦大学	1947年兼任
	Mrs. Jomarie Radell	美国	复旦大学	1947年到校
	J. Combs		复旦大学	1947年4月到校
	Suornich		复旦大学	1947年4月到校
	Lohne		复旦大学	1947年4月到校
	G. L. Kesteven		复旦大学	1947年4月到校
李那	George H. Rainer	英国	武汉大学	1938年12月—1947年
杨安妮		瑞典	武汉大学	1938年8月至1946年6月
黄微华兰		美国	武汉大学	1944年8月来武汉大学,离任时间不详
云从龙	Leslie Earl Willmott	加拿大	四川大学	1946—1950年
白美义		美国	北洋大学	1947年在任
赵林克悌		德国	北洋大学	1947—1948年
慕德	Rer. John Mudd		山西大学	1947年在任
史皮莱特	H. W. Spillett		山西大学	1947年在任
古斯塔夫·艾克	Gustav Ecke	德国	厦门大学	1948—1949年
高朗节		法国	云南大学	1946年在任
李敦白		美国	云南大学	1946年2月到任
狄霭克		美国	云南大学	1947年8月到任

续表

中文名	西文名	国籍	任职学校	任职时间
艾美仪		美国	云南大学	1949年2月到任
唐美森	James Claude Thomson	美国	金陵大学	1917—1949年
贝德士	Miner Searle Bates	美国	金陵大学	1920—1927年，1935—1950年
林查理	Charles Riggs	美国	金陵大学	1932—1952年
惠迪曼	Harriet Mildred Whitmer	英国	金陵女子文理学院	1924—1948年
	Evelyn M. Walmsley		金陵女子文理学院	1928—1929年，1945—1948年
柯曼寿	Marjory Causer		金陵女子文理学院	1942—1951年
	Mrs. Dorothy R. Adler		金陵女子文理学院	1946—1948年
	Mrs. C. P. Fitzgerald		金陵女子文理学院	1946—1948年
	Mrs. Ralph L. Powell		金陵女子文理学院	1946—1948年
	Audsey Galpin		金陵女子文理学院	1947—1948年
	Mrs. Gridley		金陵女子文理学院	1947—1948年
	Mrs. Auguste Kruse		金陵女子文理学院	1947—1948年
	Mrs. Chancellor Livingston		金陵女子文理学院	1947—1948年
	Mary B. Shipley		金陵女子文理学院	1947—1949年
芮玉德	Mary Frances Reed		金陵女子文理学院	1947—1950年
	Paul Feng		金陵女子文理学院	1947—1948年
白露梅	Rosa M. Butier		金陵女子文理学院	1948—1950年
	Eleanor W. McCurdy		金陵女子文理学院	1948—1950年
	Helen Ferris		金陵女子文理学院	1948—1951年
	Andrew T. Roy		金陵女子文理学院	1949—1951年
	Mary K. Russel		金陵女子文理学院	1949—1951年
司徒雷登	John Leighton Stuart	美国	燕京大学	1919—1946年
包贵思	Grace Morrison Boynton	美国	燕京大学	1919—1950年
王克私	Philippe de Vargas	瑞士	燕京大学	1920—1922年，1925—1941年，1945—1948年

续表

中文名	西文名	国籍	任职学校	任职时间
范天祥	Bliss Mitchell Wiant	美国	燕京大学	1923—1928年，1936—1940年，1947—1951年
夏仁德	Randolph Clothier Sailer	美国	燕京大学	1923—1941年，1946—1950年
韦尔巽	Stanley D. Wilson	美国	燕京大学	1925—1941年，1946—1949年
贝卢思	Lucy Marian Burtt	英国	燕京大学	1930—1941年，1945—1951年
丁荫	Samuel M. Dean	美国	燕京大学	大约1923—1952年
赖朴吾	Ernest Ralph Lapwood	英国	燕京大学	1936—1952年（1945—1948年回国攻读博士学位）
鸟居龙藏		日本	燕京大学	1939年8月—1951年就任该校的客座教授
伍英贞	Mary Myfanwy Wood	英国	齐鲁大学	1949—1951年
欧思德	Frank Oster	德国	辅仁大学	1934—1949年
葛尔慈	Joseph V. Geortz	德国	辅仁大学	1934—1949年
胡鲁士	Henry Kroes	荷兰	辅仁大学	1934—1943年，1945年8月—1948年
马德武	Gregory Mathews	德国	辅仁大学	1934—1949年
黎白	Wanda Ryba	美国	辅仁大学	1935—1949年
李嘉士	Michael Richartz	德国	辅仁大学	1937—1949年
吴彬雅（又译吴秉雅）	Urbania Tushaus	德国	辅仁大学	1938—1949年
叶德礼	Matthias Eder	奥地利	辅仁大学	1938—1948年
柴熙	Albert Czech	德国	辅仁大学	1942—1949年
桑德厚（桑德斯）	Joseph Sandhaas	美国	辅仁大学	1947—1950年（或1946—1949年）

续表

中文名	西文名	国籍	任职学校	任职时间
河为廉	William W. Overbolt		福建协和大学	1946—1950 年
河亚兰	Olive Overholt		福建协和大学	1946—1950 年
温卫凯	Gordon James Van Wyk		福建协和大学	1946—1950 年
温碧沙	Benha. V. VanWyk		福建协和大学	1946—1950 年
秦多玛	Thomas R. Wilkinson		福建协和大学	1946—1950 年
秦馥兰	Frances Wilkinson		福建协和大学	1946—1950 年
穆蔼仁	Donald Mclnnes		福建协和大学	1948—1949 年
戴荪	Joseph W. Dyson	美国	东吴大学	1919—1949 年
队克勋	Clarence Burton	美国	之江大学	1919—1943 年，1948—1951 年
汪宗海	Charles Hart Westbrook	美国	沪江大学	1912—1927 年，1946—1948 年
韩森	Victor Hanson	美国	沪江大学	1914—1942 年，1946—1949 年
韩森夫人	Mrs. Lucia Parks Hanson	美国	沪江大学	1915—1942 年，1946—1948 年
海波士	John Burder Hipps	美国	沪江大学	1915—1941 年，1944—1949 年
海波士夫人	Mrs. Margaret Stroh Hipps	美国	沪江大学	1926—1949 年
高纳贝	Elizabeth Knabe	美国	沪江大学	1929—1940 年，1945—1949 年
毕义思	Sterling S. Beath	美国	沪江大学	1931—1941 年，1946—1949 年
高乐民	Inabelle Coleman	美国	沪江大学	1940—1942 年，1945—1950 年
韩裕德	Heinrichdorff		沪江大学	1942—1945 年
田露莲	Lorene Tilford	美国	沪江大学	1944—1952 年
尔敦松	P. Erdensohn		沪江大学	1946—1951 年

续表

中文名	西文名	国籍	任职学校	任职时间
蓝爱美	E. Lansdell	美国	沪江大学	1946—1949 年
	Robert F. Ricketson		沪江大学	1947—1948 年
劳雅各	James L. Knox	美国	沪江大学	1947—1948 年
毕高恩	K. Bigham	美国	沪江大学	1947—1949 年
简美洁	Margarite A. Calder	美国	沪江大学	1947—1950 年
林则	Ashely W. Lindsay	加拿大	华西协合大学（1951年10月更名为华西大学，下同）	1911—1950 年
林则夫人	A. T. Lindsay	加拿大	华西协合大学	1911—1950 年
葛维汉	D. C. Granham	美国	华西协合大学	1932—1948 年
戴谦和	O. S. Dye	美国	华西协合大学	1912—1948 年
戴鲍德敦	J. B. Dye	美国	华西协合大学	1912—1948 年
丁克生	F. Dickinson	加拿大	华西协合大学	1913—1947 年
丁克生夫人	Mrs. F. Dickinson	加拿大	华西协合大学	1913—1947 年
毕启	Joseph Beech	美国	华西协合大学	1913—1946 年
米玉士	E. N. Meuser	加拿大	华西协合大学	1915—1951 年
米玉士夫人	E. Meuser	加拿大	华西协合大学	1915—1951 年
吉士道	Harrison J. Mullett	加拿大	华西协合大学	1919—1951 年
吉士道夫人	P. B. Mullett	加拿大	华西协合大学	1919—1951 年
胡祖遗	E. C. Wilford	加拿大	华西协合大学	1920—1950 年
费尔朴	Fryden L. Phelps	美国	华西协合大学	1921—1927 年，1930—1931 年，1936—1950 年
胡正德	P. Fosnot	美国	华西协合大学	1921—1951 年
德乐尔	S. B. Downer	美国	华西协合大学	1922—1950 年
费玛玉		美国	华西协合大学	1922—1951 年
李哲士夫人	E. Liljestrand	美国	华西协合大学	1922—1949 年
华琴声	A. I. Huctchinson	英国	华西协合大学	1922—1951 年
刘延龄	Robert Gordon Agnew	加拿大	华西协合大学	1923—1949 年
韩芳清	G. S. Cunnningham	加拿大	华西协合大学	1923—1951 年

续表

中文名	西文名	国籍	任职学校	任职时间
徐维理	W. G. Sewell	英国	华西协合大学	1924—1930年，1933—1941年，1947—1952年
何美贞	L. G. Hartwell	加拿大	华西协合大学	1924—1948年
高文明	W. Crawford	加拿大	华西协合大学	1925—1950年
宋道明	G. W. Sparling	加拿大	华西协合大学	1925—1950年
满秀实	M. E. Manly	美国	华西协合大学	1926—1951年
孟克明	J. E. Moncrieff	美国	华西协合大学	1926—1930年，1932—1952年
孟克明夫人	V. Moncrieff	美国	华西协合大学	1928—1952年
黄思礼		加拿大	华西协合大学	1923—1948年
韩培林	G. R. Cunningham	加拿大	华西协合大学	1923—1951年
启智明	C. Kilborn	加拿大	华西协合大学	1928—1950年
汪德光		加拿大	华西协合大学	1931—1951年
方瑞芝	B. L. Foster	加拿大	华西协合大学	1932—1950年
韩琼生	O. Hansin	美国	华西协合大学	1934—1950年
韩诗梅	Hansman	英国	华西协合大学	1936—1951年
姚守仁	R. E. Outerbridge	加拿大	华西协合大学	1938—1950年
文淑斌	E. Burwell	加拿大	华西协合大学	1941—1950年
孔仁	K. Kohn	匈牙利	华西协合大学	1941—1948年
文幼章	James Gareth Endicott	加拿大	华西协合大学	1944—1946年
白天宝	C. Bright	美国	华西协合大学	1945—1950年
傅吾康	M. Franke	德国	华西协合大学	1946—1950年
毕朗	B. Pilon	加拿大	华西协合大学	1947—1949年
铁利儿	L. Taylor	加拿大	华西协合大学	1947—1950年
包明	B. Baoman	英国	华西协合大学	1949—1951年
胡大乐	D. Flaherty	美国	华西协合大学	?—1949年
贾溥明	B. B. Chapman	加拿大	华西协合大学	?—1950年
汉承礼	H. Heffren	待查	华西协合大学	?—1950年
德玫瑰	M. Tucker	美国	华西协合大学	?—1950年

续表

中文名	西文名	国籍	任职学校	任职时间
柯约翰	John L. Coe	美国	华中大学	1931—1951 年
魏莉莲	I. weieavwdier	美国	华中大学	1946 年 10 月在任
康丽霞	V. Cox	美国	华中大学	1946 年 10 月在任
习真珠	N. Sheets	美国	华中大学	1946 年 11 月在任
陶吉亚	R. Tregear	英国	华中大学	1946 年 11 月在任
陶务敦	N. Tregear	英国	华中大学	1946 年 1 月在任
范尚德	E. R. Vansant	美国	华中大学	1947 年 9 月在任
安海兰（安德生夫人）	H. Anderson	英国	华中大学	1947 年 9 月在任
傅乐教	R. B. Fulton	美国	华中大学	1947 年 9 月—1950 年
郭伟	G. F. S. Gray	英国	华中大学	1947 年 4 月—1950 年
傅安乐	A. E. Fulton	美国	华中大学	1947 年 9 月在任
陶美	Mary Tregear	英国	华中大学	1948 年 9 月在任
欧卓志	G. Osborn	英国	华中大学	1949 年 9 月在任
贺树德	T. Hawlhorn	英国	华中大学	1950 年 1 月在任
莫约西	J. C. Macracken	美国	圣约翰大学	1914—1941 年，1946—1948 年
罗道纳	Donald Roberts		圣约翰大学	1915—1943 年，1948—1949 年
罗孟佳莲（罗道纳夫人）	Francis Markley Roberts		圣约翰大学	1934 年、1946—1949 年
武道	Maurice E. Votaw	美国	圣约翰大学	1924—1948 年
赉梅丽	Mary Lamberton		圣约翰大学	1934—1948 年
都孟高	Montgomery Hunt Throop		圣约翰大学	1934—1948 年
苏武德	Gorge Sullwood	美国	圣约翰大学	1946—1948 年
罗立玲	Lilian Roberts		圣约翰大学	1946 -1948 年
卜索夫	A. Pokrassoff		圣约翰大学	1946—1948 年
	Mary Lamberton		圣约翰大学	1946—1947 年
文幼章	J. G Endicott	美国	圣约翰大学	1946—1947 年

续表

中文名	西文名	国籍	任职学校	任职时间
福贤德	Elizabeth H. Falck	美国	圣约翰大学	1946—1949年
	Elizabeth N. Thoop		圣约翰大学	1946—1947年
鲍爱璐	A. Bourdin		圣约翰大学	1946—1947年
	W. Druker		圣约翰大学	1946—1947年
	L. Oroff		圣约翰大学	1946—1947年
方甘	George Thorngate		圣约翰大学	1946—1949年
	Charles E. Perry		圣约翰大学	1946—1947年
	Dr. Marbach		圣约翰大学	1946—1947年
	Dr. N. N. Goldberg		圣约翰大学	1946—1947年
韦尔逊夫人	Matha Cecil Wilson		圣约翰大学	1948年在任
贝克	G. Baker		圣约翰大学	1948年在任
孟德高	J. Mandelker		圣约翰大学	1948年在任
卫理	K. M. Willey	英国	圣约翰大学	1949年在任
侯宝福	P. Holsinger		圣约翰大学	1949年在任
侯贵恩（侯宝福夫人）	Mrs P. Holsinger		圣约翰大学	1949年在任
贝恩德	G. Brady		圣约翰大学	1949年在任

不可否认，近代中国教会大学的出现促进了近代中国高等教育的发展，并为中国培养了一批优秀的人才，但这并不能掩盖教会大学是西方列强在华传播宗教思想、进行文化渗透的工具这一本质。新中国成立初期，西方国家并没有放弃对新中国的文化入侵，甚至利用教会学校的经费、人员等问题干扰学校正常的教学活动。基于此，新中国政府开始分阶段、有步骤地对教会学校进行接收和改造，收回教育主权，肃清西方国家对我国教育事业的干涉和控制。1950年6月朝鲜战争爆发，更是加快了这一进程。随着美国的迅速卷入和中国人民志愿军入朝，中美关系跌入谷底。1950年12月，中华人民共和国中央人民政府政务院颁布《中央人民政府政务院关于处理接受美国津贴的文化教育救济机关及宗教团体的方针的决定》，1951年1月11日，教育部根据政务院上述决定发出了《关于处理接受美国津贴的教会学校及其他教育机关的指示》。中国政府迅速接办外国差会在华开办的教会大学，并在

各教会大学开展了以"肃清美国文化影响"为主旨的思想改造运动。由是,教会大学的外籍教师也成为被批判的对象。1951年11月14日,金陵女子文理学院学生写信给校学生会执委会,指出该校社会系美籍教授费睿思(Helen Ferris)在讲"社会制度"课时,散布攻击"抗美援朝"的言论。校学生会执委会很快公布了这些信件。信中讲道:

> 费教授在教授"社会制度"课时散布毒素思想,竟公然歌颂屠杀亿万人民的法西斯流氓头子希特勒;并肆意诽谤世界劳动人民的领袖斯大林与中国人民领袖毛泽东。当费教授讲到美国教育制度时,竟将美帝国主义压迫黑人、解聘民主教授、美国军人及财阀代理人控制学校、实行军国主义教育等称为"民主"与"自由",并恶意诽谤新民主主义的中国教育。当费教授讲到战争时说:战争虽然是毁坏一些财产,死伤一些人,不过战争却能推进科学的发明及文化的交流。①

随后学校各级各科纷纷开展讨论,"反侮辱反诽谤运动"由此展开。

紧随金陵女子文理学院之后,金陵大学学生也开始批判该校美籍教授芮陶庵(Andrew T. Roy)和林查理攻击诽谤中国人民的言行。鉴于这些情况,大多数外籍教职员工开始停止工作,人们对美国人的态度也发生明显变化。

20世纪50年代初期,除极个别留任外,绝大多数外籍教师离华归国。

1952年5月,教育部公布了全国高等学校调整设置方案,教会大学与其他大学融合组成新的大学,而教会大学原有的校名均被取消(见表1–17)。

表1–17 教会大学在1952年全国院校调整时的情况一览表

调整前	调整后
燕京大学	文学院、理学院系科和经济系理论部分并入新北京大学;经济系财经部分并入新设的中央财经学院;工科各系科并入新清华大学,其化工系的一部分并入新天津大学

---

① 《中国人民尊严不容损害!美籍费教授竟公然侮辱学生,金陵文理学院师生愤怒抗议》,《新华日报》1950年12月2日。

续表

调整前	调整后
辅仁大学	外文系一部分及经济系理论部分并入新北京大学；经济系财经部分并入新设的中央财经学院；其他各系科并入新北京师范大学
津沽大学	工学院系科并入新天津大学；文学院、理学院系科并入新南开大学，财经学院暂附设在新南开大学；师范学院并入新设的天津师范学院
沪江大学	文学院、理学院并入复旦大学；机械、电机、造船等系科并入新交通大学；教育系并入新华东师范大学；财政经济学院各系科并入新上海财经经济学院；政治系则并入新设的华东政法学院
圣约翰大学	财经系科并入新上海财经经济学院；文学院并入新复旦大学；土木系科及建筑系并入新同济大学；教育系并入新华东师范大学；政治系并入新设的华东政法学院；圣约翰大学医学院、震旦大学医学院与同德医学院合并成了上海第二医学院
东吴大学	财经系科并入新上海财经经济学院；化工系并入新设的华东化工学院；文理系科并入新苏南师范学院；法律系并入新设的华东政法学院；药学专修科并入新设的华东药学院
震旦大学	文学院和经济系并入新复旦大学；机械、电机、造船等系科并入新交通大学；土木系科并入新同济大学；化工系并入新设的华东化工学院；教育系并入新华东师范大学；法律系并入新设的华东政法学院；托儿专修科并入新南京师范学院
金陵大学	经济系并入新复旦大学；文学院、理学院系科并入新南京大学；土木、机械、电机、化工、食品工业等系科并入新南京工学院；体育系科并入新设的华东体育学院；音乐系并入中央音乐学院华东分院；师范系科并入新南京师范学院；农学院各系科（植物系除外）并入新南京农学院，植物系并入新设的华东林学院，农学院蚕桑师资设备并入安徽大学农学院；园艺系部分并入新山东农学院，部分并入新浙江农学院
齐鲁大学	天文系并入新南京大学；文学院各系科并入新山东大学；物理、化学、生物部分并入新山东师范学院；医学院并入新山东医学院；理学院药学系科并入新设的华东药学院；经济系并入新设的山东财经学院
之江大学	建筑系并入新同济大学；工学院系科（除建筑系）并入新浙江大学；教育、中文及外文系并入新浙江师范学院

续表

调整前	调整后
岭南大学	文、理、政法、财经各院系并入新中山大学；工学院并入华南工学院；医学院并入华南医学院；农学院并入华南农学院；教育系并入华南师范学院
华中大学	经济系并入新武汉大学。原华中大学与湖北省教育学院合并组成新华中大学
华西大学	1953年院系调整时，更名为四川医学院（1952年院系调整时，未定）

【资料来源】依据《教育部关于全国高等学校1952年的调整设置方案》（1952年5月）整理。见何东昌主编：《中华人民共和国重要教育文献（1949—1975）》，海南出版社，1998，第150—153页。

自1862年京师同文馆延聘外籍教师始，至1953年最后一批外籍教师离境，以欧、美、日为主的外籍教师在华授业活动暂告一个历史段落。由此，中国高校进入了完全由中国教师为高校教师主体的时期。

第二章

外籍教师来华渠道及数量统计分析

在中国近代高等学府中，数以千计外籍教师通过各种渠道来华从教授业，成为中国近代高等教育教师群体的重要组成部分。对这一特殊的教师群体进行数量统计并加以分析，无疑是对其从教状态开展研究的基础。本章从外籍教师的国籍、性别、任职前的受教经历、所习专业、年龄、工作期限等个体特征，以及教育和学术背景对这一群体进行分析。

第一节 外籍教师来华渠道

中国近代大学在选聘外才方面，往往通过外国人士的推荐、外国在华机构的举荐、教育考察访问等各种渠道，广纳相关之才来校授业。与之相应，也有一些外籍教师或为教会派遣，或为生计求职，或对中国文化感兴趣，而前往中国高校从教。

一、外国政府直接派遣

在近代社会，一些国家意识到教育扩张的战略意义，面对中国教育转型时期急需外籍教师充实师资力量的现状，他们抓住机会向中国学校派遣教师，在对华武力扩张的背景下，欲通过文化教育加快对中国的渗透，以谋求更多的政治利益和商业利益。

同济大学的前身德文医学堂，在1907—1917年间属于一所为中国人开办的德国学校，该校教师直接通过德国政府选派。对此，人们可以从当年德国驻上海总领事保罗·冯·卜利一份致本国外交部函的档案得到佐证。1907年2月22日，卜利给外交部的报告中称，当他得知在华建立德国医科学校和在帝国政府支持下派遣医生及教师的计划已经完成后，随即向中国人转达了这个消息，引起了后者的积极反响。[①]1906年底至1907年初，普鲁士文化部为德文医学堂物色了首批3名德国教师，他们分别是高级中学教师安东·辛德勒（Anton Schindle）、柏林大学生理学讲师克劳德·谛部（Claude Du Bois-Reymond）和医生欧特马尔·阿曼（Otthmar Ammann）。其中，辛德勒领导语言学校并教授德语和自然科学课程；谛部和阿曼负责教授解剖学和病理

[①]《卜利致外交部函》（上海，1907年2月22日），联邦档案馆档案，R901/21414。转引自李乐曾：《同济大学德国特征的形成与延续》，《德国研究》2007年第2期。

学。①1912年，该校更名为同济德文医工学堂，依然为德国产业。1916年，该校德籍教师约有26人。②

1917年时，华人校董会接手了同济德文医工学堂，并更其名为私立同济医工专门学校。此时该校52名教师中，有德籍教师34人。第一次世界大战结束后，根据协约国规定，1919年初大部分德籍教师被遣送回国，这一年全校35名教师中有德籍教师9人。1921年3月29日，远东协会主席保尔·玛·科尔纳与同济医工专门学校校董会主席阮尚介正式签订了《德国远东协会与同济校董会协议》。该协议要求校董会有义务在工科学校的规章中做出如下规定：一是学校应该在任何时候都具有保持德中关系的特征；二是教学语言应该只包括中文和德文；三是除中国教师和教辅人员外，只允许聘用德国教师。③1921—1925年间，全校教师总人数保持在40名左右，其中德籍教师占$\frac{2}{3}$到$\frac{3}{4}$。④1927年8月，该校由南京国民政府教育部正式接管后，改名为国立同济大学，对德籍教师的挑选和聘用方式开始发生变化，但德方依旧向学校派遣教师，以示对学校的支持。到1936年时，德国政府又派出一批教授赴同济任教，合同期长达18年。⑤

再如近代日本，极为注意和着力控制中国学校的办学权和授教权，尤其在全面侵华时期，他们利用对伪政权的操作和扶植，并以其政府的名义和力量，向滞留在沦陷区的中国高校派遣日籍教师。如辅仁大学在北平沦陷时期，因由德国圣言会主持而避免了被停办的厄运，但自1939年开始，日本即向该校派遣细井次郎做第二外国语教授，实际上是监督辅仁大学。1942年，细井又"升"为校务长首席秘书，并强行在辅仁大学设立日本语言文学系，他本人还兼任附中学监。此后，派到学校的日籍教师逐渐增多。⑥

又如上海的圣约翰大学，作为基督教大学，在抗战期间上海租界区沦为"孤岛"后，也未能逃过被日本人强行安排日籍教师的命运。1943年前后，

---

① 李乐曾：《德国对华政策中的同济大学（1907—1941）》，同济大学出版社，2007，第39页。
② 翁智远主编：《同济大学史 第一卷（1907—1949）》，同济大学出版社，1987，第6页。
③ 《协定》（柏林，1921年3月29日），外交部政治档案馆档案，R63154。转引自李乐曾：《同济大学德国特征的形成与延续》，《德国研究》2007年第2期，第4—12页。
④ 翁智远主编：《同济大学史 第一卷（1907—1949）》，同济大学出版社，1987，第33页。
⑤ 黄昌勇、干国华主编：《老同济的故事》，江苏文艺出版社，2007，第316页。
⑥ 孙邦华编著：《会友贝勒府——辅仁大学》，河北教育出版社，2004，第63—64页。

日语被规定为该校的必修课，一些日籍宗教人士先后受聘于此教授日语，如日本圣公会牧师关矢，基督教人士阪本义孝、阿部知二、佐藤等[1]，即是顶着圣约翰大学教师的"羊头"而在校内实施贩卖日本"大东亚共荣圈"的"狗肉"勾当。

二、外国驻华人员举荐

在近代中国新式教育起步阶段，急需西学人才的时代背景下，外国驻华使馆或在华机构人员抱着对中国实施影响的目的，积极向中国举荐教师，试图借以掌控中国学校人事。

京师同文馆首位外籍教师包尔腾，即由英国驻华使馆官员威妥玛推荐而来。同时，从奕䜣于1863年5月6日上的奏折中可以获知，京师同文馆法文教习司默灵、俄文教习柏林，分别由法、俄公使推荐而来。该奏折中提到："惟查各国语言文字均当谙熟有人，今英国虽得人教习，而法、俄缺如，究有未备，因于接见该二国公使时，留心延访。兹据法国哥士耆、俄国把留捷克，陆续函荐司默灵、柏林二人前来。查司默灵本系法国传教士，臣等闻哥士耆之荐，颇不谓然，当即力却。"[2]

由于京师同文馆的经费来自海关税收，因此海关总税务司英国人赫德在聘请外籍教习方面，拥有相当大的话语权。奕䜣在1866年12月11日上的奏折中提到："其延聘洋人一事，前与总税务司赫德议及，伊可代为招聘。"[3]英文馆14名英文教习中，除包尔腾和傅兰雅外，其余皆为赫德所推荐。赫德赴欧洲为京师同文馆招聘教师，颇费周折，此事丁韪良曾在回忆录中提及：

> 1868年春，赫德先生肩负两项重任匆促赴欧。第一项任务是去罗致教习……正如可以预见的那样，他在完成第一项任务上运气并不是太好。他从欧洲聘来的五个人，其中有一个刚抵华不久便去世

---

[1] 徐以骅主编：《上海圣约翰大学（1879—1952）》，上海人民出版社，2009，第50页。
[2] 《总理各国事务奕䜣等奏》（同治二年三月十九日），载朱有瓛主编《中国近代学制史料（第一辑上册）》，华东师范大学出版社，1983，第9页。
[3] 《总理各国事务奕䜣等折》（同治五年十一月初五日），载朱有瓛主编《中国近代学制史料（第一辑上册）》，华东师范大学出版社，1983，第14页。

了，另一个染了重病，还未曾上任就被迫离开了北京，另有两人也因疾病缠身而不久便夭折了。在这一连串不幸事件中，唯一的例外是毕利干先生，他在完成了长达二十五年的光辉事业之后，最近刚刚在巴黎去世。在把近代化学引入作为炼金术老家的中国这件事上，他立下的功劳无疑是最大的。①

而丁韪良自己受聘为京师同文馆总教习也是经赫德推荐的。②

盛宣怀在创办南洋公学时，于1898年通过日本驻上海总领事小田切推荐，聘请日本人细田谦藏为南洋公学译书院的翻译事务员，其工作是来校从事日文翻译。细田谦藏当时是日本陆军大尉，对日本兵书较有研究，盛宣怀对其委以重任，待以高薪。

在北京大学的外籍教师队伍中，也有经中国驻外使馆或外国驻华使馆介绍之人。对此，蔡元培在《我在北京大学的经历》一文中写道：

> 那时候各科都有几个外国教员，都是托中国驻外使馆或外国驻华使馆介绍的，学问未必都好，而来校既久，看了中国教员的阑珊，也跟了阑珊起来。我们斟酌了一番，辞退几人，都按着合同上的条件办的。有一法国教员要控告我，有一英国教习竟要求英国驻华公使朱尔典来同我谈判，我不答应。朱尔典出去后，说："蔡元培是不要再做校长的了。"我也一笑置之。③

从蔡元培的陈述中，不仅可以看出外籍教师的聘请渠道，也可以窥见外国驻华使馆人员插足中国大学校园的人事。无独有偶，清华学堂时期的美籍教师虽由教会组织选派，但与美国驻华机构关系密切。在美国驻华公使的支持下，他们左右学校教务并迫使学校对其言听计从。早在1911年，当时的教务长胡敦复就在课程开设上与美籍教员瓦尔德产生分歧。胡氏主张学生多修读理工科课程，而瓦尔德则力主学生多修读英文和美国文学、美国史地等外国人文课程。此事还被上诉到中国外交部，而且美国公使竟然为此出面干预。

---

① [美]丁韪良：《花甲忆记——一位美国传教士眼中的晚清帝国》，沈弘等译，广西师范大学出版社，2004，第204~205页。
② [美]丁韪良：《花甲忆记——一位美国传教士眼中的晚清帝国》，沈弘等译，广西师范大学出版社，2004，第198~199页。
③ 崔志海编：《蔡元培自述》，河南人民出版社，2004，第106页。

其结果是胡敦复被迫辞职。

三、海外宗教组织选派

教会大学的外籍教师，基本上是受海外宗教组织的派遣而来华任教的。清华学堂1910年成立时，师资也多是由清政府外交部游美学务处委托北美基督教青年协会在美国登报代为招聘的，其中多数人是中学教员和刚毕业不久的大学生。[①] 1922年起，为配合改制升大学计划，北美基督教青年协会又向该校推荐了一批美籍教师。他们在清华的人数，最多时有二十五六人。不过，据苏云峰的研究，1925年以前该校的美籍教员，虽然多由此宗教组织推荐，但不属于某一教会，到清华后虽有人组织同学从事宗教性质的活动，但未曾接受美国教会总部指示，也从未向美国教会总部提出任何报告。

正是这个北美基督教青年协会，在19世纪末20世纪初掀起了风靡北美大学校园的学生志愿海外传教运动。该协会从大学校园中招募传教士，并将他们输送出国在海外从事传教活动。据统计，1886—1945年间，共有20500名学生志愿者赴海外宣教。[②] 我国基督教大学的外籍教师大都是响应这一运动的传教士。人们所熟知的燕京大学校长司徒雷登、金陵大学农学教授卜凯（John L. Buck）等，都是受此影响而来到中国的。[③] 章开沅先生曾专门撰文，探讨在1920年代来到南京金陵大学和金陵女子文理学院任教的外籍教师，如金陵大学的贝德士、史德蔚（Albert N. Steward）、史迈士等人，金陵女子文理学院（当时称金陵女子大学）的华群（即魏特琳，Minnie Vautrin）、惠迪曼、布特勒（Alice Butler）、苏德兰（又称苏爱兰，Catharine E. Sutherland）等人，并将他们称为"南京帮"。这些人来华的背景便是北美学生志愿海外传教运动的蓬勃兴起。这些学者型传教士来华后，即"将大半生精力都投入到南京高等教育事业之

---

① 清华大学校史编写组编著：《清华大学校史稿》，中华书局，1981，第17页。
② 徐以骅主编：《宗教与美国社会（第1辑）——美国宗教的"路线图"》，时事出版社，2004，第330页。
③ 赵晓阳：《美国学生海外志愿传教运动与中华基督教学生立志传道团》，《宗教学研究》2008年第3期，第211页。

中"①。20世纪20年代中期，金陵女子文理学院外籍教师比例居同期教会大学之首。②

华中大学的外籍教师来校任教，也是该校校长韦卓民通过与华中大学有关的各教会团体聘请而来的，其相关教会团队超过5种（见表2-1）。如从美国圣公会聘请柯约翰③任华大数学组主任兼学校会计主任；聘请范尚德博士为经济系教授兼系主任；聘请康丽霞女士任音乐教授兼音乐组主任；聘请安务德博士（Water Allen）任英文系副教授，并代理系主任；聘请费尔敦（C. F. Whiston）任文学院院长及经济商业系主任。从美国复初会聘请薛世和博士（Paul V. Taylor）任教育学院院长及华中大学教务长。从英国伦敦会聘请安德生（D. F. Anderson）任数学系教授及系主任；聘请雷美佳（M. Bleakley）任外文系教授及系主任。从英国循道会聘请甘施礼（L. Constansfine）任教务长及历史系主任；聘请陶吉亚博士任地理系教授；等等。④

表2-1 华中大学外籍师资来源（1929—1950年）

派出单位	人数	百分比
美国圣公会	26	49.06%
英国伦敦会	4	7.55%
英国循道会	11	20.75%
美国复初会	2	3.77%
美国雅礼会	2	3.77%
其他	8	15.09%
总计	53	—

【资料来源】马敏：《基督教与中西文化的融合》，华中师范大学出版社，2013，第53页。

---

①章开沅：《南京帮》，载《章开沅文集 第七卷》，华中师范大学出版社，2015，第254—259页。
②张连红主编：《金陵女子大学校史》，江苏人民出版社，2005，第37页。
③柯约翰，美国圣公会传教士。1923—1951年在中国主派教会联合会里任传教士。1923—1932年在中国武昌博文学校当数学教员，1924—1931年任华中大学财务助理，1931—1951年任华中大学数学系系主任。1951年离开中国。朱有瓛、高时良主编：《中国近代学制史料（第四辑）》，华东师范大学出版社，1993，第672页。
④周洪宇：《文化是一种力量》，湖北人民出版社，2013，第120页。

天主教传教修会圣言会在1933年接办辅仁大学后，先后派遣了大量外籍传教士来校任教。他们都受过高等教育，不仅对于世界新兴科学有较深的研究和造诣，而且都具有丰富的教学经验。如理学院教授、院长、物理学研究所所长严池（Augustin Jaensch），是德国著名的物理学家。他在来中国之前，任巴西国立商科大学物理学教授达20年之久。

教会组织向教会大学派遣外籍教师的必然结果就是掌控了这些学校的人事权。陈裕光在执掌金陵大学后，面对涉及辞退美籍教师的人事纠纷时，还不得不请原美籍校长包文出面给教会写信来处理事端[1]，仅此就足见教会组织对中国的教会大学控制之深。

四、外国世俗社团选送

在为近代中国高等教育机构选聘外籍教师方面，外国世俗社团也发挥了一定的作用。

在清末"新政"教育改革时期，三江师范学堂于1902年创立之时，署理两江总督的张之洞就为学堂聘师之事，亲自与日本东亚同文会[2]交涉。在双方订立的合同中，许以高薪延揽教员。是年1月18日（光绪二十八年十二月二十日），张之洞致函日本东亚同文会会长近卫笃麿及副会长长冈护美及：

> 金陵现拟设三江师范学堂，学生九百名，前三年教寻常师范，三年后教高等师范。拟聘贵国师范教员十二人，须性情恳勤端笃，于教育有实历者，内以一人为教头，薪从优；余十一人听其调度，薪酌减。明年（即光绪二十九年——引者注）正月半到金陵，第一年请贵国教员就华教习学中国语文及中国经学；华教习就贵国教员学日本语文及理化学等科，彼此互换知识，作为学友。第二年开学，分教学生。祈代物色良师，如得人，请先将教员姓名及月俸川资拟

---

[1] 陈裕光：《回忆金陵大学》，载江苏省政协文史资料委员会编《江苏文史资料集萃·教育卷》，《江苏文史资料》编辑部刊行，1995，第47页。
[2] 东亚同文会是日本政府赞助的民间团体，成立于1898年。1901年，在上海创办东亚同文书院，是主要从事中国问题研究的高等间谍学府。

数电示，以便酌定，至感至盼。效。①

1903年2月26日，张之洞委派杨觐圭、刘世晰、俞明震三人，与东亚同文会干事长根津一签订《聘请教习约章》，聘请日本教习11员：总教习1员，伦理及教育科1员，物理及化学科1员，农学科1员，理财兼商业科1员，博物科1员，工业科1员，医科1员，日语科兼翻译2员，图画科1员。② 总教习为菊花镰次郎。

中华民国南京国民政府时期，朱家骅任中山大学副校长时，开始与国际联盟③联系，希望该组织能够出面在有关国家选派教师赴中国大学开展教学活动。后该组织推荐了德国基尔大学地理学教授克勒脱纳（W. Credner）赴华。克勒脱纳当时正在泰国考察，认为机会难得，答应来中国工作两年。1929年7月，克勒脱纳来到广州中山大学，创办了地理系，并按照德国模式构建地理学科。

20世纪30年代，南京国民政府再次请求国际联盟选派欧洲学者来华工作。1931年3月6日，时任南京国民政府教育部常任次长陈布雷致函国际联盟秘书长，希望国际联盟协助聘请英国文学、地理学、地质学教授各一位，前来南京中央大学任教。同时要求，地理学和地质学的教授最好选自奥地利、德国、北欧国家或瑞士，但须能以英语授课。应中国的要求，国际联盟所属世界文化合作学院院长开始寻觅适当人选，并草拟聘任合约。同年7月，世界文化合作委员会派遣3位教授来华讲学：瑞士日内瓦大学地质学教授皮若杰（Edouard Parejas），德国籍地理学教授格莱得（Gredner），英国诺丁汉大学英国文学教授戴韦（H. N. Davy）。他们每人来华任教两年，其往来中国的旅费、任教期间的保险费以及3000瑞士法郎的年薪（含中国教育部发给的320银元月薪在内），均由国际联盟负担。后因格莱得无法续留中国任教，国际联盟遂改派奥地利维也纳大学地理研究所教授韦斯曼（Hermann Von Wissmann）。

---

① 张之洞：《致东京近卫公爵长冈子爵》（光绪二十八年十二月二十日），《张文襄公全集（四）》，中国书店，1990，第268页。
② 《三江师范学堂拟聘日本教习约章》（1903年2月26日），载《南大百年实录》编辑组编《南大百年实录·上卷：中央大学史料选》，南京大学出版社，2002，第11页。
③ 国际联盟简称"国联"，是第一次世界大战后建立的国际组织，成立于1920年1月10日，总部设在瑞士日内瓦。其宗旨是减少武器数目、平息国际纠纷及维持民众的生活水平。国联成立后，先后有63个国家加入国联。第二次世界大战后被联合国取代。

在《第十五次国联文化合作报告》中,我们可以看到中国学界对这3位教授的评价:"由中国传来之官方或私人消息,皆谓诸教授服务,令人满意。其所贡献,远过于职业上应有之义务。"①

五、外籍教习受命延揽

中国官办教育机构在创设时期,均聘有外籍人员为机构总教习,同时给予他们招聘教师的权限。

在1896年10月11日签订的《福州船政局订请法国造船(有关船政学堂部分)监督合同》中,其"简明约章"的第四条明确规定,包括船政局的算学教习迈达在内的监工、匠首等人员,"皆系由正监督从法国大制造厂及法国水师人员内遴选"②。由是,根据此约所议,法籍人士日意格受聘福州船政学堂正监督后,陆续聘用欧洲教习和职员70余名。

1901年山东大学堂创办之时,时任山东巡抚袁世凯在遵旨上奏的《山东省城试办大学堂暂行章程》中,对总教习和教习的选聘权属做出明确规定,总教习由地方长官选聘,教习由总教习选聘管理。③袁世凯先是聘请美国人赫士(Watson Mcmillen Hayes)为总教习,然后由赫士起草了这份章程。在这份章程赋予的权限下,赫士全权负责该学堂教习的聘任。其实,赫士就任时便从原来供职的登州文会馆带了7名教习来到济南。这些外籍教习参照登州文会馆办学的各项经费开支,编制了学堂的预算,并沿用登州文会馆的办学方法和条规,采用登州文会馆的课本、教材及教学仪器设备等。1902年,袁世凯出任直隶总督时,照其在山东时所做的"葫芦"来画"瓢",又聘请美国人丁家立为保定学堂西学堂总教习,并允许其掌该校西学堂聘请教习之权。

山西大学堂在筹办之际,聘任英国人李提摩太为该校西学专斋总理。其时山西巡抚岑春煊与李提摩太签订的协议中,第十条涉及外籍教习的招募问

---

①国际联盟秘书处编:《第十五次国联文化合作报告》,戴修骏译,世界书局,1934,第77页。
②《福州船政局订请法国造船(有关船政学堂部分)监督合同》(光绪二十二年九月初五日),载朱有瓛主编《中国近代学制史料(第一辑上册)》,华东师范大学出版社,1983,第357页。
③袁世凯:《遵旨改设学堂酌拟办章程折》,载天津图书馆、天津社会科学院历史研究所编《袁世凯奏议(上)》,天津古籍出版社,1987,第322页。

题："西人则由李提摩太推荐，商明巡抚，缮立合同，由李提摩太签字。"①李提摩太借此四处招募外籍教师来华任教。1902年，他偕同敦崇礼、新常富等抵达太原府。这批教师不但学历高，而且教学经验丰富。在其主管西斋教务的10年间，先后共聘有外国教习18人。②1911年，清政府将山西大学堂收回自办，李提摩太"不得不把西斋总教习苏慧廉和其他外国教员都带走"③。李提摩太主管山西大学堂西学专斋时期，成为新中国成立之前山西大学外籍教师最为集中和人数最多的时期。

六、驻外使馆参与选聘

自1876年始，清政府遵循近代外交规则陆续在欧美各国设立使馆。这些外交机构的开设，为洋务学堂在海外聘请外籍教习带来了便利。洋务学堂在创办之初，多是通过敦请外交使臣为其选聘外籍教习的。

张之洞在其任职地区创办的多所学堂就是借助外交使臣来延聘外籍教习的。1896年初，署理两江总督的张之洞创办江宁陆军学堂时，"电托出使大臣许景澄延请德国精通武事者五人为教习"④。同期，张之洞创办江宁储才学堂，设交涉、农政、工艺、商务四大学科，在聘请教习方面，提出"法律、农政之教习，宜求诸法、德两国，工艺、商务之教习，宜求诸英国"⑤。为此，他敦请许景澄、庆常分别在德国和法国延访。1899年初，时任湖广总督的张之洞欲为湖北农务学堂添蚕桑一门，"闻法、意两国人最精"，即致电庆常，请其在法、意两国"代觅一两人"，"务须学问、阅历俱深，能办蚕子病者"。⑥

---

①《山西巡抚岑春煊奏请将中西大学堂归并山西大学堂作为西学专斋折（附合同缮具清单）》（光绪二十八年五月二十五日），载朱有瓛主编《中国近代学制史料（第一辑下册）》，华东师范大学出版社，1986，第819页。
②山西大学编：《山西大学一览》，山西大学图书馆，1932年，第1—6页。
③《〈山西大学纪略〉记教学上的重要设施》，载朱有瓛主编《中国近代学制史料（第二辑上册）》，华东师范大学出版社，1987，第1008页。
④张之洞：《创设陆军学堂及铁路学堂折》（光绪二十一年十二月十九日），载《张文襄公全集（一）》，中国书店，1990，第744页。
⑤张之洞：《创设储才学堂折》（光绪二十一年十二月十八日），载《张文襄公全集（一）》，中国书店，1990，第739页。
⑥张之洞：《致巴黎庆钦差》（光绪二十四年十二月十八日），载苑书义、孙华峰、李秉新主编《张之洞全集（第九册）》，河北人民出版社，1998，第7705页。

一般来说，中国驻外使馆在考察、挑选、聘请军事外籍教习时会委托外国政府代聘。其主要原因是有些西方国家规定本国军事人才如果为别国服务，必须经过本国同意。如英国的"水师出色之员来华教练，须由驻英公使与外部、兵部商办，必其国家允准，乃可为他国效用"[①]。1882年11月，福州船政局督办黎兆棠曾咨商总理各国事务衙门到英国延聘教习。曾纪泽作为当时出使英国的大臣，即照会英国外部转咨海部予以协助。1883年3月，英国海部大臣等于各海口调取应选之员，推荐水师总管轮官师丢瓦充任。1887年，时任两广总督的张之洞在创办广东水陆师学堂时，拟用3名洋教习，其中一名陆师语文测算兼操练副教习，即是"咨商出使德国大臣向外部选订"[②]。

七、官员国外考察招募

清末之际，中国官员往往借国外考察之际，肩负招募外籍教师之责。1902年，对京师大学堂总教习一职尚在斟酌中的吴汝纶，前赴日本考察教育。他将中国方面聘请日本教习的诉求告知了日本文部大臣菊池大麓、外务大臣小村寿太郎等人。当时日本驻中国大使内田康哉也曾经就这件事给小村寿太郎拍发电报，认为日本政府应该满足中国方面的请求，并在帝国大学的教师中进行挑选。菊池答应选派，但指定由半官方性质的帝国教育会出面斡旋遴选，之后很快派出了一批日本教师赴华。其中，东京帝国大学文科大学助教授服部宇之吉和京都帝国大学法科大学教授严谷孙藏，分别担任京师大学堂师范馆和仕学馆的总教习，任期4年。随同他们来华在师范馆任教的日本人士还有太田达人、氏家谦曹、坂本健一、矢部吉祯、西村熊二、铃木信太郎、高桥男、桑野久任和法贵庆次郎。经日本帝国教育会遴选推荐到中国来的日本教习，都由中国方面出面聘请，并规定期限、薪俸待遇、教授课程和每周授课时间及其他权利和义务。[③]其时，根据师范馆的课程设置，除诸如"历代

---

① 李鸿章：《复吴春帆钦使》（光绪三年十月初六日），载顾廷龙、戴逸主编《李鸿章全集》第32卷（信函四），安徽教育出版社，2008，第154页。
② 张之洞：《奏创办水陆师学堂折》（光绪十三年六月十四日），载《张文襄公全集（一）》，中国书店，1990，第432页。
③ 汪向荣：《日本教习》，商务印书馆，2014，第113—114页。

学案国朝圣训"之类外，其余的教学任务几乎全由日本教习包揽。

另外，1903年，四川总督岑春煊曾委派四川大学（时名四川省城高等学堂）总理（即校长）胡峻东渡日本考察学务。胡氏在日本4个多月，除购买图书和仪器外，主要还是为新设的学校选聘日本教习。[①]

民国时期，招聘外籍教师的渠道增多，但这条聘师途径依然沿用。1919年，农商部地质调查所所长丁文江到美国考察，其主要目的之一就是延聘外国古生物专家来华从事科研与教育工作。当时的中国地质学属于开创时期，严重缺乏古生物学人才。而北京大学校长蔡元培在丁文江行前，也托付他为北大聘请一位古生物学教授。丁文江抵美后，通过美国地质调查所的地质学家大卫·怀特（David White）的介绍，向葛利普正式下聘书，请他担任农商部地质调查所古生物室主任，兼任北京大学地质系古生物学教授。此时的葛利普正处于潦倒失意之际，中国科学界、教育界对他的信任和殷切期望，让他感到无限温暖和宽慰，他欣然应允。[②] 之后，直至1946年病逝北平，他在华26年间，为中国地质古生物学界培养了一批巨子，是对中国古生物学贡献最大的外国学者。

八、友朋关系相互引荐

中国的新式教育举办二三十年后，在与外籍人士交往中也逐渐积累了一定的国际人脉关系。通过私人关系介绍，也逐步成为外籍教师来华任教的一条渠道。如南洋公学开办之初，美籍人士福开森早于1896年受聘为该公学监院，就是经盛宣怀引荐。言及盛、福两人的结识，纯属一种偶遇。福开森在《愚斋存稿》序言中，曾谈到自己受聘之经过：

> 余之初遇盛公（盛宣怀）也，乃在江孚轮船中。公乘轮船赴汉，余由沪至宁，两人同舟，因得晤谈，历时一句钟许。数年后，南洋

[①] 党跃武：《四川大学早期的外籍教师及其管理》，2006年8月5日《光明日报》。
[②] 潘云唐：《葛利普——中国地质科学工作者的良师益友》，《中国科技史料》1982年第3期，第27页。

公学欲延外人为监院，或以余名进公，即忆及，殷勤延聘。①

果然不负盛氏所望，福开森在任6年间，致力校舍建设、教师聘用、课程设置，为日后学校发展奠定了扎实的基础。

有些学校还恭请一些世界著名学术权威人物，帮忙推荐相关专业人员来华授业。1885年，正是因英国皇家海军学院院长柏尔纳的推荐，英国教习赖格罗（G. Le Gros）和李家孜前来福州船政学堂任教，为中国培养了最早的一批海军人才。②俄籍梵文学者钢和泰，在俄国是第一流的学者，因查找有关大月氏迦腻色迦王方面的文献资料，于1917年5月来到中国，不久因十月革命滞留北京。次年，经香港大学校长查尔斯·艾略特（Charles Eliot）的推荐，钢和泰被聘为北京大学教师，讲授梵文、藏文和印度宗教史。其中，他讲授印度古宗教史课程时，由胡适口译。在北京大学执教期间，钢和泰著述丰厚，令中外学术界瞩目。辅仁大学德籍教授卜乐天（William Bruell），在结晶学和土壤学研究方面有很高造诣。他由德国哥廷根大学教授、1928年诺贝尔化学奖得主温道斯（Adolf O. R. Windaus）介绍来华任教。美国空气动力学专家华敦德（Frank Wattendorf）则是由美国加州大学航空工程科教授冯·卡门（Theodore von Kármán）推荐给清华大学的。华敦德于1936年2月到任后，担任"航空讲座"教授，除授课外，还负责指导设计风洞。华敦德的精湛技术和认真负责的精神，给当时清华师生留下了深刻的印象。德籍教师施佩纳（E. Sperner）到北京大学任教，则是由德国数学家布拉西开介绍的。在武汉大学任教的李那，是武汉大学文学院院长陈源委托在香港工作的许地山特聘来的。尽管李那没有受过正规的高等学校教育，但会一口地道伦敦英语，一战后曾任澳门官立学校英文教员19年。李那因而成为战时武汉大学英语教学不可多得的师资人才，自1938年12月起，他在武大任教长达9年。

有的外籍教师来华任教，凭借的是师生关系。例如，美国著名数学家、控制论的创始人诺伯特·维纳（Norbert Wiener）和法国著名数学家、当时世界数学会副会长雅克·哈达玛（Jacques Hadamard），分别是留美学生李郁荣

---

① 霍有光：《为世界之光——交大校史蠡测》，中国文史出版社，2014，第137页。
② 《署理船政大臣裴荫森片》（光绪十一年六月初八日），载朱有瓛主编《中国近代学制史料（第一辑上册）》，华东师范大学出版社，1983，第375页。

和留法学生熊庆来的导师。两位中国学生在留学期间，不仅受教于这些著名学者，还与他们建立了亲密的师生情谊，而且在合作研究中成为他们的得力助手，并受到这些大师的赏识。①在李郁荣和熊庆来的穿针引线下，两位巨匠先后在20世纪30年代来到清华大学讲学。

还有的外籍教师，是通过朋友关系引荐而来的。法籍教授雅克·邵可侣，在其青年时期曾与青年无政府主义者吴克刚等中国留学生交往密切。其时南京国民政府在上海筹办了一所仿照比利时夏洛瓦劳动大学（Charleroi Labor University）模式的劳动大学②，筹备者委托吴克刚物色一名外籍教师，吴氏随即推荐了邵可侣。后来在《我所认识的李煜瀛先生》一文中，邵可侣表述了当时自己的心境："那时我对新中国十分向往，加之巴黎的紧张生活使我疲劳，心想去中国住两三年将是最有意义的短暂喘息。这样，就在一九二七年的一个秋天和吴君一同启程了，航行三十二日，抵达上海。"③邵可侣来华入校后教授法文。其后，他相继在中央大学、清华大学、云南大学、北京大学、燕京大学和中法大学任教，并娶了一位中国妻子，直至1952年离开中国。

1922年，美国人温德在芝加哥艺术学院邂逅了在此留学的闻一多，并与他建立了诚挚的友谊。受闻一多的影响，温德很快于1923年9月来到中国，先后在东南大学和清华大学任教，最后终老中国。④

九、私人自愿来华求职

在来华任教的外籍人员中，也有少数是出于各种机缘自愿前来的。

一是出于对东方文化的好奇和向往。前引控制论的创始人、美国麻省理工学院数学系教授维纳，曾在1935—1936年间应邀来清华大学讲学。他在1934年底接受李郁荣的邀请信后，能迅速启程来到清华大学，其中有一个原

---

①高达声：《国际交流和学术繁荣——清华初期科学教育史的启示》，《自然辩证法通讯》1986年第6期，第44页。
②劳动大学创建于1927年，1932年停办。该校试图实践"在工厂和乡村中改革学校教育，并在教育中改变工厂和农村"的办学理念。
③陈思和、李存光主编：《你是谁》，生活·读书·新知三联书店，2013，第77页。
④彭国涛：《回忆温德教授》，载中国人民政治协商会议云南省昆明市委员会编《昆明文史资料集萃（第七卷）》，云南科技出版社，2009，第5609页。

因就是对东方文化的向往。英国著名文学批评家、诗人燕卜荪，对中国文化怀有同样的情愫。由于他的老师——英国文学理论家瑞恰慈曾在清华大学教过一年书，使得燕卜荪对中国有所关注。1930年9月，清华大学外国语文学系教授吴宓入牛津大学研究英国浪漫主义文学。燕卜荪遂至牛津大学拜望吴氏，表达了自己想到中国教书的意愿。1937年，他来到中国，任北京大学西语系教授，讲授英国文学。全民族抗战爆发后，他又随校南迁至昆明，直至1939年初才返回英国。1947年时，他再度来华并返回清华大学任教，直至1952年离开中国。英籍教授戴乃迭（Gladys Yang）自1940年来华与杨宪益结婚后，便一直定居中国。在华期间，她曾先后在中央大学（四川分校）、光华大学等多所大学任教。晚年，她曾幽默地对朋友们说："我爱的不是杨宪益，而是中国的传统文化。"这虽是一句戏言，却真实地反映了戴乃迭对中国传统文化的挚爱。在中国度过的59年岁月里，她和杨宪益联袂将中国文学作品译成英文，从《离骚》到《红楼梦》，多达百余种。另外，上海交通大学（时名"交通部上海工业专门学校"）的美籍教师汤生，在一份美国电机工程师学会杂志上看到该校登载招聘教师的启事后，立即毛遂自荐，于1920年来到中国。言及自己的来华动机，他认为"到中国一所著名大学训导青年工程师较在试验所的工作更有意义"[①]。

二是因个人的学术研究需要积累有关中国资料而来华授业。钢和泰、史图博、葛利普、鸟居龙藏、戴谦和（Daniel Sheets Dye）、明义士（James Mellon Menzies）等学者，都将自己的学术生涯与中国社会或中华文化紧密联系在一起。他们在中国授业期间，广泛探寻、搜集自己所需要的研究资料，足迹踏至中国很多地方。有关他们在华的学术研究活动，将在第五章中做详细论述。

三是因组建家庭而随自己的"另一半"来华任教。笔者在搜集到的外籍教师统计样本中发现，至少有71对外籍教师夫妇（见后文表2-9）。其中女性教师绝大多数都是随丈夫一道来华的，也有外籍女子因与中国男士结婚而

[①] 章玲苓：《外籍教授汤生》，载朱隆泉主编《思源湖——上海交通大学故事撷英》，上海交通大学出版社，2006，第324页。

留在中国大学任教。武汉大学瑞典籍德文教师杨安妮，在巴黎结识了正在巴黎大学攻读法学博士学位的中国留学生杨茂修后，于1929年从法国来到上海，与杨茂修结婚，后随夫前往成都生活，受聘于四川大学理学院任德文讲师。1941年，迁至乐山的武汉大学校长王星拱礼聘杨安妮到武大任教。上文提及的戴乃迭亦是其中之一。戴乃迭出生于北京一个英国传教士家庭，7岁时返回英国，后考入牛津大学，为牛津大学首位中文学士。在牛津大学她与杨宪益相识、相恋，后于1940年来到上海，与杨宪益结为连理，自此相继在中国多所大学任教。

四是与在华任教的外籍人士存在亲属关系，受后者的影响而来中国任教。如文华书院美籍教师韦棣华（Mary E. Wood），于1899年11月来华的最初目的仅仅是看望在该院任教的弟弟韦德生（Robert E. Wood），并帮他看管房子。然而，这次武汉之旅，却因其留任该校而改写了中国图书馆学发展的历史。还有一批传教士的子女，因其出生在中国或自幼就在中国生活，对中国产生了感情，及至上学年龄，被父母送归母国读书，接受完高等教育后又重返中国任教。如金陵大学的赛珍珠，燕京大学的司徒雷登、毕范理（Harry B. Price）、白瑞华（又名白瑞登，Roswell Sessoms Britton）、博晨光（Lucius Chapin Porter）、富桂思（施美士夫人，Grace Goodrich）、施美瑞（施美士的女儿，Dorothea Smith Coryell）、柯安喜（Anne Cochran），圣约翰大学的卜其吉（James Hawks Pott），华西协合大学文幼章、启真道（L. G. Kilborn）等。

五是因为自己的祖国爆发内战或政治问题，被迫离开故国而受聘于中国的大学。如俄国人类学家史禄国（Sergei M. Shirokogorov），于1922年1月底受聘位于海参崴的俄国远东大学后，前往上海洽谈著作出版事宜。其间，苏联红军攻入海参崴，远东大学发布公告：凡不在1922年10月26日来校报到的教职员，一律开除。远在上海的史禄国无法返归，就这样被学校开除。[①] 从此他流亡异乡，先后在中国的厦门大学、中山大学和清华大学任教，直至1939年在北京去世。

德籍地质学教授米士，则因无法忍受国内纳粹统治下的政治气氛，于

[①] 陈训明：《俄国学者史禄国》，《中华读书报》2009年3月4日。

1936年被迫离开祖国,受聘于中国的中山大学。后于1940年到西南联大任教。[①]同济大学波兰籍教授魏特,二战前在奥地利一家机动车厂任钢结构的总工程师,在希特勒大肆迫害犹太人时,获得南京国民政府驻奥地利维也纳总领事馆发放的签证,逃亡到上海,遇到同济大学教务长吴之瀚,于是受聘前往时已西迁的同济大学任教。[②]

在以上所列诸多外籍教师来华从教的渠道中,有的贯穿于中国近现代高等学府举办始终,有的则是某个特定时期所采取的做法。无论通过何种渠道来华授业,这些外籍教师的从教授业活动,或多或少都在中国高等教育中留下了印记。这显示了中国近代大学竭尽所能,四处延才,以确保其正常运行的努力。

第二节 外籍教师数量统计与分析

统计外籍教师的数量并加以分析,无疑是研究这一教师群体状态的基础。本节的统计对象,主要是自1895年我国近代大学创立到1949年中华人民共和国成立之前半个多世纪中,在中国近代公立大学和私立大学担任教职的专兼职外籍人员,不涉及前来中国作短期学术考察和演讲者。本节根据各大学档案、校史、史料汇编、年鉴,以及其他一手资料,逐校排查,梳理辑录了有姓名可查的人物,计有1651人。实际上,来华外籍教师数量远不止这些。有些外籍教师的信息因一时无法查找或查实,只能付之阙如。这个数字只能表明与实际情况大体相近,是故祈请相关研究者随时补充或纠正,以利学研的深入。

本书统计的外籍教师所在的学校,以1948年出版的《第二次中国教育年

[①] 项礼文、盛怀斌主编:《比较行星学 地质教育 地质学史》,地质出版社,1999,第173页。
[②] 俞载道:《魏特教授在李庄》,载黄昌勇、干国华编《老同济的故事》,江苏文艺出版社,2007,第312页。

鉴》中所列示的大学数量为依据①,同时将其中一些开办不足 5 年及相关资料欠缺的学校排除在统计之外。金陵女子文理学院虽为学院,但因其聘用大学外籍教师众多,具有相当的典型性,且该校在国外一直被作为"大学"看待,故而将其计入研究样本之中。如此选取了 37 所大学,其中公立大学 21 所、私立大学 16 所。有些大学之前身并未达到高等教育程度,但考虑到办学的连续性,亦将其前身所聘外籍教师计算在内。如中央大学的三江师范学堂时期,清华大学的清华学堂时期,上海交通大学的南洋公学时期,同济大学的同济德文医学堂及同济医工专门学校时期,浙江大学的求是书院时期,武汉大学的自强学堂时期,河南大学的河南留学欧美预备学校时期,金陵大学的汇文书院时期,华中大学的文华书院时期等。近代许多大学名称变化频繁,在此都使用 1948 年时的学校名。经过整理,绘制出本书所要研究的外籍教师所在中国近代大学一览表(见表 2-2)。

表 2-2 本节所取研究样本的中国近代大学一览表

序号	校名	序号	校名	序号	校名
1	国立北京大学(北平)	10	国立浙江大学(杭州)	19	国立东北大学(沈阳)
2	国立北洋大学(天津)	11	国立山西大学(太原)	20	国立西北大学(西安)
3	国立中央大学(南京)	12	国立武汉大学(武昌)	21	国立西南联合大学(昆明)
4	国立清华大学(北平)	13	国立四川大学(成都)	22	私立金陵大学(南京)
5	国立中山大学(广州)	14	国立南开大学(天津)	23	私立金陵女子文理学院(南京)
6	国立交通大学(上海)	15	国立湖南大学(长沙)	24	私立燕京大学(北平)
7	国立同济大学(上海)	16	国立河南大学(开封)	25	私立辅仁大学(北平)
8	国立暨南大学(上海)	17	国立厦门大学(厦门)	26	私立岭南大学(广州)
9	国立复旦大学(上海)	18	国立云南大学(昆明)	27	私立福建协和大学(福州)

①据1948年出版的《第二次中国教育年鉴》统计,"全国专科以上学校,据三十六年年终统计,共有二百零七校,其中大学分为国立、私立二类,国立大学计有三十一校,私立大学计有二十四校"。本部分统计不包括高等专科性质的学校,如法政专门学校、医学药学专门学校、农业专门学校、工业专门学校、商业专门学校等。

续表

序号	校名	序号	校名	序号	校名
28	私立东吴大学（苏州）	32	私立华西协合大学（成都）	36	私立大夏大学（上海）
29	私立之江大学（杭州）	33	私立圣约翰大学（上海）	37	私立光华大学（上海）
30	私立沪江大学（上海）	34	私立武昌华中大学（武昌）		
31	私立震旦大学（上海）	35	私立齐鲁大学（济南）		

需要说明的是，对中国近代大学外籍教师数量的统计工作，很难做到无一遗漏和绝对精确，肯定会存在一定的误差。究其原因，大致有以下几点：一是近代以来，大学外籍教师不仅人数众多、流动不定，而且校方所公布的人事资料前后都有所出入。即使是一些史料保存较为完整的学校，对此也无法提供准确信息。仅就清华大学而言，其在清华学校时期到底聘请了多少美国教员，迄今无完整记录。[①]二是一些大学外籍教师的历史档案零散、缺失。三是外籍教师的译名较混乱。外籍教师在中国任教期间，一般会有固定的中文名字或译名。但笔者在搜集资料中发现，译名不一致的情况较为多见。如俄籍教师柏烈伟（S. A. Polevoy），或译作柏烈威，或译为鲍立维。如果不仔细核对，会将一个人误以为是几个不同的人物。四是各种相关人物传记、辞书、年谱、回忆录及人物自述等笔误或不准确之处比比皆是，一些外籍教师的西文名就存在不同版本。如同济大学创始人埃里希·宝隆的西文名即为明显的一例：《同济大学教授录》中称作"Paukststt Erich"[②]，《同济大学历史上的德籍教师》一文中为"Erlich Paulun"[③]，《德国对华政策中的同济大学（1907—1941）》则写作"Paulun Erich"[④]。再如曾在南京高等师范学校和东南大学任职的体育教师麦克尔的西文名在《中国近代体育史资料》一书中为"C. H.

[①] 苏云峰：《从清华学堂到清华大学 1911—1929：近代中国高等教育研究》，生活·读书·新知三联书店，2001，第128页。
[②] 《同济大学教授录》编委会编：《同济大学教授录》，同济大学出版社，2007，第1341页。
[③] 李乐曾：《同济大学历史上的德籍教师》，《同济大学学报（社会科学版）》2002年第2期。
[④] 李乐曾：《德国对华政策中的同济大学（1907—1941）》，同济大学出版社，2007，第279页。

McCloy"①，在《中国近现代高等教育人物辞典》中却是"C. H. Meclov"②，在《中国科学社社员分股名录》中又作"C. Mcloy"③。凡此种种，使得统计工作十分浩繁而复杂。

本节所述1651名外籍教师的基本情况，如西文姓名、任职时间、学历、任职情况、开设课程等，均以各学校校史所记载的原始档案或资料为主要依据，包括教职员名册、薪金册、课程表等，在此基础上进行的各项统计，可以大致勾勒出特定历史时期外籍教师的基本轮廓。

一、来华者个体特征

外籍教师的个体特征主要包括其国籍、性别、任职前的受教经历、所习专业、任职前的工作经历、任职年龄、任职期限、所授课程等。这些信息的汇集构成了中国近代大学外籍教师的群体轮廓。

（一）国籍分析

在1651名外籍教师中，有国籍标识的外籍教师计1187名，他们来自23个国家，也就是说，至少有23个国家的外籍教师在中国高校授业。具体情况如表2-3所示：

表2-3　部分在华授业外籍教师国别人数比例一览表

序号	国籍	人数	所占比例
1	美国	562	47.35%
2	德国	158	13.31%
3	英国	134	11.29%
4	日本	106	8.93%
5	法国	83	6.99%
6	加拿大	78	6.57%
7	俄国	20	1.68%

---

①成都体育学院体育史研究所：《中国近代体育史资料》，四川教育出版社，1988，第306页。
②周川主编：《中国近现代高等教育人物辞典》，福建教育出版社，2012，第689页。
③中国科学社编：《中国科学社社员分股名录》，中国科学社，1933，第42页。

续表

序号	国籍	人数	所占比例
8	奥地利	11	0.93%
9	瑞士	6	0.51%
10	朝鲜	5	0.42%
11	比利时	5	0.42%
12	瑞典	3	0.25%
13	荷兰	3	0.25%
14	丹麦	2	0.17%
15	菲律宾	2	0.17%
16	波兰	2	0.17%
17	越南	1	0.08%
18	印度	1	0.08%
19	匈牙利	1	0.08%
20	拉脱维亚	1	0.08%
21	澳大利亚	1	0.08%
22	爱沙尼亚	1	0.08%
23	爱尔兰	1	0.08%

人数超过百人以上者，计有4个国家，依次为美国、德国、英国和日本；人数在十至百人之间的国家，也有4个，依次为法国、加拿大、俄国和奥地利；有15个国家的外籍教师不足10人，其中有7个国家仅有1人在中国高校授业。

在华外籍教师群体中，美籍教师最多，究其原因：一是美国传教士在中国开办的教会大学较多。1900—1916年，美国差会在华自办或合办的大学达13所，它们分别是齐鲁大学、燕京大学、圣约翰大学、金陵大学、金陵女子学院、沪江大学、东吴大学、福建协和大学、华南女子文理学院、之江大学、华中大学、岭南大学和华西协合大学。由于这些学校多由美国人创办并主持，所以这些学校一般都以聘请美籍教师为主。二是美籍教师在华服务的高校众多，有32所之多（见表2-4）。除上述13所教会大学外，在北洋大学、四川大学、北京大学、湖南大学、交通大学、中央大学、山西大学、云南大学、武汉大学、浙江大学、南开大学、西南联合大学、东北大学、复旦大学、河南大学、中山大学和西北大学等公立大学所聘外籍教师中,美籍教师所占比例也相对较高。三是随着留美教育的开展,众多留美学生于20世纪20年代归国后,多在中国大学内任教,并成为学校的学术骨干。这些人往往与美国学术界联系密切,经他们介绍或牵线,众多美国学界人士来华服务。

表2-4 美籍教师在中国近代大学的人数一览表

序号	学校	人数
1	北洋大学	63
2	华西协合大学	53
3	沪江大学	47
4	金陵女子文理学院	34
5	岭南大学	30
6	燕京大学	38
7	东吴大学	31
8	金陵大学	30
9	清华大学	39
10	之江大学	25
11	福建协和大学	21
12	四川大学	20
13	北京大学	16
14	湖南大学	16
15	武昌华中大学	15
16	圣约翰大学	13
17	交通大学	12
18	中央大学	12
19	山西大学	9
20	云南大学	8
21	辅仁大学	6
22	齐鲁大学	5
23	武汉大学	4
24	浙江大学	4
25	南开大学	3

续表

序号	学校	人数
26	西南联合大学	4
27	厦门大学	4
28	复旦大学	2
29	河南大学	2
30	中山大学	2
31	东北大学	1
32	西北大学	1
共计		570（其中重复7人）

从不同国籍教师分布的学校可以发现，有两个国家的教师分布在20所以上的学校工作，它们是美国和英国，分别达到32所和27所；有4个国家的教师分布在10至20所学校工作，它们是德国、日本、法国和俄国，分别为20所、12所、11所和10所；有5个国家的教师分布在3至9所学校工作，它们是奥地利、朝鲜、瑞士、加拿大、荷兰，分别为8所、5所、5所、4所和3所；有5个国家的教师分布在2所学校工作，它们是波兰、丹麦、比利时、菲律宾和瑞典；还有7个国家的教师分布在1所学校工作。现以表2-5展示其具体情况。

表2-5 不同国籍教师在华分布学校及聘有该国籍教师最多的学校一览表

序号	国籍	所在学校数量	聘有该国国籍教师最多的学校	
			学校名称	人数
1	美国	32	北洋大学	63
2	英国	27	华西协合大学	23
3	德国	20	同济大学	70
4	日本	12	中央大学	34
5	法国	11	震旦大学	54
6	俄国	10	北京大学	8
7	奥地利	8	同济大学	3
8	朝鲜	5	光华大学、南开大学	1
9	瑞士	5	中山大学、清华大学	2

续表

序号	国籍	所在学校数量	聘有该国国籍教师最多的学校	
			学校名称	人数
10	加拿大	4	华西协合大学	73
11	荷兰	3	北京大学、辅仁大学、东北大学	1
12	波兰	2	同济大学	1
13	丹麦	2	华西协合大学、北京大学	1
14	比利时	2	华西协合大学	3
15	菲律宾	2	暨南大学、厦门大学	1
16	瑞典	2	山西大学	2
17	爱沙尼亚	1	北京大学	1
18	越南	1	云南大学	1
19	印度	1	北京大学	1
20	匈牙利	1	华西协合大学	1
21	拉脱维亚	1	浙江大学	1
22	澳大利亚	1	云南大学	1
23	爱尔兰	1	华西协合大学	1

同时，表2-5也将聘有某国外籍教师人数最多的学校呈现了出来，如聘有美国教师最多的是北洋大学，聘有德国教师最多的是同济大学，聘有英国和加拿大教师最多的是华西协合大学，聘有日本教师最多的是中央大学，而聘有法国教师最多的则是震旦大学。

就各校聘用外籍教师的规模而言，聘用百名以上外籍教师的学校有4所，即华西协合大学、沪江大学、北京大学和金陵女子文理学院，分别有外籍教师171名、138名、134名和117名；聘用50~100名外籍教师的学校有10所，即同济大学、北洋大学、圣约翰大学、东吴大学、福建协和大学、清华大学、中央大学、燕京大学、武汉大学和震旦大学；聘用10~49名外籍教师的学校有16所，聘用10名以下外籍教师的学校有7所。具体情况见表2-6。

表 2-6　各校拥有外籍教师的基本规模一览表

序号	学校	外籍教师人数
1	华西协合大学	171
2	沪江大学	138
3	北京大学	134
4	金陵女子文理学院	117
5	同济大学	92
6	北洋大学	77
7	圣约翰大学	70
8	东吴大学	65
9	福建协和大学	60
10	清华大学	59
11	中央大学	59
12	燕京大学	55
13	武汉大学	53
14	震旦大学	53
15	湖南大学	49
16	山西大学	40
17	四川大学	38
18	武昌华中大学	38
19	金陵大学	36
20	辅仁大学	33
21	交通大学	32
22	岭南大学	31
23	之江大学	30
24	中山大学	25
25	齐鲁大学	22
26	云南大学	19
27	西南联合大学	17
28	厦门大学	16
29	浙江大学	14
30	复旦大学	11

续表

序号	学校	外籍教师人数
31	河南大学	8
32	南开大学	7
33	东北大学	4
34	西北大学	3
35	暨南大学	2
36	光华大学	2
37	大夏大学	1
总计		1681
重复		30
最后人数		1651

将私立大学和公立大学进行比较，前者聘请的外籍教师人数要多于后者。16所私立大学聘请的外籍教师为922名，21所公立大学为759名。私立大学中又多为教会大学，教会大学直至1925年前后，教师都多以外籍人士为主。

以上仅是目前能搜集到的外籍教师的相关资料，实际的数量远不止这些。苏云峰曾对清华学校时期聘用的美籍教师做过研究，认为该时期共聘请了64名美籍教员。①李乐曾综合有关中文、德文文献档案资料，提出德籍教职人员人数大约有80~100名，包括同济德文医工学堂及同济大学任职的教师、技师及实验室工作人员，还有中学部和高职任教的教职人员，以及第一次世界大战期间由青岛高等专科学校转到同济医工学堂的教师等。②然而，以上学校的外籍教师，能够查实并被本书统计的则分别只有44人和74人。仅此即可知完整地掌握各校外籍教师的真实情形，实在是一件艰巨的学研任务。

聘用外籍教师国别数量最多的学校是北京大学和华西协合大学，有来自10个国家的教师在两校服务。聘用5~8个国家的教师任教的学校，依次为北洋大学、清华大学、中央大学、武汉大学、辅仁大学、厦门大学、中山大学、

---

①苏云峰:《从清华学堂到清华大学 1911—1929：近代中国高等教育研究》，生活·读书·新知三联书店，2001，第128页。
②李乐曾:《同济大学历史上的德籍教师》，《同济大学学报（社会科学版）》2002年第2期，第13页。

云南大学、燕京大学、浙江大学和四川大学。具体情况可见表 2-7。

表 2-7 各校所聘用外籍教师国别数量一览表

序号	学校	外籍教师国别数量
1	北京大学	10
2	华西协合大学	10
3	北洋大学	8
4	清华大学	8
5	中央大学	7
6	武汉大学	7
7	辅仁大学	7
8	厦门大学	7
9	中山大学	6
10	云南大学	6
11	燕京大学	6
12	浙江大学	5
13	四川大学	5
14	金陵大学	4
15	西南联合大学	4
16	山西大学	4
17	南开大学	4
18	交通大学	4
19	湖南大学	4
20	复旦大学	4
21	圣约翰大学	3
22	齐鲁大学	3
23	金陵女子文理学院	3
24	西北大学	3
25	同济大学	3
26	东北大学	3
27	武昌华中大学	2
28	光华大学	2
29	福建协和大学	2

续表

序号	学校	外籍教师国别数量
30	东吴大学	2
31	暨南大学	2
32	河南大学	2
33	之江大学	1
34	震旦大学	1
35	岭南大学	1
36	沪江大学	1
37	大夏大学	1

（二）性别分析

目前已搜集到的外籍教师中，有性别标识者为1019名，其中男性教师701名，女性教师318名。其性别比例的具体情况如表2-8所示。公、私立大学外籍教师男女比例差异较大：公立大学外籍女性教师人数远低于男性教师，为48名，占比仅为9.14%；但私立大学外籍女性教师多于男性教师，为270名，所占比例高达54.66%，超过一半。私立大学外籍女性教师较多的原因在于金陵女子文理学院聘用的女性外籍教师较多，从而拉升了整体比例。1915—1946年间，该校执教的117名外籍教师中，只有5名男教师。学校创建人德本康夫人（Mrs. Laurence Thurston）曾道出个中缘由："女校付给的薪金不高，不足以吸引最优秀的男教师。而且，在女校任教远不如在男校任教吸引。出于礼貌得体，男教师还不可能太年轻，这样我们又丧失了任用那些有魄力、精力旺盛的年青教师的机会。"①

表2-8 中国近代大学外籍教师性别比例（含重复人员）

学校类别	男性	所占比例	女性	所占比例	总计
21所公立大学	477	90.86%	48	9.14%	525
16所私立大学	224	45.34%	270	54.66%	494
总计	701	—	318	—	1019

① 徐海宁：《中国近代教会女子大学办学研究——以金陵女子大学为个案》，南京师范大学出版社，2008，第33页。

注：701名男性外籍教师中包含在多所学校任职的21名重复人员，318名女性外籍教师中包含在多所学校任职的2名重复人员。

另外，外籍女性教师中有相当一部分是跟随丈夫来华任教的，而且多在同一所学校担任教职。目前资料显示，为这种情况的有71对夫妇，具体见表2-9。其中又以华西协合大学为最，计有26对夫妇；其次是沪江大学，有16对夫妇。

表2-9　在中国大学任教的外籍教师夫妇一览表

序号	学校	姓名（男）	姓名（女）
1	华西协合大学	陈普仪	陈普仪夫人
2	华西协合大学	启真道	启真道夫人
3	华西协合大学	莫尔思	莫尔思夫人
4	华西协合大学	林则	林则夫人
5	华西协合大学	孟克明	孟克明夫人
6	华西协合大学	解难	解难夫人
7	华西协合大学	费尔朴	费尔朴夫人
8	华西协合大学	吉士道	吉士道夫人
9	华西协合大学	司马烈	司马烈夫人
10	华西协合大学	丁克生	丁克生夫人
11	华西协合大学	李哲士	李哲士夫人
12	华西协合大学	胡祖遗	胡祖遗夫人
13	华西协合大学	刘延龄	刘延龄夫人
14	华西协合大学	米玉士	米玉士夫人
15	华西协合大学	文幼章	文幼章夫人
16	华西协合大学	客士伦	客士伦夫人
17	华西协合大学	安德胜	安德胜夫人
18	华西协合大学	杨济灵	杨济灵夫人
19	华西协合大学	白明道	白明道夫人
20	华西协合大学	布礼士	布礼士夫人
21	华西协合大学	高文明	高文明夫人
22	华西协合大学	满理	满理夫人
23	华西协合大学	毕德生	毕德生夫人

续表

序号	学校	姓名（男）	姓名（女）
24	华西协合大学	宋道明	宋道明夫人
25	成都大学（男）、华西协合大学（女）	周忠信	周忠信夫人
26	华西协合大学、岭南大学	徐维理	徐维理夫人
27	沪江大学	魏馥兰	魏馥兰夫人
28	沪江大学	约翰生	约翰生夫人
29	沪江大学	裴克门	裴克门夫人
30	沪江大学	梅佩礼	梅佩礼夫人
31	沪江大学	耆荷福	耆荷福夫人
32	沪江大学	韦爱伦	韦爱伦夫人
33	沪江大学	海佛克	海佛克夫人
34	沪江大学	蓝姆荪	蓝姆荪夫人
35	沪江大学	柯佐治	柯佐治夫人
36	沪江大学	普天德	普天德夫人
37	沪江大学	韩森	韩森夫人
38	沪江大学	海波士	海波士夫人
39	沪江大学	毕义思	毕义思夫人
40	沪江大学	伯乐敦	伯乐敦夫人
41	沪江大学	郝齐佳	郝齐佳夫人
42	沪江大学、华中大学	安德生	安德生夫人（即安海兰）
43	华中大学	甘施礼	甘德华
44	华中大学	薛世和	薛富德
45	华中大学	安德森	安德森夫人
46	华中大学	柯约翰	柯约翰夫人
47	东吴大学	葛赉恩	葛赉恩夫人
48	东吴大学	唐墨林	唐墨林夫人
49	东吴大学	劳莱	劳莱夫人
50	东吴大学	魏廉士	魏廉士夫人
51	东吴大学、金陵大学	龚士	龚士夫人
52	燕京大学	李瑞德	李瑞德夫人

续表

序号	学校	姓名（男）	姓名（女）
53	燕京大学	范天祥	范敏德
54	燕京大学	施美士	富桂思
55	圣约翰大学	都孟高	都孟高夫人
56	圣约翰大学	侯宝福	侯贵恩
57	圣约翰大学	罗道纳	罗孟佳莲
58	福建协和大学	高智	高智夫人
59	福建协和大学	马陈	马陈鲁壁
60	齐鲁大学	奚尔恩	奚尔恩夫人
61	齐鲁大学、华中大学	米勒	米勒夫人
62	清华大学	常浩德	常浩德夫人
63	清华大学	谭唐	谭唐夫人
64	金陵大学	卜凯	赛珍珠
65	之江大学	队克勋	队克勋夫人
66	北京大学	柯劳文	柯劳文夫人
67	交通大学、北洋大学	乐提摩	乐提摩夫人
68	中山大学	邬立文	邬立文夫人
69	山西大学	麻泼司	麻泼司夫人
70	西南联大	贝克	贝克夫人
71	齐鲁大学	赫士	赫士夫人

比较而言，外籍男性教师所教科目涉及广泛，包含哲学、经济学、法学、教育学、文学、历史学、理学、工学、农学、医学、管理学、艺术学等学科。现将有明确标识所承担课程的157名外籍女性教师进行归类，发现所教科目主要集中于社会科学领域，其中有73人教授外国语言文学类课程，占比46.50%，没有一人承担工学、农学、管理学相关领域的课程。外籍女性教师所承担课程的情况见表2-10。

表 2-10　外籍女性教师承担的课程、人数及所占比例一览表

课程类别	人数	所占比例
外国语言文学	73	46.50%
音乐	17	10.83%
历史	12	7.64%
体育	9	5.73%
宗教	7	4.46%
社会学	6	3.82%
医学	5	3.18%
教育学	5	3.18%
心理学	4	2.55%
生物	4	2.55%
地理	3	1.91%
经济学	3	1.91%
物理	2	1.27%
美术	2	1.27%
数学	2	1.27%
人类学	1	0.64%
科学	1	0.64%
戏剧	1	0.64%
总计	157	—

这些外籍女性教师不仅为我国新式高等教育特别是女子高等教育做出了重要贡献，而且为我国女性提供了新的职业榜样，对我国高等教育机构聘请中国女性教师起了示范作用。

（三）任职年限

通过对有任职时间标识的人员资料进行搜集整理，不难发现，外籍教师在中国大学从事教育的时间，短则数月，长则达 65 年之久。然而大部分集中在 1~5 年这一时间段，约有 400 余人。不过在中国服务 20 年以上者，也有 107 人之多，其中有 32 人执教 30 年以上，具体名单见表 2-11。

表 2-11 在华授业 30 年以上外籍教师一览表（1895—1952 年）

序号	译名	国籍	性别	任职学校	任职时间	年限
1	温德	美国	男	东南大学、北京大学、清华大学、西南联大	1922—1987 年①	65 年
2	丁韪良	美国	男	京师同文馆、京师大学堂	1865—1868 年 7 月为同文馆教习，1869—1894 年为该馆总教习，1898—1900 年、1902 年为京师大学堂总教习	32 年
3	卜舫济	美国	男	圣约翰书院、圣约翰大学	1887—1941 年	54 年
4	文乃史	美国	男	东吴大学	1901—1949 年	48 年
5	林则	加拿大	男	华西协合大学	1911—1950 年	39 年
6	林则夫人	加拿大	女	华西协合大学	1911—1950 年	39 年
7	F. W. 爱德华·柏德	德国	男	同济大学	1909—1946 年	37 年
8	戴谦和	美国	男	华西协合大学	1912—1948 年	36 年
9	戴鲍德敦	美国	女	华西协合大学	1912—1948 年	36 年
10	米玉士	加拿大	男	华西协合大学	1915—1951 年	36 年
11	米玉士夫人	加拿大	女	华西协合大学	1915—1951 年	36 年
12	丁克生	加拿大	男	华西协合大学	1913—1947 年	34 年
13	丁克生夫人	加拿大	女	华西协合大学	1913—1947 年	34 年
14	雷美佳	英国	女	华中大学	1916—1950 年	34 年
15	蔡路得	美国	女	金陵女子文理学院	1917—1951 年	34 年
16	海波士	美国	男	沪江大学	1915—1941 年，1944—1949 年	31 年
17	杨济灵	加拿大	男	华西协合大学	1914—1948 年	34 年

续表

序号	译名	国籍	性别	任职学校	任职时间	年限
18	毕启	美国	男	华西协合大学	1913—1946年	33年
19	唐美森	美国	男	金陵大学	1917—1949年	32年
20	徐光荣	美国	男	福建协和大学	1917—1949年	32年
21	吉士道	加拿大	男	华西协合大学	1919—1951年	32年
22	吉士道夫人	加拿大	女	华西协合大学	1919—1951年	32年
23	包贵思	美国	女	燕京大学	1919—1950年	31年
24	徐克丽	美国	女	福建协和大学	1918—1949年	31年
25	韩森	美国	男	沪江大学	1914—1942年，1946—1949年	31年
26	耆荷福	美国	男	沪江大学	1910—1941年	31年
27	耆荷福夫人	美国	女	沪江大学	1910—1941年	31年
28	胡祖遗	加拿大	男	华西协合大学	1920—1950年	30年
29	启真道	加拿大	男	华西协合大学	1922—1952年（期间返回加拿大完成医学博士、药学博士、宗教文学博士学位）	30年
30	戴苏	美国	男	东吴大学	1919—1949年	30年
31	胡正德	美国	女	华西协合大学	1921—1951年	30年
32	德本康	美国	女	金陵女子文理学院	1913—1943年	30年

注：① 1952年院系调整，温德先生到北京大学任教，直至1987年去世。

他们在风华正茂的年龄、学业有成之日来到中国，不少人毕生留在中国从事高等教育工作。作为高校的掌舵者，当然希望能有更多的异域之才较长时间留驻中国，为中华培养人才。在任清华大学校长期间，罗家伦就主张："不是请外国最享盛名的人来一短期，而是请几位造诣已深，还在继续工作，日进未已，而又有热忱的学者，多来'为师'几年。"①

有些外籍教师几代人都在中国授业。这种子承父业的情况，尤其在华西协合大学表现较为突出。如启尔德（Omar L. Kilborn）、启真道家族三代九口人在中国行医七十二载；文焕章（James. Endicott）和文幼章父子、苏继贤（William. G. Small）和苏维廉父子，同在华西协合大学服务多年。其他学校也有这种情况，如燕京大学美籍教师施美士夫妇和女儿施美瑞，同在燕京大学授业：施美士在外语系教书，夫人在音乐系任教，女儿则教舞蹈。又如德籍教师卫礼贤（Richard Wilhelm）和卫德明（Hellmut Wilhelm）父子，先后在北京大学德文系工作；圣约翰大学的卜舫济和卜其吉父子、岭南大学香便文（Benjamin C. Henry）和香雅各父子，都是先后执掌同一学校。

二、教育及学术背景

大学教师是一个以传播知识为主要职责的特殊群体，因此其知识背景格外值得关注。中国近代大学在其初期，所聘外籍教师可谓良莠不齐，但也不乏学识渊博者。现就手头可见资料对近代来华任教外籍教师的教育和学术背景做一简要分析。

（一）任职前学术经历分析

从搜集到的资料可见，其中257名教师有在中小学、高校、医院、研究机构和社会领域工作的经验，基本上可以承担起大学课程的教学工作。这与中国大学对所聘用的外籍教师提出的要求有关。1903年，张之洞在筹办三江师范学堂时，所聘第一批日本教习计有11名。其时，他对拟聘请的日籍教习，就提出了"须性情恳勤端笃，于教育有实历者"②的要求。

在近代来华的外籍教师中，一些人已经具有相当丰富的教学、研究经历。如北京大学数学系美籍教授奥斯古德（W. F. Osgood），来华前在哈佛大学数

---

① 罗家伦：《学术独立与新清华》，载清华大学校史研究室编《清华大学史料选编 第二卷（上）》，清华大学出版社，1991，第199页。
② 张之洞：《致东京近卫公爵长冈子爵》（光绪二十八年十二月二十日），载《张文襄公全集（四）》，中国书店，1990，第268页。

学系从事教学与科研达43年之久；辅仁大学理学院教授、院长、物理学研究所所长严池，来中国之前，即为德国著名物理学家，并在巴西国立商科大学任物理学教授达20年之久。服部宇之吉在任职于京师大学堂之前，就任日本东京帝国大学文科大学助教授。三江师范学堂总教习菊池兼二郎曾任日本第二高等学校校长，菅沼虎雄曾任日本第一高等学校教授，松原俊造曾任日本第七高等学校及造士馆教授。另外，瑞恰慈、史禄国、维纳、鸟居龙藏、燕卜荪、钢和泰、葛利普等人，来华前均已是国际知名学者。现将部分外籍教师任职前的学术经历，列表如下（见表2-12）。

表2-12 部分外籍教师任职前的学术经历一览表

姓名	国籍	性别	任职学校	任职前的学术经历
服部宇之吉	日本	男	京师大学堂	日本东京帝国大学文科大学助教授
志田钾太郎	日本	男	京师大学堂	日本东京帝国大学商科及法科教授，明治大学教授，东京高等商业学校教授
太田达人	日本	男	京师大学堂	日本帝国文部省图书审查官
桑野久任	日本	男	京师大学堂	日本东京帝国大学理科大学助教授
矢部吉桢	日本	男	京师大学堂	日本东京帝国大学理科大学助教授
氏家谦曹	日本	男	京师大学堂	日本第二高等学校教授
高桥勇	日本	男	京师大学堂	日本东京美术学校日本画科教师
法贵庆次郎	日本	男	京师大学堂	日本东京高等师范学校教授
土田兔司造	日本	男	京师大学堂	在日本东京帝国大学任教
葛利普	美国	男	北京大学	美国哥伦比亚大学教授
伊凤阁	俄国	男	北京大学	俄国圣彼得堡大学教研室主任

续表

姓名	国籍	性别	任职学校	任职前的学术经历
钢和泰	爱沙尼亚	男	北京大学	俄国圣彼得堡大学助理梵文教授
古斯塔夫·艾克	德国	男	北京大学、清华大学	在德国包豪斯学校任教
贝熙业	法国	男	北京大学	法国国立医院医士
温德	美国	男	北京大学、东南大学	美国芝加哥大学法语教授
施佩纳	德国	男	北京大学	在德国汉堡大学任教
奥斯古德	美国	男	北京大学	美国哈佛大学数学系教授、主任
燕卜荪	英国	男	北京大学	在日本东京帝国大学任教
菊池谦二郎	日本	男	三江师范学堂	日本第二高等学校校长
亘理宽之助	日本	男	三江师范学堂	日本仙台陆军教员
杉田稔	日本	男	三江师范学堂、两江师范学堂	日本高等工业学校教师
菅沼虎雄	日本	男	三江师范学堂	日本第一高等学校教授
松原俊造	日本	男	三江师范学堂	日本第七高等学校教授
安藤安	日本	男	三江师范学堂	日本静冈农业技师，陆军三等主计
吴伟士	美国	男	金陵大学、东南大学	美国阿肯色州立大学农业实验研究所研究员，加州大学农科昆虫系教授
白德弗	美国	男	东南大学	美国麻省农业大学校长
赛珍珠	美国	女	南京高等师范学校、东南大学、中央大学	在美国伦道夫·梅肯女子学院任教
史图博	德国	男	中央大学	德国耶拿大学生理学研究所副教授
麻伦	美国	男	清华学堂、清华学校	美国密歇根大学历史系助教，俄亥俄州加利坡里高等学校教员

续表

姓名	国籍	性别	任职学校	任职前的学术经历
谭唐	美国	男	清华学校、清华大学	美国哥伦比亚大学比较文学教员，哈佛大学德文导师，巴特勒大学德文教授，纽约大学交换教授
司达（即司达尔）	美国	女	清华学校	美国路德高等学校教员暨达各带威斯林大学教员
毕莲	美国	女	清华大学	美国斯坦福大学英文教员，美加利福尼亚富勒敦大学预科教务长，火罗路麻坚尼中学英文科主任
哈达玛	法国	男	清华大学	法国巴黎法兰西学院院士
瑞恰慈	英国	男	清华大学	英国剑桥大学教授
噶邦福	俄国	男	清华大学	在俄国海参崴大学任教
维纳	美国	男	清华大学	美国麻省理工学院算学教授
华敦德	美国	男	清华大学	美国加州理工学院研究员
冯·卡门	美国	男	清华大学	美国加州理工大学教授
史禄国	俄国	男	厦门大学、中山大学、清华大学	在俄国圣彼得堡大学、帝国科学院做人类学研究并任教
莱特	美国	男	清华大学	美国芝加哥大学教授
恪而温	美国	男	清华大学	美国普林斯顿大学法学教授
巴纳	美国	男	清华大学	美国合拔大学、米其千大学教员
白亚	美国	男	清华大学	美国充塔纪大学、怀俄明大学、哈门凌大学英文教授

续表

姓名	国籍	性别	任职学校	任职前的学术经历
克乐森	美国	男	清华大学	美国康色大学昆虫学助理教授，康奈尔大学生物学助理教员
高维尔	美国	男	清华大学	美国贝克大学、俄亥俄卫斯理大学、爱荷华州省立师范大学、莫宁赛德大学教授，滇尼神大学历史科主任，美国各处历史学会会员
赖福斯	美国	男	清华大学	美国全国外科学院研究员，维也纳帝国大学及医院研究员
巴斯勒	德国		中山大学	德国图宾根大学教授
谢尔屯	美国	男	南洋公学、交通大学、交通部南洋大学	美国威斯康星大学电机系主任
欧根·库洛斯	德国	男	同济德文医学堂、同济医工专门学校	在君士坦丁堡德国医院里任助理医生，在慕尼黑大学解剖学研究所任病理解剖室主任
戈特弗里德·博罗门斯多克	德国	男	同济德文医学堂、同济医工专门学校、同济大学	在德国柏林、汉堡等城市的医院里任助理医生
伯恩哈德·贝伦子	德国	男	同济德文医工学堂、同济医工专门学校、同济大学	在杜塞尔多夫的大型机床制造厂、波恩农业大学农业机械专业、德累斯顿工业大学工作
瓦尔特·费舍尔	德国	男	同济德文医工学堂、同济医工专门学校、同济大学	在柯尼斯堡大学、图宾根大学、弗赖堡大学、哥廷根大学任病理学助教

续表

姓名	国籍	性别	任职学校	任职前的学术经历
赫尔曼·道尔德	德国	男	同济德文医学堂、同济医工专门学校	德国斯图加特的马琳医院外科医生，图宾根大学病理学研究所和柏林帝国卫生部科研人员
约瑟夫·德士烈	德国	男	同济医工专门学校	在德国格赖夫斯瓦尔德的高级中学和格赖夫斯瓦尔德大学任公职教师
约瑟夫·德雷克斯勒尔	德国	男	同济医工专门学校	在德国格赖夫斯瓦尔德的高级中学和格赖夫斯瓦尔德大学任公职教师
戈特弗里德·柯勒	德国	男	同济大学	德国基尔大学动物学研究所助教
诺伊迈尔	奥地利	男	同济大学	奥地利农业及土地改革局测量工程师，维也纳工业大学测量学助教
海因里希·冯海克	奥地利	男	同济大学	在奥地利维也纳大学解剖研究所当实习生后在第二解剖研究所任助教，德国罗斯托克大学解剖学研究所病理解剖室副主任
海茵茨·厄特尔	德国	男	同济大学	在哥廷根、慕尼黑、柏林、海德堡的药物学研究所从事药物学实验工作
汉斯·蒂尔希	德国	男	同济大学	德国弗赖堡大学病理研究所助教
埃布哈特·费理纳	德国	男	同济大学	德国布雷斯劳工业大学测量学助教，柏林第二航空地区指挥部建筑主管，柏林鲍廷褐煤公司设计师和施工负责人

续表

姓名	国籍	性别	任职学校	任职前的学术经历
马琛	澳大利亚	男	云南大学	在澳大利亚理工学院、英国飞机工厂任职
冯·卡门	美国	男	西南联大	美国加州理工大学教授
魏庚思	美国	男	金陵大学	美国康奈尔大学教授
黎富思	美国	女	金陵女子大学	在美国密歇根州立大学师范学院任教
鸟居龙藏	日本	男	燕京大学	东京帝国大学理科大学副教授、人类学教研室主任，兼任国学院大学教授；东方文化学院东京研究所评议员和研究员；上智大学文学部部长兼教授
班威廉	英国	男	燕京大学	在英国利物浦大学任教
博爱理	美国	女	燕京大学	美国瓦萨学院生物系讲师，缅因大学动物学讲师、副教授
严池	德国	男	辅仁大学	巴西国立商科大学物理学教授
马陈	英国	男	福建协和学院	澳大利亚高尔当工业学校机械电科主任
麦克福	美国	男	福建协和学院、岭南大学	美国康奈尔大学植物学教员，美国农部生物调查员

（二）学历分析

学历结构是衡量师资队伍质量的重要标准之一，也是衡量教师群体理论水平和研究能力的重要指标。一般来说，具有高学历的教师，也具有较强的研究和创新能力，能很快将学生引导到学术领域的最前沿。在所搜集的资料中，学历有明确标志的外籍教师有553人，其中获学士、硕士、博士学位的人员分别为148人、156人和249人，所占比例分别为26.76%、28.21%和45.03%。从中可以看出，拥有博士学位的人数最多。

为保证高校教师质量，不同时期的中国政府都会就教师资格审定与聘任出台相关政策。近代中国历届政府对大学教师资格的审定与聘任制度，经历了一个不断完善的过程。洋务运动初期，洋务学堂对所聘外籍教习没有学历要求，所聘教习多为传教士，其水平参差不齐，有来领薪水混饭之人，也有学问渊博、教研较优之人，如京师同文馆的英文教习傅兰雅、天文教习费理饬、医学教习德贞、生理教习布锡尔（S. W. Bushell）等，以及总教习丁韪良都在来华任教之前获得过博士学位，骆三畏也是文学硕士。

20世纪初叶，无论是教会学校还是官办大学，都意识到吸引高学历教师来华授业的重要性。1902年12月在华传教士组织的"中华教育会"第四届年会，通过了潘慎文、李提摩太、赫士等8位传教士以集体名义发出的《请求国外差会派遣训练有素的教育家来华工作的呼吁书》。该呼吁书希望西方教育家来华兴办和加强教会学校，发挥"高级示范作用"，"指导这个大国青年一代的思想"。① 之后，教会大学吸纳了一批受过高等教育且有专业知识的学者来校任教。比较既往来华的外籍教师，这些后来者的总体素质发生了明显变化。如金陵女子文理学院的外籍教师均具有学士以上学位，基本上都有曾在本国或国外高中乃至大学任教的经历。② 又如，1901年，美国范德比尔特（Vanderbit）大学生物学家祁天锡受聘于东吴大学，1907年美国宾州州立学院园艺家高鲁甫就任岭南大学，1911年霍普金斯大学博士晏文士（Charles K. Edmunds）也来到岭南大学教书，同年英国化学家斯塔布斯（Clifford Stubbs）任教于华西协合大学，1915年耶鲁大学生物学家阿道夫（William H. Adolph）博士来到山东基督教共和大学任教……"到1920年，大约50多名拥有高级学位的西方科学家任教于中国的教会大学中"③。另外，由教会选派到清华学校的美籍教师也基本上拥有高学历（见表2-13）。

---

① 转引自王立新：《美国传教士与晚清中国现代化——近代基督新教传教士在华社会文化和教育活动研究》，天津人民出版社，1997，第222—223页。
② 张连红主编：《金陵女子大学校史》，江苏人民出版社，2005，第45页。
③ 王忠欣：《基督教与中国近现代教育》，湖北教育出版社，2000，第146页。

表 2-13 清华学校美籍教师学位统计表

年份	博士	硕士	学士	其他	合计
1914	—	3	15	—	18
1922	4	5	5	3	17
1924	3	4	4	2	13

【资料来源】苏云峰：《从清华学堂到清华大学 1928—1937：近代中国高等教育研究》，生活·读书·新知三联书店，2001，第127页。

几乎在同一时期，中国官办的高等学府，对所聘教师的学历要求也有所提升。虽然在1902年颁布的《钦定京师大学堂章程》中没有涉及教习本身的资格问题[①]，但在实际操作中，京师大学堂所聘日籍教习，皆为从东京帝国大学和京都帝国大学等校招聘来的高学历教师。1902年5月，京师大学堂管学大臣张百熙请求日本驻华公使内田康哉为京师大学堂仕学馆招聘日本法学博士、学士各1名，为师范馆招聘日本文学博士、学士各1名。据日本外务省档案留存的驻华公使内田康哉致外务大臣小村寿太郎的信函，可以看到前者就来华任教习人物向后者提议在帝国大学教师中选拔。[②] 随后东京大学教授、文学博士服部宇之吉和京都大学教授、法学博士岩谷孙藏等应聘。由此开启了京师大学堂聘用日本教习的肇端。同年，山西大学堂西学专斋所聘用的第一批外籍教师中，也多具有学士、硕士或博士学位，其中，如敦崇礼毕业于英国苏格兰格拉斯哥大学并获硕士学位，后又入牛津大学学习汉语和中国经史，并获母校格拉斯哥大学法学荣誉博士学位；新常富毕业于瑞典乌普萨拉大学并获工程师和哲学学士学位；马尔东（Mardon）毕业于美国哥伦比亚大学并获文学学士学位。次年，另一所位于中国南方的师范学堂——三江师范学堂所聘的第一批日本教习11人中就有学士8名，其中菊池兼次郎和菅沼虎雄均毕业于东京帝国大学。

---

①《钦定京师大学堂章程》第六章中，有关中外教习的规定大致如下：西学教习暂聘欧美人士四到六员，教授预备科学生；日本人四到五员，教授速成科学生。除此之外，并以中人通西学及各国语言文字者为副教习。至于规约部分，则只声明各教习如有教课不勤，及任意紊乱课程上之规约等事，管学大臣均有辞退之权。

②王晓秋：《近代中国与世界：互动与比较》，紫禁城出版社，2003，第399页。

1904年，清政府颁布《奏定学堂章程·奏定任用教员章程》[①]，提出大学堂教师要有毕业文凭。这一规定，无疑有助于中国大学外籍教师群体素质的提升。1912—1913年，中华民国政府教育部又先后颁布了《公立私立专门学校规程》和《私立大学规程》，要求大学教师必须接受过国内外大学的正规教育，并具有一定学术水平。南京国民政府时期，教育部加强了对教师资格的审查，颁发了一系列文件，如《大学教员资格条例》（1927年）、《大学及独立学院教员资格审查暂行规程》（1940年）和《大学及独立学院教员资格审查暂行规程施行细则》（1940年公布，1943年修正）。在20世纪30年代，中国大学学术氛围渐渐浓厚，吸引了一批世界知名学者来华讲学。这一时期的外籍教师，其专业水平和授课能力均有所提升。

数以千计的外籍教师通过各种渠道来华，在中国近代大学中任教，虽然难以完全统计其数量，但由上述文字和数据的简略析说，可以从一定程度上反映出大致情形。

[①]《奏定学堂章程·奏定任用教员章程》（光绪二十九年十一月二十六日），载璩鑫圭、唐良炎编《中国近代教育史资料汇编·学制演变》，上海教育出版社，2007，第432页。

第三章

外籍教师的任聘管理

清末至 20 世纪上半叶,中国政府和学校颁布了一系列与外籍教师任职资格和聘任有关的法规、条例,对外籍教师的聘任、奖励、薪酬和离任都有具体规定,从而使得对外籍教师的管理由无序到有序,即由自由放任状态逐渐走向规范化和制度化,确保了各地高校所聘外籍教师的专业水准。

第一节　聘任

在中国近代高等教育发展的不同阶段，政府和学校对聘用外籍教师的资格审定和管理是有所不同的。政府通过颁布规章制度对外籍教师实施宏观管理，为学校具体实践操作提供了法律依据；学校则主要通过合同来约束外籍教师在华的从教授业行为。

一、明晰聘用标准

对教师聘用标准的制定，直接影响到教师队伍的质量。从清末至民国，政府对外籍教师的聘用标准和资格审定经历了从低要求向高要求、从模糊到逐渐明晰的过程。

洋务学堂在开办初期，对外籍教师的聘任资格审定仅仅体现在语言方面，其他均未详加论述。如上海广方言馆创办时，提出"延订西人教习，择其能通中国语言文字者，俾充此选，不用通事传递语言，致辗转讹误"①。左宗棠筹办福州船政学堂之初，明确要求聘用"熟悉中外语言文字洋师"，对专业能力的要求则颇为笼统。福州船政学堂的第一批外籍教师，是左宗棠委托该学堂法籍正、副监督日意格、德克碑代为聘请的。当时左宗棠提出的聘用要求只是"募雇外国谙练精明员匠"②。至于所聘用的员匠要"谙练精明"到何种程度，并无具体的行文。

洋务学堂开办20年后，对所聘外籍教习的品行和学识开始有所要求。如1883年，福州船政局督办黎兆棠在《为请选募洋教习咨呈总理衙门》折中提到：

---

① 《直隶总督曾批》（同治九年五月初六日），载朱有瓛主编《中国近代学制史料（第一辑上册）》，华东师范大学出版社，1983，第235页。
② 《外国员匠合同规条十四条》，载中国史学会主编，中国科学院近代史研究所史料编辑室、中央档案馆明清档案部编辑组编《中国近代史资料丛刊·洋务运动（五）》，上海人民出版社，1961，第38页。

"谨请察照俯赐照会英国海部选募品学兼优才技出色管轮洋教习一员。"①1885年，福州船政大臣张佩纶在《延订英国教习片》中写明："臣电商曾纪泽，延订英国上等格致教习两员，英国上等管轮教习一员。"②张佩纶所强调的"上等"外籍教习，即指专业技术优异的外籍教习。在办学者的刻意要求下，福州船政学堂所聘英、法籍教习专业技术水平较高，具有扎实的专业基础和丰富的实践经验。

京师大学堂在筹备期间，管学大臣孙家鼐在《议复开办京师大学堂折》中提到外籍教习的聘用要求："大学堂内应延聘中西总教习各二人……外国教习，须深通西学，兼识华文。"③京师大学堂成立伊始，清政府于1898年颁发的《总理衙门奏拟京师大学堂章程》④，以及4年之后，即1902年颁布的《钦定京师大学堂章程》⑤，都缺乏对教习初聘时资格审查的详细规定。尽管政府订立的章程没有具体的规定，但京师大学堂在聘任外籍教习时，还是依循孙家鼐起初定下的规矩，对被聘者的学历和从教资历有所看重，如所聘总教习美国人丁韪良毕业于美国印第安纳州立大学，后任京师同文馆总教习29年；日本教习服部宇之吉毕业于东京帝国大学，曾相继在东京高等师范学校、东京帝国大学任教；岩谷孙藏毕业于东京外国语学校，曾在东京专门学校、东京帝国大学任教；氏家谦曹为日本理学士，曾在日本第二高等学校任教。这些人都是当时学有造诣的知名之士。

中华民国政府成立后，在有关教师资格的审定办法方面颁行了一系列规程，从而在制度层面进一步规范了大学教师的聘任活动。如1913年1月颁行的《教育部私立大学规程》，其中第八条规定：

> 凡具有下列各款资格之一者得充私立大学教员；具有下列各款

---

①黎兆棠：《为请选募洋教习咨呈总理衙门》（光绪八年十月初三日），载高时良、黄仁贤编《中国近代教育史资料汇编·洋务运动时期教育》，上海教育出版社，2007，第333页。
②张佩纶：《延订英国教习片》（节录）（光绪十年十二月二十四日），载高时良、黄仁贤编《中国近代教育史资料汇编·洋务运动时期教育》，上海教育出版社，2007，第325页。
③《管理官书局大臣孙家鼐议复开办京师大学堂折》（光绪二十二年七月），载朱有瓛主编《中国近代学制史料（第一辑下册）》，华东师范大学出版社，1986，第625页。
④《总理衙门奏拟京师大学堂章程》（光绪二十四年五月十五日），载北京大学校史研究室编《北京大学史料第一卷：1898—1911》，北京大学出版社，1993，第81页。
⑤《钦定京师大学堂章程》（光绪二十八年七月十二日），载朱有瓛主编《中国近代学制史料（第二辑上册）》，华东师范大学出版社，1987，第753—769页。

资格之一、且曾充大学教员一年以上者得充校长：（一）在外国大学毕业者；（二）在国立大学或经教育部认可之私立大学毕业、并积有研究者；（三）有精深之著述、经中央学会评定者。如校长、教员一时难得合格者，得延聘相当之人充之，但须呈请教育总长认可。①

该规程虽未直接点明针对外籍教师，但从理论上讲，外籍教师的聘用应该遵从这些规定。一年后，北洋政府颁行了《教育部直辖专门以上学校职员任用暂行规程》（1914年7月6日），其中第十二条涉及对外籍教师的有关规定："外国教员由校长延聘，但须详经教育总长认可后方生效力。"②再后来颁行的《教育部公布国立大学职员任用及薪俸规程》（1917年5月3日），其第一条和第四条均与外籍教师聘任相关。第一条规定"国立大学职员"包括"校长、学长、正教授、本科教授、预科教授、助教、讲师、外国教员、图书馆主任、庶务主任、校医、事务员"；第四条规定"正教授、教授、讲师、外国教员、图书馆主任、庶务主任、校医均由校长聘任之，并呈报教育总长"。③尽管当时的大学校长在聘任教师方面被赋予高度自主权，但有的学校将此项聘任权授予校内相关组织行使。如北京大学规定，凡是新聘或延聘教授，都要经过聘任教师的专业组织——聘任委员会的审查和投票决定。据北京大学评议会十年度第九次会议记录所载，会议通过了聘请外籍化学教师巴台尔议案，并确定每月薪俸不得超过五百元。④

1927年6月23日颁布的《大学教员资格条例》，是全民族抗战爆发前南京国民政府时期出台的较为正式的规范大学教师聘任的中央文件。该条例明确规定了大学教师分为助教、讲师、副教授、教授四个等级，并对各个等级教师的资格进行了相应规定（见表3-1）。从规定的内容可以看出，其时对教

---

①《教育部公布私立大学规程》（1913年1月16日），载潘懋元、刘海峰编《中国近代教育史资料汇编·高等教育》，上海教育出版社，2007，第378页。
②《教育部直辖专门以上学校职员任用暂行规程》（1914年7月6日），载潘懋元、刘海峰编《中国近代教育史资料汇编·高等教育》，上海教育出版社，2007，第784页。
③《教育部公布国立大学职员任用及薪俸规程》（1917年5月3日），载潘懋元、刘海峰编《中国近代教育史资料汇编·高等教育》，上海教育出版社，2007，第784页。
④《北京大学评议会十年度第九次会议记录》（1922年8月1日），载中国蔡元培研究会编《蔡元培全集·第十八卷（续编）》，浙江教育出版社，1998，第410页。

师的聘任，更看重他们的研究能力，突出了科学研究和学术成就在大学中的重要地位。其如第十九条规定："凡于学术有特别研究而无学位者，经大学之评议会议决，可充大学助教或讲师。"① 这一规定，自然有助于不拘一格吸纳到更多研究能力颇高的外籍教师。

表 3-1 1927 年《大学教员资格条例》各等级教师聘任条件表

名称	聘任条件
教授	副教授完满二年以上之教务，而有特别成绩者
副教授	外国大学研究院研究若干年，得有博士学位，而有相当成绩者；讲师满一年以上之教务，而有特别成绩者；于国学上有特殊之贡献者
讲师	国内外大学毕业，得有硕士学位，而有相当成绩者；助教完满一年以上之教务，而有特别成绩者；于国学上有贡献者
助教	国内外大学毕业，得有学士学位，而有相当成绩者；于国学上有研究者

【资料来源】南京国民政府教育部编：《教育法令汇编（第一辑）》，商务印书馆，1936，第145页。

1929 年 6 月 17 日，南京国民政府教育部训令《国立大学教授自十八年度上学期起应以专任为原则》，规定：

> 自十八年度上学期起，凡国立大学教授，不得兼任他校或同校其他学院功课，倘有特别情形，不能不兼任时，每周至多以 6 小时为限，其在各机关服务人员，担任学校功课，每周以 4 小时为限，并不得聘为教授。②

这一规定针对的是所有教师，因此外籍教师也必须遵从。至此，可以看出，对教师的资格审查和最终聘任的权限在大学，一般由各院系长参照学校的聘任规则呈请校长聘请。如在 1935 年 6 月，同济大学颁布的《国立同济大学聘任外籍教授规则》，就规定聘任外籍教授须具有下列资格："一、曾在外国大学任课者（医学院适用）；二、对于某种学术确有研究并曾实际服务有年，

---

① 《大学教员资格条例》，载南京国民政府教育部编《教育法令汇编（第一辑）》，商务印书馆，1936，第146页。
② 《国立大学教授自十八年度上学期起应以专任为原则》，载南京国民政府教育部编《教育法令汇编（第一辑）》，商务印书馆，1936，第146—147页。

具有实地之经验并在德国亦有被聘为教授之资格者。"①

值得注意的是,全民族抗战中期,南京国民政府加强了对教师资格的审查。1940年前后,南京国民政府颁布的《教育部公布大学及独立学院教员资格审查暂行规程》(1940年8月)和《大学及独立学院教员资格审查暂行规程施行细则》(1940年9月公布,1943年11月4日修正公布),明显比既往的《大学教员资格条例》更加详细、更为完善。如前者第二条明确规定:"大学及独立学院教员等别,由教育部审查其资格定之。"②此际对外籍教师的聘用,也转由南京国民政府教育部审核了。

抗战胜利后南京国民政府颁布的《大学法》(1948年1月12日),第十二条规定:"大学教员分教授、副教授、讲师、助教四种,由院长、系主任商请校长聘任之。"③表明此时对大学教师资格的最初审查与最终聘任是由大学系、院与校长三级共同决定。

近代中国对外籍教师的聘用标准经历了一个逐渐完善成熟的过程。最初,对外籍教师的聘用要求不高,导致一些学术水平较低的外籍教师蒙混其中,外籍教师群体教学水平层次不一。后来,聘用标准有所提高,涵盖了学历或学位、资历、教学和科研能力等多方面,确保了中国大学延聘到一批具有较高水平的外籍教师。

二、制定规章制度

近代中国历届教育行政部门及大学对外籍教师都制定有相应的规章制度,规定了外籍教师应尽的义务,以便对其进行规范化管理。

晚清是中国近代大学的初成时期,清政府固守传统文化中的"华夷之辨"观念及"华夏中心意识",沿用"权操诸我"的原则,对来华外籍教师进行严密的约束和限制。

---

① 李乐曾:《德国对华政策中的同济大学(1907—1941)》,同济大学出版社,2007,第274页。
② 《教育部公布大学及独立学院教员资格审查暂行规程》(1940年8月),载中国第二历史档案馆编《中华民国史档案资料汇编·第五辑第二编教育(一)》,江苏古籍出版社,1997,第716页。
③ 《国民政府公布大学法》(1948年1月12日),载中国第二历史档案馆编《中华民国史档案资料汇编·第五辑第三编教育(一)》,江苏古籍出版社,2000,第48页。

1898年，京师大学堂成立伊始，清政府就颁布了《总理衙门奏拟京师大学堂章程》，此为京师大学堂发展历史中颁布的第一个章程。其中第五章"聘用教习例"明确了教师包括"西人教习"，并确定了外籍教师的定额问题，即"设溥通学分教习十人，皆华人。英文分教习十二人，英人华人各六；日本分教习二人，日本人华人各一；俄德法文分教习各一人，或用彼国人，或用华人，随所有而定。专门学十种分教习各一人，皆用欧美洲人"①。随着戊戌变法的失败，这一涉及外籍教师聘任的章程并未得以实施。

1902年，即在清末新政教育变革之初，清政府颁布了《钦定京师大学堂章程》，作为京师大学堂发展历史中的第二个章程。该章程同样涉及外籍教师聘任的相关内容，对外籍教师所授课程、国籍及名额、课堂监管、辞退等均做出了规定。其具体内容表述如下。

第一章"全学纲领"第六节规定："同文馆归并之后，经费无著，变通办法，拟于预备、速成两科中设英、法、俄、德、日本五国语言文字之专科，延聘外国教习讲授。"

第二章"功课"中涉及的内容有：第三节"预备科课程门目表"列出了外国教习所授课程（见表3-2）；第六节"仕学馆课程门目表"中提到，仕学馆所列课程由华人教习及日本教习讲授，唯外国文用各国教习讲授；第十五节对外籍教师授课课时做了规定，"外国教习上堂教授时刻，其至少之数不得减于四小时"。

表3-2 京师大学堂拟定的外籍教师所授课程表

政科		艺科	
科目	教习	科目	教习
算学第五	中外教习兼授	中外史学第二	中外教习兼授
中外史学第六	中外教习兼授	外国文第三	外国教习授
中外舆地第七	中外教习兼授	算学第四	中外教习兼授
外国文第八	外国教习授	物理第五	外国教习授
物理第九	外国教习授	化学第六	外国教习授

---

① 《总理衙门奏拟京师大学堂章程》（光绪二十四年五月十五日），载朱有瓛主编《中国近代学制史料（第一辑下册）》，华东师范大学出版社，1986，第661页。

续表

政科		艺科	
科目	教习	科目	教习
名学第十	外国教习授	动植物学第七	外国教习授
法学第十一	外国教习授	地质及矿产学第八	外国教习授
理财学第十二	外国教习授	图画第九	外国教习授
体操第十三	中外教习兼授	体操第十	中外教习兼授

【资料来源】《钦定京师大学堂章程》（光绪二十八年七月十二日），载朱有瓛主编《中国近代学制史料（第二辑上册）》，华东师范大学出版社，1987，第755—756页。

第六章"聘用教习"的九节内容中，有七节涉及外籍教师的管理问题：第一节明令由总教习和副总教习稽查外籍教师的授课情况；第二节规定了外籍教师的国籍、名额，即"西学教习拟暂聘欧美人六员或四员，教授预备科学生；日本人四五员，教授速成科学生；按照所定功课章程办理"；第三节是针对同文馆归并京师大学堂办理后所聘教师的规定，"仍照向例用英、法、俄、德、日本五国文教授，聘用外国教习五员；又医学实业馆聘用外国教习一员"；第四节同样是对外籍教师的监管，为"设西学功课监督一员，如外国教习有不按照此次所定功课教授者，监督得随时查察，责成外国教习照章办理"；第五节为"各外国教习之外，仍须用中人通西学并各国语言文字者为副教习，其员数俟开办时酌定"；第七节是将外籍教师的辞退权规定在管学大臣手中，即"各教习如有教课不勤，及任意紊乱课程上之规约等事，无论中外教习、年满与否，管学大臣均有辞退之权。延聘外国教习时，应将此条注明合同之上"；第八条明确外籍教师不能在课堂上传教，即"学问之与宗教本不相蒙，西教习不得在学堂中传习教规"。①

对于第八条内容，即禁止外籍教师传播宗教教义可以说这是中国学校自京师同文馆聘用外籍教师始，就规定的一个重要考核标准。对此，清政府在1904年颁布的《奏定学堂章程·学务纲要》中进一步明确规定：

外国教员不得讲宗教。此时开办学堂，教员乏人。初办之师范

---

① 《钦定京师大学堂章程》（光绪二十八年七月十二日），载朱有瓛主编《中国近代学制史料（第二辑上册）》，华东师范大学出版社，1987，第767—768页。

学堂及普通中学堂以上,势不能不聘用西师。如所聘西师系教士出身,须于合同内订明:凡讲授科学,不得借词宣讲涉及宗教之语,违者应即辞退。①

清政府不仅从制度层面对外国教习传教活动予以约束,在行动上也是如此。一般的做法是派遣中国教习督察外国教师的教学活动。如京师同文馆为提防传教士司默灵借教学之机传播基督教,奕䜣专门"谕知该馆提调成林、夏家镐等,随时督同该教习等稽查防范,如涉有传教等弊形迹,即行据实禀明,以便办理"②。广州同文馆创设初期,清廷即发布上谕:"不准西人借端影射,将天主教暗中传习。该抚(李鸿章——引者注)仍当随时稽察,毋令滋弊。"③

中华民国时期,在晚清规定的基础上,政府对外籍教师的规定条款相应减少。如在《教育部直辖专门以上学校职员薪俸暂行规程》(1914年7月6日)中,涉及外籍教师的内容只有第十九条,即"凡外国教员之薪俸及授课时间,别以契约定之"④。当然,值得注意的是,这里所言的"契约定之",实际是要求各有关学校或机构在聘任外国人时,做出更为明确具体的规定。有的学校就制定有专门针对外籍教师的文件。如同济大学于1935年6月颁行过《国立同济大学聘任外籍教授规则》,对外籍教授的任职资格、待遇、教学任务、离任、休假等做了详细规定。另外,有些学校是以聘约合同的形式对外籍教师的相关事宜做出规定的,如《云南大学外籍教授聘约》(1936年)。

及至全民族抗战时期,即在1937—1945年间,南京国民政府又加强了对外籍教师的管理,尤其是对德籍教师。1941年12月15日,同济大学为留聘德籍教师史国博,其时代理校长周均时特向南京国民政府教育部发函:

顷据本校医学院德籍教授史国博函称:

值兹中国已向德国宣战之后,敢祈钧座鼎力援助务使鄙人虽在

---

① 《奏定学堂章程·学务纲要》(光绪二十九年十一月二十六日),载朱有瓛主编《中国近代学制史料(第二辑上册)》,华东师范大学出版社,1987,第89页。
② 《总理各国事务奕䜣等奏》(同治二年三月十九日),载朱有瓛主编《中国近代学制史料(第一辑上册)》,华东师范大学出版社,1983,第10页。
③ 《上谕》(同治二年二月初十日),载朱有瓛主编《中国近代学制史料(第一辑上册)》,华东师范大学出版社,1983,第256—257页。
④ 《教育部直辖专门以上学校职员薪俸暂行规程》(1914年7月6日),载潘懋元、刘海峰编《中国近代教育史资料汇编·高等教育》,上海教育出版社,2007,第799页。

此政治关系变更后，仍能如前留校服务，实为感祷，至鄙人请求之理由，有如下述：（一）鄙人年逾五十六岁，已过服务兵役年限。（二）鄙人自民国十三年（一九二四）以来，继续担任本校生理学教授，已十八载于兹。（三）鄙人从未参加任何政治活动。（四）当民国二十七年（一九三八）所有其他德籍教授离开同济时，虽德方曾向鄙人保证返国后，可得一稳固职位及更高薪俸，鄙人仍单独留校不去，本年夏中德国交断绝时，德大使馆又曾劝告鄙人离校返国，鄙人亦不为所动，鄙人所持理由有下列数点：（一）际兹同济正处于特别困难，急切需要旧有师资之时，鄙人决不忍毅然离去。（二）鄙人力图维持同济与德国之连络。（三）鄙人向来极端反对希特勒之纳粹政府，（引者加）故返国后，虽万分谨慎，亦多有不便处。当民国二十七年（一九三八）时，鄙人即深信中德间战争状态终不可避免之事，是时只有少数华人与鄙见相同，然而鄙人仍留此不去者，实希望以鄙人在华服务多年与乎对华深表同情之故，即在战事期间仍能在此继续工作，而且将来战事结束，希特勒政府在德被倾覆后，鄙人能参加恢复中德邦交工作也。

等情：据此，查该教授在本校服务已十八年，成绩优异，其政治思想尤向来反对希特勒之狂妄行为，所陈各节，均属实情，理合具文转请。

鉴核示遵！谨呈

教育部部长陈

国立同济大学代理校长周均时
中华民国三十年十二月十五日①

后史国博获准，随同济大学内迁至四川李庄。

抗战结束后，南京国民政府教育部发布《国内教育机关聘用外籍人员教部规定办法六项》（1946年），表明外籍教师聘用权又掌控在政府手中。其

---

① 《为据本校德籍教授史国博请求继续留校服务呈恳》，载中国第二历史档案馆馆藏《同济大学聘任外籍教授的有关文书》，全宗号五，案卷号2582。

内容主要有：

　　（一）……教部负指导介绍之责。（二）各校及教部所属学术团体机关，聘用外籍教师或工作研究人员，应先开具需要科目、薪金数额及食宿情形（大学及学术团体，应注明有关科目、设备情形，及研究与教学时数之分配比例），及聘用期限等，呈由教部转交外交机关办理。（三）外籍教师或工作研究人员到达目的地后，原聘用机关学校，应将其履历、待遇、任务、期限、现在职位（应比照原在国外职位不宜过高）等，呈由教部转呈行政院军事委员会备查。（四）教部为自愿来华执教之外籍教师，得酌为介绍服务学校或机关。（五）在华外籍教师或工作研究人员，得享受中国同等级教师或工作研究人员之一切权利……①

但时隔一年，南京国民政府教育部颁行的《国立学校暨学术机关聘用外籍人员规程》（1947年2月14日）对外籍教师的聘用权便有所变动。其第三条规定："聘用外籍人员，由学校或机关自行洽聘，呈报教育部备查。"② 后又提及，聘用讲座、教授及研究员、教员及研究人员这三类外籍人员，"须由部补助经费者，应先呈部核定后再行洽聘"③。这份文件对外籍教师聘用的期限、待遇、旅费和休假费，都做了具体规定。

三、采用合同管理

近代中国历届政府对于外籍教师，都采用合同制方式进行管理。这套行之有效的管理方式一直持续至今。

洋务运动初期，清政府所聘外籍人员，因到华后不服管理，导致纠纷不断。于是，李鸿章、左宗棠等总结经验、教训，通过与外籍人员订立合同的

---

① 《国内教育机关聘用外籍人员教部规定办法六项》，《报报》第1卷（1946年）第13期，第44—45页。
② 宋恩荣、章咸选编：《中华民国教育法规选编（修订本）》，江苏教育出版社，2005，第196页。
③ 宋恩荣、章咸选编：《中华民国教育法规选编（修订本）》，江苏教育出版社，2005，第196页。

方式，明确他们在华任教的权限。如1866年12月，左宗棠提出"洋人共事，必立合同"①。我们可以从黎兆棠所呈奏折《为请选募洋教习咨呈总理衙门》（1882年11月13日）中，找到当时福州船政局聘用外籍教习的完整合同条款。其具体内容为：

一、某人系募在福州船政为管轮学堂教习。该教习应尽心教导在堂生徒，并各管车，无论在船在岸，均应教以管轮理法，兼教手艺。以外凡属管轮本分应晓之事，亦无论在船在岸，衙门或派其兼办，某人即应遵照，工竣请加月薪。

二、某人系于光绪某年某月某日到工，截至某年某月某日止，以几年为限。限内倘逢难料之事，须行停工，致中国大宪应撤其回国，则给予四个月贴薪并回费。若系某人教导不力，或办理不善，或擅打中国生徒人等被撤者，则只给回费，不给两月贴薪。

三、某人在工立限几年，限内应尽心认真教导各生徒，凡事宜勤慎守分，除应授课程并衙门谕办各事外，不得干预别项事宜，及不行告明于船政之外，暗揽他事。

四、某人应受船政大臣节制，并应听稽查学堂委员之谕，以外不准私自越躐干谒中国官长。

五、某人薪银，月给洋平二百两，自抵工之日起，按西历月分支领。其由外国起行之日，即另发一个月薪银，贴为安家行装之用。

六、船政衙门应给予某人住屋，有病时给予医生，在办公所公费项下动支。

七、某人由英至闽，来费归由船政发给，其回费应由办公所照数报领转给。以后如无办公所，衙门照洋平番银三百七十八两给领。

八、如几年限内，某人或因病卸回，或因为本国召回，船政只给回费。倘系自己有事回国，须先四个月禀明衙门，以便募人接代。

九、几年限满，如衙门不留某人，则给予贴薪二个月并回费。若再留教导，其贴薪回费，应俟遣散之日支领。

---

① 左宗棠：《详议创设船政章程折》（同治五年十一月初五日），载高时良编《中国近代教育史资料汇编·洋务运动时期教育》，上海教育出版社，1992，第287页。

十、某人既到福州，船政衙门另与换立合约，发交该教习收执为凭。某人既得新立合约，旧合约即为废纸。

光绪某年某月日。立合约船政衙，画押；管船教习某人，画押。①

清末实行新政后，外籍教师人数逐渐增多。为便于管理，清政府学部于1908年8月颁布了《学部酌定聘用外国教员合同式样》，要求在全国各省通用，全国学堂拥有了一个统一、规范的聘用合同。从此，中国政府和学校通过合同方式明确外籍教师的工作任务。而各校为使聘请外籍教师的工作有章可循，也纷纷制定了各自的合同版本。如《三江师范学堂拟聘日本教习约章》（1903年2月26日）②等。中华民国时期，一些大学根据自己的实际情况，也编订了聘用合同，如《云南大学外籍教授聘约》（1936年省立云南大学时期③、1946年国立云南大学时期④）、《陕西大学堂聘请外籍教员合同》⑤等。

自晚清至民国，由政府和各校所制定的聘用外籍教师的合同条款多少不一。有的多达十余条，如《学部酌定聘用外国教员合同式样》为十九条；有的仅寥寥数条，如云南大学于1946年颁布的外籍教授聘约仅为七条。但各校对外籍教师在聘期、任务、教学要求、薪资、福利、违约、续约等方面，均有明确规定。下面仅以以上诸校所立合同为例予以剖释。

(一) 对聘期的规定

多数学校将每次聘期定为三年，如三江师范学堂、云南大学、北洋大学堂、同济大学等。也有以四年为限的，如南洋公学⑥。而清华大学、陕西大学堂等校对外籍教师的聘用合同，是每年订立一次，双方同意后可以续聘。

---

①黎兆棠：《为请选募洋教习咨呈总理衙门》（光绪八年十月初三日），载高时良、黄仁贤编《中国近代教育史资料汇编·洋务运动时期教育》，上海教育出版社，2007，第332—334页。
②《三江师范学堂拟聘日本教习约章》（1903年2月26日），载《南大百年实录》编辑组编《南大百年实录·上卷：中央大学史料选》，南京大学出版社，2002，第11—13页。
③云南大学、云南省档案馆编：《云南大学史料丛书·教职员卷（1922—1949）》，云南民族出版社，2008，第245页。
④云南大学、云南省档案馆编：《云南大学史料丛书·教职员卷（1922—1949）》，云南民族出版社，2008，第262页。
⑤李永森、姚远主编：《西北大学史稿 上卷（1902—1949）》，西北大学出版社，2002，第32页。
⑥《交通大学校史》撰写组编：《聘福开森为南洋公学监院》（合同），《交通大学校史资料选编（第一卷 1896—1927）》，西安交通大学出版社，1986，第3页。

（二）对所授科目的规定

有些学校对外籍教师教授的科目有明确规定，如三江师范学堂在1903年对外籍教师所授科目和名额做出的具体安排为：总教习1员，伦理及教育科1员，物理及化学科1员，农学科1员，理财兼商业科1员，博物科1员，工业科1员，医科1员，日语科兼翻译2员，图画科1员，共计11名。云南大学在1936年和1946年都规定，外籍教师所担任学科以英文科为主。

（三）对教学职责的规定

外籍教师在任期间，除要完成指定的教学科目外，还需要完成其他工作。如云南大学（1936年）就要求"教员除讲授外，有兼负法令规定及学校委托事项之责任"①。而三江师范学堂则更为具体，对每科外籍教师的具体职责做了更为明确的要求：

> 医科教习兼充堂内各员有病诊察之事，以及卫生一切事宜；农业科教习遇有督宪谕饬及学堂嘱托，兼任考查农业事宜；各教习均可兼教日语，惟日语专科教习须兼充翻译各科授业之事。②

如此，更有利于对外籍教师的管理。

（四）对课堂教学管理细则的规定

为便于对外籍教师课堂教学进行管理，一些聘用合同中还明确了相关规定。如《学部酌定聘用外国教员合同式样》第一~五、七、十七、十八条，均是针对外籍教师教学行为制定的约束条款，如外籍教师应受监督节制，凡授课事宜，随时与教务（提调长）协商办理；对所授功课开学时应预编授课表，期末应编写报告书；指导学生须尽心，不厌烦琐；凡学堂规章，外籍教师应一律遵守；外籍教师专任教授课程，凡学堂内外一切他事不得干预等。

有些学校在这方面制定有非常详细的条文。如云南大学在于1936年颁行的聘约中，就做了如下规定：

> 教员授课，务宜确实认真，注意左列事项：1.所授学科，每周

---

①云南大学、云南省档案馆编：《云南大学史料丛书·教职员卷（1922—1949）》，云南民族出版社，2008，第245页。

②《三江师范学堂拟聘日本教习约章》（1903年2月26日），载《南大百年实录》编辑组编《南大百年实录·上卷：中央大学史料选》，南京大学出版社，2002，第12页。

以15小时至20小时为限，须于上课前充分准备；试验学科，并须将试验工具先行布置完备。2. 按时上堂下堂。3. 详晰讲授，遇学生质疑时，须尽量解答。4. 按照学校定制，奉行各种试验，并评定成绩。5. 注意课室秩序，纠正学生不规则之行动。①

不过在1946年的聘约中，这些都被删除了。

（五）关于请假制度的规定

早在晚清时期，对外籍教师的请假行为就有非常详尽的规定。在清政府订下的《学部酌定聘用外国教员合同式样》中，第十三条即规定：

> 该教员如因疾病不能教课尽合同内所载之职务过十五日以上者，须自请人代理。其代理之人是否胜任，由本堂监督及教务（提调长）考查允准。其代理人之薪水，由该教员自与订给。如该教员不能自请代理，则从第十六日起扣除薪水二分之一以为本学堂代为延聘之费。若过三个月该教员仍不能教课，即将此合同作废。②

这一请假规定不仅指出了请假程序，更突出了请假与薪酬的关联度。

相比较而言，北洋大学堂的有关规定则体现在程序方面，仅要求"外国教员请假，由教务处以英文书面通知有课各班，或以校长名义用中文牌示"③。

中华民国时期，一些学校对外籍教师的请假也有非常详细的规定，这里仍以云南大学为例。在该校1936年制定的聘约中，有三条与此有关。如其第七条规定："教员因不得已事故必须请假者，每一个月不能超过所任教学时数百分之十。其请假时间内缺授之课程，须于课内或课外补足之。"第八条规定："教员请假时间，如超过前条时数，须自行请人代理。所请代理人应先行征得学校同意。代理人之酬劳，并由请假教员自理。"第九条规定："教员请假，如不能请获适当代理人时，得商请学校直接请人代理，薪津仍由请假教员担负。如学校亦不能聘相当代理人，得将该科课程暂时停授，改授其

---

① 云南大学、云南省档案馆编：《云南大学史料丛书·教职员卷（1922—1949）》，云南民族出版社，2008，第245页。
② 《学部酌定聘用外国教员合同式样》，载潘懋元、刘海峰编《中国近代教育史资料汇编·高等教育》，上海教育出版社，2007，第351页。
③ 谢世基：《1919—1925年北洋大学的鳞鳞爪爪》，载全国政协文史资料委员会编《文史资料存稿选编·教育》，中国文史出版社，2002，第112页。

他学科。聘书即归无效。"①虽烦琐,但为日后管理减少纠纷提供了便利。

(六)对薪资支付的规定

薪资和待遇是聘约的重要内容。有的聘约对此规定非常详尽。如三江师范学堂在合同中将每科外籍教师的薪水额数列出如下:

> 总教习鹰银400元,伦理及教育科教习鹰银300元,物理及化学科教习鹰银300元,农业科教习鹰银300元,理财兼商业科教习鹰银300元,博物科教习鹰银250元,工业科教习鹰银250元,医科教习鹰银300元,日语科教习2员,每员鹰银250元,图画科教习鹰银200元。以上各教习薪水,每逢西历初一日,由学堂照数发给,从受聘之月起算。②

同时三江师范学堂还对外籍教师其他待遇做了规定。如"受聘各教习住房及房内所需床铺、桌椅等器具,由学堂预备,与教习应得礼遇相符"。"受聘各教习来华川资,由学堂给每员洋银300元。期满回国川资,仍由学堂给洋银300元,并给两个月薪水,以为酬劳"。③

北洋大学堂的聘约则规定:"聘请外国教员,不论其资历、年龄如何,都是每月薪金三百两,折发银币四百四十一元,订立三年合同;期满续订合同,也以三年为期,加薪五十两。"④清华大学有关教员任用规则中规定:"有欧美著名大学博士学位,另加年薪400元。"⑤有的学校则仅提到外籍教师享受的待遇,而未明确薪资是多少。如陕西大学堂的聘约仅规定"薪金按西历逐月发给,含饮食、衣服、医药、仆役在内","由学堂负担来华和回国旅费"。⑥

值得一提的是,云南大学在1936年和1946年的聘约中,对外籍教师的

---

①云南大学、云南省档案馆编:《云南大学史料丛书·教职员卷(1922—1949)》,云南民族出版社,2008,第245页。
②《三江师范学堂拟聘日本教习约章》(1903年2月26日),载《南大百年实录》编辑组编《南大百年实录·上卷:中央大学史料选》,南京大学出版社,2002,第11—12页。
③《三江师范学堂拟聘日本教习约章》(1903年2月26日),载《南大百年实录》编辑组编《南大百年实录·上卷:中央大学史料选》,南京大学出版社,2002,第12页。
④谢世基:《1919—1925年北洋大学的鳞鳞爪爪》,载全国政协文史资料委员会编《文史资料存稿选编·教育》,中国文史出版社,2002,第112页。
⑤苏云峰:《从清华学堂到清华大学 1911—1929:近代中国高等教育研究》,生活·读书·新知三联书店,2001,第152页。
⑥李永森、姚远主编:《西北大学史稿 上卷(1902—1949)》,西北大学出版社,2002,第32页。

薪酬表述竟然一模一样，都是"专任待遇每月国币二百元，每年以十二个月计算，每学期以六个月计算，按月致送，其他膳宿等项，照本校惯例办理"①。两份聘约相隔10年，外籍教师的待遇居然没有丝毫变化。

（七）对辞退的规定

在辞退外籍教师方面，无论是政府还是学校都显得非常谨慎，在聘约中做了详细规定。在《学部酌定聘用外国教员合同式样》中，晚清学部用了四个条款予以规定。如第十二条为"该教员如有不遵合同暨违背章程、条规等事，或才力不及，行检不饬，监督得即行辞退"。第十四条为"该教员如无过失，若于合同限内或将该教员辞退，则除应支回国川资外，另给三个月薪水"。第十五条为"该教员如实系患病自请告退，经监督允准，照第九条支给川资。其因别项事故告退或因不遵守合同暨违背章程、条规辞退者，则不支川资"。第十六条为"该教员如有因公受伤致成残废或病故等事，可酌看情形加给二个月以上、四个月以下薪水以示体恤"。②

在三江师范学堂的聘约合同中，第八款和第十款都对此做了规定："以西历36月为限，限内无故，彼此不得辞退。惟受聘各教习，或有教课不勤，或任意紊乱功课章程各情事，无论年满与否，由学堂总办禀明督宪，有辞退之权，只照第五款川资银数照给外，不给酬劳之资。""所聘各教习如合同限内患病，据洋医验明，辞退回国，除照给路费银300元外，应照月薪加给两月薪水。或在学堂患病，遇有不测，除照给路费300元外，应照月薪加给4月薪水，以示体恤。"③

陕西大学堂聘约合同也规定："合同期内违约者辞退，只给定额川资，续聘提前在合同期满一个月前商定……病假一个月照付薪水，超期由本人负担，超3个月即解聘，如病故，除发旅费外，发给3个月薪水的抚恤金。"④

---

① 云南大学、云南省档案馆编：《云南大学史料丛书·教职员卷（1922—1949）》，云南民族出版社，2008，第245、262页。
② 《学部酌定聘用外国教员合同式样》，载潘懋元、刘海峰编《中国近代教育史资料汇编·高等教育》，上海教育出版社，2007，第351页。
③ 《三江师范学堂拟聘日本教习约章》（1903年2月26日），载《南大百年实录》编辑组编《南大百年实录·上卷：中央大学史料选》，南京大学出版社，2002，第12页。
④ 李永森、姚远主编：《西北大学史稿 上卷（1902—1949）》，西北大学出版社，2002，第32页。

外国人有以合同为本的理念，合同式管理易于被外籍教师接受。合同规定了外籍教师享有的权利，也规定了他们应尽的义务，是解决纠纷的重要依据。中国作为雇方，可以利用外交手段保证外籍教师不得有越职擅权的行为。在现实中，大学也是根据合同来管理外籍教师的。据北洋大学毕业生魏寿昆回忆，北洋大学对教师要求严格。当时在课堂上教师在讲课之前先要点名，点名单放在学监处（即现在的教务处），在上课之前要每位教师亲自去取。学监王龙光（王紫虹）经常对教师进行检查，在上课几分钟之前站在学监处门外，向去取点名单的教师们问声"早安"。有一次，一位美籍教授在上课铃响之后才来取点名单。当时王龙光毫不客气拿着怀表对着这位迟到的教授说："教授先生，你迟到3分钟！"那位教授面红耳赤连忙道歉。从此，再也没有教师敢迟到了。①

由上可见，历届政府和各个学校通过章程和合同双管齐下的方式，逐渐建立起较为严格的聘任管理制度，对外籍教师进行有效的管理，提高了聘任教师的质量。当然，如此操作或举措，反过来也便于外籍教师能够顺利地开展教学工作。

第二节 奖励

外籍教师来华任教的动机各异，授业水平亦良莠不齐。按照胡适所言："有些人是不必来的，有些人是不配来的。""有不能在本国吃饭而来中国教书的；有来养病的；有来休息的；有来玩的；有来混饭吃的；有来收买古董的。"②不过，就历史实际而言，多数外籍教师还是兢兢业业、勤勤恳恳的，能够忠实履行教职。为了激励外籍教师在华努力工作，近代中国政府先后设立了一系列奖项，表彰他们对中国高等教育做出的贡献，并由此逐渐形成了一套奖

---

① 左森、胡如光编：《回忆北洋大学》，天津大学出版社，1989，第27页。
② 胡适：《胡适全集》第3卷，安徽教育出版社，2003，第831页。

赏制度。

一、晚清政府有关外籍教师奖励的规定

早在晚清时期，为了激励外籍教师为推动中国新式教育的进步而认真教学、真心育才，就通过三种方式来肯定并彰显那些优秀外籍教师的工作业绩。

其一是赏宝星。"宝星"者，即今人所称的勋章，用于教育领域时，主要奖励一些教学成绩突出的外籍教师。

兴办洋务学堂时期，恭亲王奕䜣曾于1870年奏请朝廷，赐予京师同文馆法国教习司默灵三等金宝星。1874年，由沈葆桢奏报，福州船政学堂正监督日意格、副监督德克碑均获一等宝星，驾驶教习邓罗、格致教习赖格罗、数学教习迈达获二等宝星；另外加赏日意格一等男爵。① 1891年，清政府又赏给天津电报学堂教习丹麦人璞尔生三等第一宝星。② 在清末新政教育变革时期，1908年4月25日，京师大学堂根据其时外籍教习的工作表现，上奏清廷，为京师大学堂服部宇之吉和严谷孙藏请赏二等第二宝星，为杉荣三郎请赏三等第一宝星。奏折上称他们"授课勤劬，成材甚众"③。1909年8月3日，学部再次上奏清廷，为京师大学堂法文教员贾士霭，英文教员聂克逊，动物生物等学科教员、日本理科学士桑野久，植物矿物等学科教员、日本理科学士矢部吉祯等人请赏"宝星"，以示鼓励。④ 1910年，据山西巡抚丁宝铨上奏《奏大学堂西学专斋合同届满，请奖教员折（并单）》称：赏给英籍教习毕善功（Louis Rhys Oxley Beren）二等第三宝星，赏给瑞典籍教习新常富、英籍教习卫乃雅三等第一宝星。⑤

---

① 《总署奏议复奖励日意格德克碑事》（同治十二年十一月十八日），载刘传标编纂《近代中国船政大事编年与资料选编（第十四册）》，九州出版社，2011，第5488—5592页。
② 《电报洋教习请奖片》（光绪十七年七月二十二日），载顾廷龙、戴逸主编《李鸿章全集·14（奏议十四）》，安徽教育出版社，2008，第137页。
③ 《京师大学堂日本教员五年期满请赏给宝星折》，载朱有瓛主编《中国近代学制史料（第二辑上册）》，华东师范大学出版社，1987，第916页。
④ 《学部奏请赏给京师大学堂东西洋教员宝星折》，载朱有瓛主编《中国近代学制史料（第二辑上册）》，华东师范大学出版社，1987，第917页。
⑤ 山西巡抚丁宝铨：《奏大学堂西学专斋合同届满，请奖教员折（并单）》（宣统二年三月二十四日），载潘懋元、刘海峰编《中国近代教育史资料汇编·高等教育》，上海教育出版社，2007，第76页。

其二是赏出身。如山西大学堂译书院英国教习窦乐安、京师大学堂日本教习服部宇之吉等人，都曾分别被清学部赏给译科进士和文科进士。如学部在《奏请赏给服部宇之吉文科进士片》中称，服部宇之吉"教授之功最著"，但以前已经得了二等第二宝星，"实属无可再加"①。

其三是赏品级虚衔。早在洋务学堂时期，总理各国事务衙门就于1885年授予丁韪良、毕利干、华必乐等3名外籍教习三品到四品衔。1893年，总理各国事务衙门又奏请赏给京师同文馆的天文教习骆三畏四品衔、格致教习欧礼斐四品衔和俄文教习柯乐德五品衔。②1898年，清政府更奖励京师大学堂总教习丁韪良二品顶戴。比较而言，1910年获赏头品顶戴并三代正一品封典的山西大学堂美国人李提摩太，恐怕是晚清时期来华从教授业的人物中"品级"最高者。与其同时获赏者，还有英国人苏慧廉受赏二品顶戴并三代二品封典，毕善功受赏二等第三宝星并二品封典。③

二、北洋政府有关外籍教师奖励的规定

北洋政府成立后，结合前代勋赏制度和国外赏功制度，逐步建立了一套自己的赏功制度。1912—1916年，北洋政府颁布一系列法案，如《勋章令》和《颁给勋章条例》（1912年7月29日）、《修正勋章令》和《修正颁给勋章条例》（1916年10月7日），逐步设立了勋位章、白鹰勋章、文虎勋章、嘉禾勋章、宝光嘉禾勋章等主要的勋章。依据1912年颁布的《勋章令》和《颁给勋章条例》规定，普通勋章分为大勋章和九等嘉禾勋章共10种，其中一至九等嘉禾勋章授给有勋劳于国家的人士，或有功绩于学问及事业的人物。

外籍教师也享有此等殊荣。如1914年7月23日，北洋政府授予北京大学外籍教员芬来孙、毕善功、巴和、巴特尔、米娄、龙讷根等人四等嘉禾勋章，

---

① 《学部奏请赏给服部宇之吉文科进士片》（宣统元年六月），载王学珍、张万仓编《北京高等教育文献资料选编（1861—1948）》，首都师范大学出版社，2004，第257页。
② 《总理各国事务衙门奏》（光绪十九年），载朱有瓛主编《中国近代学制史料（第一辑上册）》，华东师范大学出版社，1983，第37页。
③ 山西巡抚丁宝铨：《奏大学堂西学专斋合同届满，请奖教员折（并单）》（宣统二年三月二十四日），载潘懋元、刘海峰编《中国近代教育史资料汇编·高等教育》，上海教育出版社，2007，第76页。

给予克特来（Cartwright）、纽伦（Alfred Edgar）、白来士等人五等嘉禾勋章。①同年，授予交通部上海工业专门学校（上海交通大学前身）美国教员谢尔屯五等嘉禾勋章。②1919年3月，谢尔屯又获四等嘉禾勋章。③1921年，北洋大学总教习美国人丁家立获二等嘉禾勋章。④

除此之外，北洋政府还以授匾额的方式表彰对教育有贡献的外籍人士。1924年，段祺瑞政府授予文华书院韦棣华女士"导扬文化"的匾额，表彰其对中国图书馆事业发展的贡献及对现代图书馆学人才的培养。

三、南京国民政府有关外籍教师奖励的规定

南京国民政府上台后，废除了北洋政府时期的赏功制度，代之以新的赏功制度。南京国民政府对成绩卓越的外籍教师的奖励，更是形式多样，常见的奖励方式有授予勋章，颁发奖状、匾额和奖金等。

（一）授予勋章

南京国民政府授予外籍教师的勋章有采玉勋章、景星勋章和胜利勋章等几种。1935年2月22日公布的《颁给勋章条例施行细则》（民国24年12月11日修正第二十条条文），其中第二章第五条规定：

> 友邦人民有下列勋劳之一者得依照本条例第五条之规定颁给采玉勋章：一、抑制强暴伸张正义有利我国国权者。二、宣扬我国文化增进我国国际地位者。三、周旋坛坫使我国外交获得胜利者。四、促成政府予我国以物质上或精神上之援助者。五、贡献各种伟大计划有裨于我国建设事业者。六、创办教育或慈善事业有功于我国家

---

① 《教员获奖情况·教育部饬·第六号》，载王学珍、郭建荣主编《北京大学史料　第二卷：1912—1937（上）》，北京大学出版社，2000，第458页。
② 《电气期颐》编纂委员会编：《电气期颐——上海交通大学电气工程系纪事（1908—2007）》，上海交通大学出版社，2008，第5页。
③ 《电气期颐》编纂委员会编：《电气期颐——上海交通大学电气工程系纪事（1908—2007）》，上海交通大学出版社，2008，第8页。
④ 北洋大学—天津大学校史编辑室编：《北洋大学—天津大学校史（第一卷）》，天津大学出版社，1990，第21页。

社会者。①

于教育尤其学校教育而言，显然其中的第六条最适合在华做出较为突出贡献的外籍教师。

华西协合大学创办人毕启，就曾获红蓝镶绶四等采玉勋章。在毕启即将退休回国之际，当时四川省教育厅厅长郭有守提请南京国民政府明令褒奖。在提出褒奖毕启的呈文中，华西协合大学历数其贡献，特别提及毕启为创办学校，募集到校产建筑值国币500万元，成绩卓著。1940年2月26日，南京国民政府行政院颁令授予毕启采玉勋章，蒋介石为其题词"乐育英才"②；学校还专为毕启出版纪念特刊，述其生平，感其功德，又建半身铜像以资纪念。③

金陵大学贝德士、史迈士、林查理3位外籍教授，曾获得南京国民政府颁发的景星勋章。抗日战争全面爆发后，南京沦陷期间，这几位外籍人士为中国的抗日事业，尤其为了救护南京苦难民众，冒着生命危险做出了值得中华民族永远纪念和感恩的壮举：

……发起组织国际救济委员会，联合留京中西籍教职员及友邦热心人士，从事救济难民工作，将本大学校舍、宿舍、住宅、农场悉供难民栖止，并设立粥厂及补习学校，以资教养。当时首都难民获免敌军侮辱屠戮，得以全活者至众。④

为表彰他们所做的卓绝工作，南京国民政府于1938年6月30日嘉其茂绩，各授襟绶景星勋章。

南京国民政府还设有胜利勋章，用于表彰那些对中国抗日战争胜利卓有勋劳者。胜利勋章不分等级，由南京国民政府主席特授之。对于在抗战中有贡献的外国人士也予以颁发。如华西协合大学有38位教员荣获胜利勋章，其中外籍教师有启真道、林则、胡正德、苏继贤、刘延龄、韩培林、胡祖遗、李哲士、戴谦和、罗成锦（H. D. Robertson）等。⑤

---

① 《颁给勋章条例施行细则》（民国24年12月11日修正），载彭勃、徐颂陶主编《中华人事行政法律大典》，中国人事出版社，1995，第1380—1381页。
② 李晓舫：《毕启先生》，《科学》1940年第廿四卷第五期，第399页。
③ 张丽萍：《中西合冶：华西协合大学》，巴蜀书社，2013，第400页。
④ 章开沅：《从耶鲁到东京：为南京大屠杀取证》，广东人民出版社，2003，第16—17页。
⑤ 张丽萍：《中西合冶：华西协合大学》，巴蜀书社，2013，第398页。

（二）颁发奖状

对长期在华服务的外籍教师，南京国民政府也用颁发奖状的形式以资鼓励。1941年，南京国民政府教育部核发"专科以上学校久任教员服务奖状"，分别以一、二、三等奖的次第，颁给在同一学校连续服务20、15、10年以上者。此次获奖者共计251人，其中外籍教师108人，占43.03%。仅华西协合大学一校就有外籍教师18人获此殊荣：戴谦和、林则、罗成锦、沈克莹（M. L. Simkin）连续服务满20年，授一等服务奖状；杨济灵、戴谦和夫人、启真道、李哲士、吉士道连续服务满15年以上，授予二等服务奖状；刘延龄、高子厚、韩培林、丁克生、德乐尔、米玉士、费尔朴、胡祖遗、韦林（又作廉）士连续服务满10年以上，授予三等服务奖状。① 金陵女子文理学院也有7位外籍教师获得奖状：德本康夫人、蔡路得、黎富思、华群连续服务满20年，获授一等服务奖状；师以法（Eva D. Spicer）、惠迪曼连续服务满15年以上，获授二等服务奖状；苏爱兰连续服务满10年以上，获授三等服务奖状。②

（三）奖赏匾额

金陵大学首任校长包文，曾于1945年4月14日获得南京国民政府所题"教泽长留"四字匾额，奖励他为中国教育做出的杰出贡献。其褒奖词为：

> 兴学育才，古今所重，敦风厉俗，中外同钦。金陵大学前校长包文博士，籍隶美邦，名高中土，历程万里，来输海国之文明，树人百年，更助东南之教育。行踪虽返，遗泽长存，追缅芳型，难忘微绩，爰颁纶绰，用示褒崇。③

同样还是金陵大学，校长陈裕光曾于1945年11月29日呈请南京国民政府教育部转呈南京国民政府，依照南京国民政府颁布的《褒扬条例》第一条规定，奖赏福开森匾额，对其为中国的教育事业所做出的贡献予以褒扬。

（四）给予一定的奖金

南京国民政府时期还给予在华对学校教育做出突出贡献的外籍教师一定

---

① 张丽萍：《中西合冶：华西协合大学》，巴蜀书社，2013，第399页。
② 张连红主编：《金陵女子大学校史》，江苏人民出版社，2005，第348页。
③ 《国府给包文前校长颁赐匾额、褒辞》，载《南大百年实录》编辑组编《南大百年实录·中卷：金陵大学史料选》，南京大学出版社，2002，第86页。

的物质奖励，通过发放奖金的形式对这些人士的努力工作加以肯定。1937—1945年间，战时的国家经济虽然困顿，但为了鼓励教员能够久任，特拨专款奖励有突出贡献的教师，这也包括外籍教师。在1943年3月，南京国民政府行政院一次就拨出奖金200万元，分给专科以上学校作奖励教员之用。如金陵女子文理学院外籍教师蔡路得和师以法二人，就因分别有20年以上和10~20年间的教龄，而分获奖金3000元和1500元。[①]

还有的外籍教师，对中国教育发展贡献较大，先后受到清政府、北洋政府和南京国民政府的嘉奖。其中最为典型的人物是美籍人士福开森。晚清时期，他曾获清政府封赐的二品顶戴，后又获得过北洋政府的三等嘉禾勋章[②]和南京国民政府的文虎勋章、采玉勋章、红十字会勋章等[③]。其中所荣膺的一等采玉勋章极有分量。福开森于1934年，将自己收藏的价值百万元的千余件藏品，悉数捐赠给金陵大学。这些藏品皆为稀世珍品，如大宋新修唐太宗庙碑、唐太宗昭陵图、昭陵陆骏碑、游氏陆骏图碑阴题字、宝经堂刻昭陵六骏合装轴。[④]其时金陵大学校长陈裕光有感于福开森的慷慨捐赠，呈请南京国民政府教育部介绍福开森赠予中国文物的事迹。缘此，1935年3月，南京国民政府念其功德，核与捐资和兴学褒奖条例第五条的规定相符，给予嘉奖。[⑤]后又填发福开森捐资兴学一等奖状借以激励并昭示未来。[⑥]1946年，福开森在美国去世后，南京国民政府因其生前沟通中美文化，功不可没而再次对其明令嘉奖。[⑦]

奖赏制度本来是一种针对中国人士所实行的制度，后来，将之运用于外籍教师后，起到了激励外籍教师工作热情的效果。

---

① 张连红主编：《金陵女子大学校史》，江苏人民出版社，2005，第350页。
② 《大总统策令：洋员福开森给予三等嘉禾章此令》（中华民国3年10月5日），《政府公报》（第870号）1914年10月6日，第4页。
③ 《首任院长福开森》，载南京大学高教研究所校史编写组编《金陵大学史料集》，南京大学出版社，1989，第8页。
④ 《福氏物品清单》，《内务公报》1936年第九卷第十期，第148页。
⑤ 《国民政府令》（中华民国24年3月22日），《教育部公报》1935年第七卷第十一、十二期，第17页。
⑥ 《福开森向本校捐赠文物转呈国府请予褒奖》，载南京大学高教研究所校史编写组编《金陵大学史料集》，南京大学出版社，1989，第48页。
⑦ 《国民政府令》（中华民国35年4月19日），《教育部公报》1946年第十八卷第四期，第2页。

第三节 薪酬

外籍教师不远万里来到中国任教，其动机之一自然是在中国可以获得优厚的待遇。清末和北洋政府时期，外籍教师在中国的待遇相当优渥，不仅与中国教师拉开巨大差距，而且他们的收入和生活待遇都超过他们本国同行的水平。到了南京国民政府时期，外籍教师与中国教师在待遇方面的差距才日臻缩小，优势不太明显。特别是自七七事变后到1949年间，外籍教师与中国教师们一道，同样陷入生活窘迫的境地。

一、肇始—高峰期的情况

在初兴新式教育时期，清政府为了提高"西学"教师的质量，往往花重金聘请外籍教习。晚清时按照国籍采取双重薪俸制度，使得中外教习收入差异明显。当时外籍教习的薪水比中国教习要高出数倍乃至上十倍。如京师同文馆首任英文教习包尔腾，试用期的年薪就有白银300两，正式聘请后年薪达到白银1000两。[①] 与之同时，中国教习月薪仅8两，年薪总计最多96两。这一过于悬殊的差别性待遇，在京师同文馆建馆初期就已确定。在上海同文馆（即广方言馆），首位洋教习林乐知，1864年受冯桂芬、应宝时推荐，聘期6个月，从周一到周六上午上课，月薪125两。福州船政学堂在创办伊始，就不惜花费重金聘请高水平的外籍教习，其正、副监督的薪金最高时是每月1000两，比船政大臣还要多出400两。其时，船政大臣在清政府属一品官。一般的外籍教习的工资最高是每月250两，是同时期同学堂中国教习最高工资36两的6.94倍。不仅如此，外籍教习若得到续聘，每月还会增加50两（见表3-3）。[②] 如果外国人在其本国任教，"工资也只在30两到60两之间"[③]。

---

① 《总理各国事务奕訢等奏》（同治二年三月十九日），载朱有瓛主编《中国近代学制史料（第一辑上册）》，华东师范大学出版社，1983，第9—10页。
② 李宗庆：《福建船政学校校志（1866—1996）》，鹭江出版社，1996，第145页。
③ 《船政》第34卷（续修四库全书影印本第878册），嘉靖二十五年（1546年）正月刊印，第2页。转引自林庆元：《福建船政局史稿》，福建人民出版社，1986，第95页。

可见，仅工资一项，确确实实是"重金聘用"。若是外籍教习在工作期间表现良好，顺利完成合同要求，返国时便可以得到6万两的奖金，还有可能得到清政府的封赏。正如日意格在一封寄给法国友人的信里所提及："我手下的人将收到允诺的四十四万法郎的奖金，而我自己可得到二十万法郎的奖金，且只要皇上高兴，我还能得到新的封赏。"①

表3-3 福州船政学堂中外人员薪金比较

职务	外籍人员月薪（两）		中国人员月薪（两）		备注
	低	高	低	高	
高级管理人员	400	1000	15	600	正、副监督月薪1000两，船政大臣月薪600两
教习	200	250	10	36	续聘或兼职外籍教习加50两

【资料来源】李宗庆：《福建船政学校校志（1866—1996）》，鹭江出版社，1996，第145页。

1903年，三江师范学堂建立初期，聘请了11名日本教习。其中，总教习月薪400元，教育、法制、经济、农博、理化与生物医学等科目教习月薪300元，通译月薪250元，手工、图画教习月薪200元（见表3-4）。另外，还给每位外籍教习提供往返川资600元，并于聘期满回国时加发两月薪水。与日本教习相比，中国教习的月薪显得就很低，前两批招聘的50名中国教习，每人月薪仅为50元，后来续招的预备教习更是"暂无薪资"②。

表3-4 三江师范学堂1903年聘请的日本教习

名字	资历	职务或课程	月薪（龙洋/元）
菊池谦二郎	东京帝国大学文学士	总教习	400
菅沼虎雄	东京帝国大学文学士	伦理、教育	300
志田胜民	法学士	法制和经济	300
大森千藏	理学士	博物	300
安藤安	农学士	农科	300

---

①林庆元：《福建船政局史稿》，福建人民出版社，1986，第95页。
②王德滋主编：《南京大学百年史》，南京大学出版社，2002，第26页。

续表

名字	资历	职务或课程	月薪（龙洋/元）
松原俊造	理学士	物理、化学	300
岸廉一	医学士	生理及生物	300
那部武二	日清商品陈列所所员	通译	250
柳原又熊	湖北自强学堂教习	通译	250
杉田稔	工学士	手工	200
亘理宽之助	仙台陆军学校教员	图画	200

【资料来源】王德滋主编：《南京大学百年史》，南京大学出版社，2002，第25—26页。

北洋大学堂成立初期，担任专业课的外籍教师月薪可达白银200两。相比较之下，同时教授外文的华人教师月薪在100两左右，教授汉文的华人教师月薪仅为40两。不过40两白银在当时的中国，已足够一家人一个月的开销还能有所积蓄。①

1897年，福开森被盛宣怀聘为南洋公学西学总教习，后续聘为南洋公学监院。他在南洋公学每月薪金350两白银，而地位高于他的学校校长的薪金仅为100两白银。②

1898年京师大学堂筹办之时，孙家鼐奏请"专门西教习薪水宜从优也"③。事实也是如此。到1911年（宣统三年）时，学堂外籍总办的月薪为白银1013.54两，是中国总办的5倍多，更分别为国文正、副教员（80两、60两）的12倍和16倍多（见表3-5）。不仅如此，同授一门课程时，也以外籍教师为正，中国人为副；外籍教师工资高于中国教师。

---

① 金以林：《近代中国大学研究（1895—1949）》，中央文献出版社，2000，第12—13页。
② 章玲苓：《福开森与南洋公学》，《上海档案》2001年第3期。
③ 《孙家鼐奏筹办大学堂大概情形折（礼充章程八条）》（光绪二十四年六月二十二日），载朱有瓛主编《中国近代学制史料（第一辑下册）》，华东师范大学出版社，1986，第667页。

表 3-5　1911 年时京师大学堂教职员薪俸表

职务	总办	外籍总办、外籍教习	提调	税科专门教员	法语科教员	税科华员助教	国文正教员	国文副教员	体操教员	司书
每月薪水（两）	180	1013.54	13.5	285.88 或 258.5	50	147.94	80	60	60	16

【资料来源】段旭龙、李娟：《高校人事制度改革新视野》，人民日报出版社，2014，第 37 页。

同在京师大学堂内任事，由外籍教师担任的专门学分教习的薪水有白银 300 两，而由中国人担任的溥通学分教习薪水最高为 50 两，前者是后者的 6 倍；且前者的薪水远高于当时由中国人担任管理人员的总办和提调的薪水（见表 3-6）。

表 3-6　京师大学堂教职员薪俸表

职务	总教习	专门学分教习	溥通学分教习头班	溥通学分教习二班	西文分教习二班	提调	供事誊录
每月薪水（两）	300	300	50	30	50	50	4

【资料来源】段旭龙、李娟：《高校人事制度改革新视野》，人民日报出版社，2014，第 36 页。

及至中华民国初期，上述薪水状况依旧如此。从 1914 年 3 月北京大学职教员薪金名单（见表 3-7）可以看出，此时外籍教师最高薪水为 450 元，是中国教师最高薪水 240 元的 1.8 倍多。外籍教师的最低薪水也有 300 元，高于中国教师的最高薪水。名册中的英籍教师克德来和纽伦拿着高薪，但授课质量被人诟病，是故于 1917 年被蔡元培辞退。

表 3-7　1914 年 3 月北京大学职教员薪金名单

外国教师		中国教师					
姓名	薪水（元）	姓名	薪水（元）	姓名	薪水（元）	姓名	薪水（元）
克德来	450	胡濬济	240	周秉清	200	陈汉章	200
纽伦	450	沈尹默	240	刘良浔	200	李景忠	200
梅尔慈	450	沈步洲	240	严恩檩	200	严培南	180
周慕西	420	韩述组	240	朱希祖	200	王季绪	140
白来士	366	张善扬	240	姚宝名	200	徐崇钦	140
陶尔弟	300	张大椿	220	周炬炜	200	沈瓒	120
铎尔孟	300	虞锡晋	200	桂邦杰	200	厉汝燕	120

【资料来源】《预科民国三年二月份职教员薪俸册》，载王学珍、郭建荣主编《北京大学史料　第二卷（1912—1937）上册》，北京大学出版社，2000，第 497 页。

1917 年 5 月 3 日，北洋政府教育部颁布《国立大学职员任用及薪俸规程令》，规定了国立大学职员的薪俸标准（见表 3-8），并专门提及外国教员的薪水"以契约定之"。

表 3-8　北洋政府时期国立大学教员薪俸等级及标准[①]

薪俸等级	正教授月薪（元）	本科教授月薪（元）	预科教授月薪（元）	助教月薪（元）	讲师月薪（元）	外国教员月薪（元）
第一级	400	280	240	120	每小时 2~5 元	以契约定之
第二级	380	260	220	100		
第三级	360	240	200	80		
第四级	340	220	180	70		
第五级	320	200	160	60		
第六级	300	180	140	50		

【资料来源】中国第二历史档案馆编：《中华民国史档案资料汇编（第三辑教育）》，江苏古籍出版社，1991，第 166 页。

[①] 中华民国时期多种货币通行。抗日战争前通行的货币有白银、银元、铜币和兑换券；1936 年后，南京国民政府禁止使用银元，全部换成法币。所谓"法币"，即南京国民政府法定货币。抗战胜利后，先后通行法币、联银券、中储券、金圆券，以及中华人民共和国成立的人民币等纸币。

根据1920年《晨报》记载,美籍教师葛利普的薪资为每月600元[1],与当时的校长蔡元培的一样,远高于国立大学教员薪俸最高等级400元的标准。而当时北京较为富裕的知识阶层,一家人每月必需的生活费(含伙食、房租、交通费)80元者,已经算是很宽裕了。

清华学校时期,美籍教师与中国教师薪资同样相差悬殊。建校初期,学校教师分为三类:西学部的美国教师,西学部的中国教师,以及国学部的中国教师。根据相关档案,学者苏云峰制定出1920年清华学校中美教职员年薪比较表(见表3-9)。

表3-9 1920年清华学校中美教职员年薪比较表

教员类别	起薪(元)	每三年加薪数(元)	最高年薪(元)
外国(男)教员	3000	600	6000
外国(女)教员	2400	600	4000
西文部本国教员	1200	240	2460
国文部教员	1000	200	2200

【资料来源】苏云峰:《从清华学堂到清华大学 1911—1929:近代中国高等教育研究》,生活·读书·新知三联书店,2001,第151—152页。

通过上表可以发现,这三类教师的薪资差异较大,其中美籍教师待遇最高。不仅如此,美籍教师在起薪外,有欧美著名大学博士学位,另加年薪400元;有外国大学专任讲师之经历者,一年加400元,以二年为限。美籍教师除学位和经历外,如果在清华服务每满三年还可以加薪一次,每次至多为600元,至年薪最高数时为止。相较而言,国学部的中国教师之薪级平均仅为美国教师的$\frac{1}{3}$。[2]

1920年6月,清华学校董事会启动薪酬改革,旨在降低一般美籍教师的待遇,提升有高学位、欧美教学经历者的待遇,但仍然存在"男女有别""重洋轻土"的倾向。1925年改办大学后,三类教师待遇过分悬殊的状况有所改变,

---

[1]《北大新聘古生物学教授》,1920年11月5日《晨报》。载王学珍、郭建荣主编《北京大学史料 第二卷(1912—1937)》,北京大学出版社,2000,第418页。
[2]苏云峰:《从清华学堂到清华大学 1911—1929:近代中国高等教育研究》,生活·读书·新知三联书店,2001,第152—153页。

但仍保持着相当大的差距。按当时的银元计算，外籍教师月薪是250元到500元，留过洋的中国教师是200元到400元，没有留过洋的中国教师是100元到200元。①

当时外籍教师在中国可以过一种什么样的生活呢？我们可以从李书华的回忆中窥见一斑。李书华在巴黎大学获理学博士学位后，于1922年到北大任物理系教授，月薪为280元。他对自己当时的生活状况有过如此回忆：

> 北京生活便宜，一个小家庭的用费，每月大洋几十元即可维持。如每月用一百元，便是很好的生活，可以租一所四合院的房子，约有房屋二十余间，租金每月不过二三十元，每间房平均每月租金约大洋一元。可以雇用一个厨子，一个男仆或女仆，一个人力车的车夫；每日饭菜钱在一元以内，便可吃得很好。有的教授省吃俭用，节省出钱来购置几千元一所的房屋居住；甚至有能自购几所房子以备出租者。②

以上是北京学校的情况。其他地方上的学校又如何呢？河南留学欧美预备学校林伯襄校长为择优师，对外籍教师也是不惜重金延揽。如他所聘请的美籍英语教师哈亨利博士，月薪是400元，德籍女教师倪福兰（L. L. Phelan）的月薪是300元。③在同济大学，德籍教师的薪资均较本国教师高很多，以1920年为例，德籍教师21人中，月薪600~800元者5名，400~550元者6名，200~350元者10人。再看在12名中国教师中，月薪300元以上者1人，100~150元者5人，50~80元者6人。不过，与其他高校有所不同的是，在同济大学，德籍教师的教学任务较中国教师繁重。④在同一时期吴经熊执掌的东吴大学法学院里，所定的薪资待遇标准是付给一般兼课教师每小时6元，付给外籍教师及中国教师中权威人士如董康、胡适等每小时10元。⑤

至于教会大学的外籍教师，同样享受高薪待遇。19世纪末20世纪初，西

---

① 清华大学校史编写组编著：《清华大学校史稿》，中华书局，1981，第63页。
② 李书华：《七年北大》，载肖卫主编《北大小品》，内蒙古文化出版社，2001，第324—325页。
③ 河南大学校史编辑室编：《河南大学校史（1912—1984）》，河南大学出版社，1985，第4页。
④ 翁智远主编：《同济大学史 第一卷（1907—1949）》，同济大学出版社，1987，第33页。
⑤ 谢颂三：《回忆东吴法学院》，载上海市政协文史资料委员会编《上海文史资料存稿汇编9（教科文卫）》，上海古籍出版社，2001，第71页。

方差会为教会大学提供了绝大部分的经费支持，包括支付选派到大学的传教士教师的薪酬。这些教师的薪酬是由教会参照国外标准予以支付的。由学校自行聘用的中国教师的工资，则由学校自行支付，且工资不是比照传教士的标准，而是以当时一般学校聘任教师的标准给付的。因此，教会大学存在两种工资标准。有关资料显示，这一时期的基督教大学中，外籍教师的平均薪水为每年3112.5元，中国教师的平均薪水仅为每年1096元。[1]外籍教师平均薪水几乎是中国教师平均薪水的3倍。现以中外教师薪酬差距较小的燕京大学为例。1920年时，美籍教师最高年薪为3000元，中国教师最高年薪为1800元。1928年，美籍教师最高年薪为7875元，而中国教师则只有4875元。[2]

概言之，在南京国民政府之前，近代中国高校的双重薪俸制度使得外籍教师的薪资水平远高于中国教师。而且由于物价低廉，其时在中国的外籍教师的生活相当优渥。

二、困守—消落期的情况

由于1925—1926年间，北洋政府经常拖欠教育经费和教师薪金，教师们一年只能领到5个月的报酬。所欠薪水，直到南京国民政府时期也未能完全解决。1927年，南京国民政府继而推行外籍教师和中国教师同一薪俸制度。之后的1937—1945年全民族抗战期间，由于物价飞涨，高校教师薪水常常难以正常发放，致使在华外籍教师的生活质量进一步降低。总之，因上述原因外籍教师在中华民国后期的待遇优势不再明显。

（一）欠薪影响外籍教师生活质量

1925—1926年间，由于军阀混战，学校经费得不到保障，各国立大学欠薪情况十分严重。此际在中国高校的外籍教师，有时仅能拿到月薪的十分之一二，加上物价上涨，他们的生活受到不小的影响。南京国民政府成立初期，国立大学教员薪资积欠的状况仍然比较严重。因此，教师离校、改从他事者

---

[1] 中国基督教教育调查会：《中国基督教教育事业》，商务印书馆，1922，第353页。
[2] 苏云峰：《从清华学堂到清华大学 1911—1929：近代中国高等教育研究》，生活·读书·新知三联书店，2001，第151页。

日益增多，一些外籍教师甚至因经济问题不得不请辞回国谋生。上海交通大学（时名为第一交通大学）电机科美籍教授汤生，全家6口人，全赖他一人的收入。由于薪水不足以支付全家生活，他不得不于1927年辞职返美。临别之际，汤生不无遗憾地说道："在交大的7年（1919—1927）是我平生最快意之作，现在对于这样可爱的学校将要洒泪告别，正是有违当时来华为中国造就工程人才的初衷。"①

随着政治局面逐渐稳定，经济状况也渐渐复苏，加之南京国民政府相对北洋政府而言更加重视教育的发展，到1928年时，国立大学开始接收国库的正常拨款，教师的薪俸也较北洋政府时期稳定。但前政府所欠薪水，仍然迟迟得不到解决。直到1934年，南京国民政府教育部才将1925—1929年间国立学校积欠各国教师薪水的清单呈报南京国民政府财政部，请求予以解决。名单中被拖欠薪水的外籍教师竟达数十人。这笔薪水直至1937年都未付清。1937年，美国大使曾专门为北洋大学美籍教师乐祢祸向南京国民政府外交部索薪。其时，北洋工学院院长李书田向南京国民政府教育部回复，学校财力困难，无力偿还旧欠，请教育部拨专款清偿。②同年，北京大学校长蒋梦麟，也收到德国大使馆因德籍教师额尔德（Dr. Fotte）年老贫困、生计维艰而索薪之函。于是蒋梦麟请南京国民政府教育部拨专款予以清偿。在给南京国民政府教育部的回呈中，蒋氏还提及北京大学积欠外籍教师薪水总额已达66518元。③

薪水不能正常领取，使得外籍教师的生活维继艰难。如北京大学美籍教授葛利普的生活陷入了极端困难的境地，当时出任清华大学校长的罗家伦，出于对葛利普的同情和尊重，向他发出到清华大学地理系做专任教授的聘请，许诺支付每月高达600元的薪水。然而对北京大学有感情的葛利普，只同意

---

① 章玲苓：《外籍教授汤生》，载朱隆泉主编《思源湖——上海交通大学故事撷英》，上海交通大学出版社，2006，第325页。
② 《北洋工学院为前北洋大学雷德谟欠薪案请拨专款清偿呈》（1937年5月24日），南京国民政府教育部档案，全宗号：五，案卷号：464。载财政科学研究所、中国第二历史档案馆编《民国外债档案史料》第10卷，档案出版社，1991，第230—231页。
③ 《北京大学为前欠德籍教员额尔德薪金请清偿事呈》（1937年6月），南京国民政府教育部档案，全宗号：五，案卷号：464。载财政科学研究所、中国第二历史档案馆编《民国外债档案史料》第10卷，档案出版社，1991，第232页。

利用业余时间到清华大学兼课。他说，虽然北大欠了几个月的薪水，但他不能因为北大穷了，就抛弃北大而转到清华任教。北京大学地质系1928届学生黄汲清曾回忆道："当有的时候，北平各大学教授普遍欠薪罢课时，葛先生不罢课，还把学生带到自己家里上课。真是好样的！"① 而位于上海的同济大学，在1931—1932年间，也出现了连续数月欠发德籍教师薪酬的事情。

七七事变以后，政府发放大学教师的薪资不但减少，而且发放也不定时。如同济大学德籍教师1937年8月份的工资，只有7月份的70%。② 到1938年时，学校对德籍教师工资的欠额总数已达33624元，涉及人员13名。③ 为此，德国驻上海总领事馆在一·二八事变后就专设特别常备金，以供德籍教师经济困难时借贷之需。部分德籍教师甚至直到离开中国时还没有拿到同济大学欠发的薪酬，如工科教授保罗·裴宁（Paul Boening）1936年回国时学校尚有4435元欠薪未能偿付。④

（二）同一薪俸制度的推行，使外籍教师的优越感不复存在

北洋政府晚期，高校外籍教师的收入虽有所下降，但相比中国教师，还是较为宽裕的。1926年，北京大学外籍教授毕善功、葛利普的月薪较之以前的600元下降到450元和400元。但此时外籍教师薪水仍旧高出中国教师不少（见表3-10）。教授中除柯劳文之外，拿得最少的是鲁雅文，月薪为280元。即便是280元，对于中国教授来说，却是当时的最高薪。而另外三个教授，两个400元，一个450元，都是很高的薪额。讲师中，薪金最高者竟然拿到月薪500元。

---

① 黄汲清：《我的回忆——黄汲清回忆录摘编》，地质出版社，2004，第77页。
② 此内容摘自德籍阿尔弗雷德·贝勒教授写于1937的日记。转引自李乐曾：《德国对华政策中的同济大学（1907—1941）》，同济大学出版社，2007，第213页。
③ 《国立同济大学德员欠薪偿还表》（国立同济大学会计课，1938年6月18日），同济大学档案馆历史档案：全宗号1-LS11-549，转引自李乐曾：《德国对华政策中的同济大学（1907—1941）》，同济大学出版社，2007，第246页。
④ 《国立同济大学德员欠薪偿还表》（国立同济大学会计课，1938年6月18日），同济大学档案馆历史档案：全宗号1-LS11-549，转引自李乐曾：《德国对华政策中的同济大学（1907—1941）》，同济大学出版社，2007，第246页。

表 3-10　1926 年北京大学外籍教师月薪一览表

姓名	职称	月薪（元）	姓名	职称	月薪（元）
葛拉包（葛利普）	教授	400	谢尔威	临时讲师	175
毕善功	教授	450	铎尔孟	讲师	100
柯劳文	教授	90	海里威	讲师	382
鲁雅文	教授	280	洪涛生	讲师	385
额尔德	教授	400	纪雅各	讲师	84
钢和泰	讲师	400	伊法尔	讲师	500
柯劳文夫人	讲师	105	游司克	临时讲师	112
文讷	讲师	60			

【资料来源】依据《民国十五年六月份外国教员调查表》（载王学珍、郭建荣主编《北京大学史料　第二卷（1912—1937）》，北京大学出版社，2000，第 448—450 页）整理而成。

1927 年，国立大学开始推行同一薪俸制度。在 1927 年 9 月颁布的《国立京师大学校职员薪俸规程》中，外籍教师虽名列职员之中，但未对其有特别规定，当理解为外籍教师在薪资方面同中国教师享受同等标准。

从 1935 年北京大学核发薪金清册（见表 3-11）中可以看到，来华的外籍教授的待遇优势不再明显。除数学系美籍教授奥斯古德是 700 元，高于同系中国教授外，地质系外籍教授的薪水与中国教授的持平，外国语文系外籍教授的薪水甚至低于中国教授的。

表 3-11　1935 年国立北京大学核发薪金清册中外教授薪资比较一览

系别	外籍教授姓名	月支薪数（元）	中国教授姓名	月支薪数（元）	说明
数学系教授	奥斯榖（即奥斯古德）	700	冯祖荀	500	合款
			江泽涵	500	合款
地质系教授	葛利普	500	李四光	500	合款
			谢家荣	500	合款
			王烈	400	一般
			孙云铸	400	一般
			斯行健	380	一般

续表

系别	外籍教授姓名	月支薪数（元）	中国教授姓名	月支薪数（元）	说明
外国语文系教授	邵可侣	400	梁实秋	500	合款
	洪涛生	400	周作人	500	合款
			蒯淑平	400	一般
			朱光潜	400	一般
			徐祖正	400	一般
外国语文系讲师	柏烈伟	48			一般

【资料来源】《国立北京大学核发薪金清册》，载王学珍、郭建荣主编《北京大学史料 第二卷（1912—1937）》，北京大学出版社，2000，第502—513页。注：教授分为"一般"和"合款"。1931年3月，由胡适草拟的《北京大学与中华教育文化基金董事会合作研究特款办法》规定，1931—1935年，每年双方各提供国币20万元作为合作研究特款（简称合款），聘请了一批研究教授。

同一时期，同济大学教授，薪金水平与北京大学差不多。依据1935年6月同济大学颁发的《国立同济大学聘任外籍教授规则》，其时该校列出六级薪资（见表3-12），从525元到650元不等。从1937年3月23日同济大学颁布的《国立同济大学德籍教授及教员薪俸标准》（见表3-13）中可以看出，在学校连续工作六年的德籍教授才能拿到这般工资。但在七七事变后，随着学校内迁，外籍教授多辞职，学校只剩下史图博等个别德籍教授随同济大学迁往李庄。

表3-12　1935年国立同济大学外籍教师薪俸表（以国币计算）

级别	第一级	第二级	第三级	第四级	第五级	第六级
薪俸数（元）	650	625	600	575	550	525

【资料来源】《国立同济大学聘任外籍教授规则》（1935年6月），同济大学档案馆历史档案：全宗号1-LS11-742。转引自李乐曾：《德国对华政策中的同济大学（1907—1941）》，同济大学出版社，2007，第274页。

表3-13　1937年国立同济大学德籍教授及教员薪俸标准（以国币计算）

教师类别	合同类型	年份	薪俸数（元）	备注
大学教授	第一合同	第一年	525	除院长外，大学教授最高薪俸为国币650元
		第二年	550	
		第三年	575	
	第二合同	第四年	600	
		第五年	625	
		第六年	650	
附中教员	第一合同	第一年	300	附中教员最高薪俸为国币500元
		第二年	320	
		第三年	340	
	第二合同	第四年	360	
		第五年	380	
		第六年	400	
	第三合同	第七年	425	
		第八年	450	
		第九年	475	
		第十年	500	

【资料来源】《国立同济大学德籍教授及教员薪俸标准》，同济大学档案馆历史档案：全宗号1-LS11-543。转引自李乐曾：《德国对华政策中的同济大学（1907—1941）》，同济大学出版社，2007，第276页。

同一时期的教会学校，随着中国教师的逐渐增多，也开始推行同一薪俸制度。如燕京大学，从1930年开始，实施不分国籍的单一薪俸制度。又如金陵女子文理学院在20世纪20年代下半期和30年代上半期，制定了学校正式教师的薪俸标准，教授为每月320~500元，副教授为每月240~360元，讲师为每月160~260元，助教为每月100~180元。除以上薪俸外，学校还制定了教师的津贴标准：

　　一、生活津贴：每人每月200元。

　　二、薪贴：助教每月20~30元，讲师每月30~40元，副教授每月40~50元，教授每月50~80元。

三、教员之指数津贴：按每月物价指数及薪额各贴20%。例如10月份此项津贴为正薪之6倍半，则月薪100元者可得津贴650元。

四、米贴：除教员本人1双市斗①外，直系眷属之无职业者亦照教员本人贴付。惟不满10岁之子女则贴5双市升。此项米贴每双市斗均须扣基本米价10元。

五、日用品津贴：教员本人全年为800元，其无职业之配偶同子女则为300元，均一次发给。

六、房贴：凡不住本校宿舍者，月贴房租30元，有眷属者加倍。兼任教员以授课时间计算，讲师每小时30元，副教授每小时40元，教授每小时50元。②

（三）七七事变后外籍教师的生活质量陡降

1940年底，通货膨胀恶化，零售物价与1937年7月比上扬7.2倍。货币一贬再贬，教师的薪金却渐渐减少，教师生活日渐窘迫。在《巴山随笔》中，钱歌川曾对此有过描述：月薪不够买一斗米，非举债无以为生；因为无力支付学费，教书匠儿女也不得不辍学，"普遍地泛在脸上的红润没有了，代替那种美丽底颜色的是一种苍白"③。南京国民政府虽在1942年1月决定全额发放教师薪资，但仍然无法解决外籍教师生活状况日益艰苦的困境。为了维持生计，外籍教师也开始兼课。任职西南联大的温德在昆明英语专科学校任兼职教师。"他在那里，也如同在联大上课一样积极认真"④，给一年级学生讲授"科学概论"，给二年级学生讲授"军语会话"，给三年级学生讲授"英诗"和"戏剧"。这批学生，后来都成了昆明甚至云南省各中学、师专的英语教师中的骨干。

美籍教师黄微华兰因其丈夫黄方刚（黄炎培之子）于1944年1月17日在乐山病逝，万般无奈之下，只得在街头摆摊卖炸面卷。当时同在武汉大学

---

① 市斗，简称"斗"，为容量单位。十升为一斗，十斗为一石。双市斗等于二市斗。
② 《金女大教师福利和教师待遇》，中国第二历史档案馆馆藏档案，全宗号：668，案卷号：39。转引自张连红主编：《金陵女子大学校史》，江苏人民出版社，2005，第109—110页。
③ 骆郁廷主编：《烽火西迁路：武汉大学西迁乐山七十周年纪念图集》，武汉大学出版社，2009，第51页。
④ 彭国涛：《回忆温德教授》，中国人民政治协商会议云南省昆明市委员会编：《昆明文史资料集萃（第七卷）》，云南科技出版社，2009，第5609页。

任教的钱歌川专门著《救命圈》一文，描述其生活窘状：

> 我们有一位同事，讨的美国太太，会做洋点心，日前他们做了许多炸面卷，要三个小儿子在大门外设摊零卖，每个定价一角，名叫"救命圈"。街上的人都丛着看，但没有人买，知识阶级都吃不起零食，劳力的人早吃饱了。结局是购买者既用不着这个去救命，而大学教授也就不能赖此来救命，眼看着商人利市百倍，教授徒然枉费心机，此情此景：岂一个"惨"字了得！①

北京大学德籍梵文教授李华德（Walter Liebenthal），1938年随学校迁至昆明，未曾料到西南联大并不聘用他。因在昆明生活艰难，不得已移居宜良附近的狗街子农村住，夫人编制些小玩意儿在赶街时兜售。②同济大学波兰籍犹太人魏特教授更为凄凉，本来物价频涨、货币贬值就令他生活窘迫，但他还要每月向家乡的孩子寄钱，又逢战时邮路不通。1946年1月，这位颠沛流离多年的外籍人士在贫病交加中逝于四川李庄的豆芽湾。

抗战结束后，南京国民政府教育部曾于1947年2月14日颁布了《国立学校暨学术机关聘用外籍人员规程》。其中第五条就外籍教师的待遇标准做了如下规定：

（子）薪俸　比照国内同级人员支给之，必要时，得酌量情形给予外汇津贴。

（丑）旅费　本人来回旅费，按照路程远近核实支给，至多不得超过美金二千元；有眷属同来者，亦得酌给旅费，不问人数多少，其总数不得超过美金二千元。

（寅）休假费　服务已满三年而仍继续应聘者，本人得返国休假六个月。已满六年而仍继续应聘者，得率眷属返国休假六个月。休假期内薪俸照给，其往返旅费得照本条丑项之规定。③

---

①钱歌川：《救命圈》，载《钱歌川文集（第一卷）》，辽宁大学出版社，1988，第544—545页。
②吴晓铃：《我的第一位梵文老师——李华德博士》，载《吴晓铃集（第四卷）》，河北教育出版社，2006，第68—69页。
③宋恩荣、章咸选编：《中华民国教育法规选编（修订本）》，江苏教育出版社，2005，第196页。

此项规定第六条还就外籍人员的食宿与交通工具做了规定：

均以自给自备为原则，其由聘方供给者，应就聘用学校或机关经常费内匀支，不得另请增加预算或补助津贴。①

按照这一规定，外籍教师的在华生活按理应该是有所保障的。但由于南京国民政府因国内形势对教育投入有限，外籍教师的生存状态也受到波及，其生活较之抗战时期并没有多大改善。如英籍教师燕卜荪，作为1948年北京大学已支最高俸额的72名教授中唯一的外籍人员②，同时还是43名拟予年功加俸教授名单中的一员，他都倍感生活不易，更遑论其他同时留在中国的外籍教师。1948年11月，北京大学82位教师联合致函胡适校长陈述生活困顿，其中就有燕卜荪。其内容如下：

适之校长先生：

物价迫着我们不能不忍痛停教三日，兹将我们停教的宣言附呈，事非得已，尚祈鉴谅，为维持目前生活起见，我们要求学校在一周内借支薪津二月，以免冻馁至为盼切。专此

并颂

教安③

正因上述种种窘状，致使有些外籍教师被迫离开中国。抗战结束后，地质学家米士本已接受建议继续留任北京大学，但是中国接下来的动荡政局和糟糕的经济状况，迫使他在1946年离开。

综上，清末至北洋政府时期，我国高等学府推行以重金聘请外籍教师的政策，外籍教师的薪酬远远高于同工种的中国教师，使得外籍教师收入丰厚，生活优裕。南京国民政府时期，随着大批中国留学生学成归国，多在高校任教，对外籍教师的需求消减，高校对外籍教师的薪酬进行制度改革，采用了外籍教师和中国教师同一的薪酬制度，再加上战乱等原因，使得外籍教师的待遇

---

① 宋恩荣、章咸选编：《中华民国教育法规选编（修订本）》，江苏教育出版社，2005，第196页。
② 《国立北京大学已支最高俸额教授名单名册》（1948年7月8日）中有72人，其中只有燕卜荪一名外籍教师。同时，《国立北京大学拟予年功加俸教授名册》中有43人，其中亦列有燕卜荪。
③ 《北大清华联合报》第4期（1948年11月1日）。载王学珍、郭建荣主编《北京大学史料 第四卷（1946—1948）》，北京大学出版社，2000，第167页。

优势不再。

第四节　学术休假

近代中国，无论是国立大学还是私立大学，都推行学术休假制度，这实则是一项进修培养制度。学校鼓励教师利用假期到国内外进修，借以提高学历层次，提升学术素质和研究水平。

一、国立大学学术休假规定

1917年5月，北洋政府教育部颁布《国立大学职员任用及薪俸规程》，其中第十三条规定："凡校长、学长、正教授每连续任职五年以上，得赴外国考察一次，以一年为限，除仍支原薪外，并酌支往返川资。"[①]1918年10月，北洋政府教育部核准《北京大学校长、学长、正教授派赴外国考察规程》，规定"大学校长、学长、正教授每连续任职五年以上，得派赴外国考察一次"，"考察以一年为期但得延长"。[②]之后，广东大学、上海交通大学、武汉大学、山东大学、暨南大学等多所国立大学，陆续建立学术休假制度。

全民族抗战期间，为保障学术水准和教员待遇，南京国民政府教育部于1940年8月颁布了《大学及独立学院教员聘任待遇暂行规程》。其中第十五条规定：

> 教授连续在校服务七年成绩卓著者，得离校考察或研究半年或一年。离校期内仍领原薪，但不得担任其他有给职务。[③]

1941年5月又颁布了《国立专科以上学校教授休假、进修办法》，主要

---

① 《国立大学职员任用及俸薪规程》，《教育公报》1917年第四卷第八期，法规第4页。
② 王学珍、张万仓编：《北京高等教育文献资料选编（1861—1948）》，首都师范大学出版社，2004，第420页。
③ 宋恩荣、章咸选编：《中华民国教育法规选编（修订本）》，江苏教育出版社，2005，第650页。

内容就是给予符合休假资格的教师"离校考察或研究半年或一年之机会",这些在外进修的教授在进修"期间之薪给,由教育部按其原薪发原校转发。进修教授不得兼任其他有给职务或另在原校支薪"①。

各校对教师休假都制定有相关规定。如1947年,清华大学颁发《国立清华大学教师服务及待遇规程》(民国36年5月修正)。其中第三十八条对教师休假及其研究补助有明确的规定:

> 本大学教授、副教授如按照本规程连续服务满七年而本大学愿续聘其任教授、副教授者,得请求休假一年,休假期间如不兼事得支全薪。②

对于以上政策,外籍教师同样享受。现以清华大学为例。1929—1948年间,该校休假的外籍教师达8人(见表3-14)。

表3-14 1929—1948年清华大学外籍教师学术休假名单

年度	外籍教师名单	年度	外籍教师名单
1930年	吴可读	1933年	艾克
1931年	温德	1935年	石坦安、史禄国
1932年	毕莲、翟孟生	1936年	吴可读

【资料来源】《1929—1948年清华大学教师休假名单》,李红惠、王运来:《民国时期国立大学学术休假制度的认同机理》,《复旦教育论坛》2016年第1期。

二、教会大学学术休假规定

教会大学实行学术休假制度早于国立大学。学术休假制度本就源起于西方,中国教会大学的传教士在创办学校时,也将这种制度移植到了中国。之江大学英语系教师队克勋在《之江大学》中就提到该校首任校长裘德生(Junius H. Judson)于1913年回国休假一事,并强调"那些常年在此执教的人员在7

---

① 清华大学校史研究室编:《清华大学史料选编·第三卷下:西南联合大学与清华大学(1937—1946)》,清华大学出版社,1994,第348—349页。
② 清华大学校史研究室编:《清华大学史料选稿·第四卷:解放战争时期的清华大学(1946—1948)》,清华大学出版社,1994,第407页。

年末可享受一次带薪假期"①。金陵女子文理学院则对外籍教师实行每6年回国休假一次的制度,金陵大学则规定在本校任教满5年者,可赴国外深造。

外籍教师往往会利用学术休假的时间回国进修。华北协和大学美籍数学教师高厚德,在华工作期间共休假4次,皆为回国从事研究或攻读学位。1908年,高厚德在工作满5年后利用回国休假机会,进入芝加哥大学从事研究工作,同年底返校,荣任华北协和大学校长,后积极促成该校与汇文大学合并为燕京大学。②当燕京大学迁到海淀新址后,决定成立教育系。高厚德遂又回到美国哈佛大学攻读教育学博士学位。1927年,他获得博士学位后返回燕京大学,创立了该校最早的科系之一——教育系。美籍地质学教授巴尔博(George Brown Barbour),1920年到任燕京大学,工作8年后,利用休假返回哥伦比亚大学撰写博士论文,获博士学位。1929年,他重返燕京大学执教。③1945年日本投降后,燕京大学英籍教授赖朴吾利用在中国工作13年后的休假时间,回到英国剑桥大学攻读博士学位,后于1948年又回到燕京大学任教。

福建协和大学美籍生物学教授克立鹄(Claude Rupert Kellogg),从该校创办之初到1931年间,曾两度利用休假回美进修。一次是1918年,返回美国威斯康星大学主修经济昆虫学和寄生生物学,获硕士学位;一次是1924年,他获美国洛克菲勒基金资助入读哈佛大学的研究课程,最后因病未能完成学业。④

金陵女子文理学院美籍教育学教授华群,早年毕业于伊利诺大学教育系,已取得文学士学位。她在金陵女子文理学院任教期间,利用休假机会,返美获得哥伦比亚大学硕士学位,并于1925年利用第二次回美休假之机,又进入芝加哥大学教育系继续进修。每次进修期间,她还负责在美购买图书、甄选教职员以及策划新课程等事务。1931年,已任教育学系主任兼教务主任的华群,又利用休假时间前往欧洲,考察西伯利亚、芬兰、挪威、瑞典、丹麦、法国、

---

① [美]队克勋:《之江大学》,刘家峰译,珠江出版社,1999,第29页。
② 《高厚德先生在华服务事略及其他》,《教育学报》,1940年第5期。
③ 张雷:《巴尔博与中国地质学1921—1935》,《中国科技史杂志》2015年第3期,第317页。
④ 彭淑敏:《福建协和大学的教育传教士——以克立鹄及其弟子郑作新为例》,载吴义雄编《地方社会文化与近代中西文化交流》,上海人民出版社,2010,第468—469页。

英国、瑞士等国教育机构，访问并调查当地社会各阶层的教育状况，对丹麦、芬兰两国的成人学校尤其感兴趣。①

圣约翰大学美籍教授卜其吉（卜舫济之子），也曾于1926年和1929年两次赴美进修。

教会大学早期的学术休假制度，主要对外籍教师开放，后来中国教师也开始享有学术休假的权利。这项制度有利于外籍教师带回新的知识、技术和书籍，甚至招揽到新的外籍教师进入中国高等教育讲堂。

第五节　离任

外籍教师在华服务时间，少则几个月，多则长达半个多世纪。他们的离任原因或形式各有不同，有辞退、合同到期、自愿离职等多种情况。

一、不堪胜任——解约

如果外籍教师出现无法胜任教职或违背合同的情况，中国的大学一般会依据合同对他们采取辞退措施。

前文提及蔡元培辞退北京大学几位外籍教师之事，曾经引起一场不小的外交风波。据北京大学的档案资料记载，自1917年3月起，蔡元培在校长任上先后辞退的外籍教师有克德来、燕瑞博、纽伦等数位英国人。当学校通知克德来、燕瑞博两人自当年3月18日被解职时，两人遂控告北京大学及蔡元培，理由是指称他们不堪胜任教职，影响了他们以后的职业发展，要求发给他们1917年全年及以后两年的工资。英国公使馆还为此出面干涉，向北洋政府外交部提出抗议。北洋政府外交部和教育部屡屡致函北京大学询问情况，嘱以和平解决。当时的外交总长伍廷芳告诉英使，北大辞退克德来系按合同办理，

---

① 张连红主编：《金陵女子大学校史》，江苏人民出版社，2005，第52页。

"苟提向法庭起诉，未必其理由能成立也"①。同时，他也批评蔡元培，不应在报端先行宣扬。蔡元培回复外交部：

> 今年经教育部及各直辖专门学校讨论多次，议决将现行学制更改，以后北京大学止办文理两科，其余各科均取收缩主义。又预科减少年限，于暑假后分别并入本科。学制更改，教员人数自然减少，又照克德来合同第九条，本可随时辞退，给以三个月薪水，欲辞退时，并可不必事前预先通知。本校三月二十八日即已函告克教员，已属特别优待。来函所述满给三年薪费之要求，逾越合同范围，本校当然拒绝，并认为无谈判之余地。燕瑞博系代伊文斯，于民国四年九月到校，并无合同。伊教员合同，今年八月三十一日期满，纽伦合同，亦于今年三月三十日期满。此事本校全照合同办理，绝无含混不清之处，辞退理由本可无庸声明。②

从蔡元培就辞退外籍教师一事向北洋政府外交部的回复中可以看出，蔡元培认为此事均以合同为依据，没有不妥之处。曾于1917—1920年在北京大学就读的罗家伦，在1931年时也谈到这件事：

> 从前有几个英国人——英国下等流氓——在里面教英文，蔡到以后，一气把他们辞退了，这件事闹到英国公使馆出来干涉，而蔡不为之动，所以把无聊的外国教员肃清一下，但是以后所添的外国教员，也并不高明，除了一位地质系的葛利普是一位特出的学者，替中国在地质学上打下一个很坚固的基础。③

诺贝尔文学奖得主美国人赛珍珠，曾于20世纪20年代在金陵大学、东南大学讲授英文。不过，赛珍珠很少提及这段在金陵大学的执教生涯，原因在于她是遭到学生投诉而被解职的。赛珍珠上课时不喜照本宣科，按照其时

---

① 《伍廷芳与英国代理公使一九一七年五月二十三日会晤谈话记录》。转引自唐振常：《蔡元培传》，上海人民出版社，1985，第127页。
② 《附一：北京大学复外交总长函》，载中国蔡元培研究会编《蔡元培全集（第十八卷）》，浙江教育出版社，1998，第216—217页。
③ 罗家伦口述，马星野笔记：《蔡元培时代的北京大学与五四运动》，载中国蔡元培研究会编《蔡元培纪念集》，浙江教育出版社，1998，第232页。

金陵大学校长陈裕光的说法，就是"她上英文课时常常夸夸其谈，离题万里"①。她把自己对电影的浓厚兴趣移植到课堂，上课时不仅会经常涉及电影内容，还把无声电影带到课堂上放映。学生们则害怕这种教学方式会导致考试时不及格，遂向时任校长陈裕光反映。陈裕光向赛珍珠转达了学生们的意见，但她坚持认为学习英文就是要"海阔天空""信马由缰"，并无改变之意。经校务委员会讨论后，陈裕光还是解除了赛珍珠的聘约。此事曾引起部分美国传教士对陈裕光的不满。他们说陈裕光不尊重赛珍珠，使金大失去了一位朋友，实属可惜。陈裕光"当时也深感不安，但又无可奈何"②。事后，陈裕光登门拜访赛珍珠和卜凯夫妇请求谅解，并表示愿意介绍赛珍珠到其他地方工作。③但显然赛珍珠已无心教学，而是将所有精力投入文学创作中。

二、行为不轨——辞退

对于某些行为不良的外籍教师，轻则罚扣薪水、取消赏金，重则予以辞退，且于辞退之日停发薪水，并不另发回国资费。如罗家伦担任清华大学校长时，就有过因外籍教师行为不轨而将其辞退的事例。其时有一个荷兰籍音乐教师，在教钢琴时对学钢琴的女生有失礼行为。罗家伦得知此事后，坚持要解聘他，认为对妇女有侮辱的行为，这无论是在哪一国的法律上和道德上都是不允许的。尽管当时清华大学与这位荷兰籍教师的合同尚未到期，但为避免引起国际纠纷，罗家伦给荷兰公使写信说明原委，荷兰公使也无话可说。④

---

① 陈裕光：《回忆金陵大学》，载江苏省政协文史资料委员会编《江苏文史资料集萃·教育卷》，《江苏文史资料》编辑部刊行，1995，第45页。
② 陈裕光：《回忆金陵大学》，载江苏省政协文史资料委员会编《江苏文史资料集萃·教育卷》，《江苏文史资料》编辑部刊行，1995，第45页。
③ 徐一鸣：《被金陵大学辞退的诺贝尔文学奖得主赛珍珠》，《史林漫步》2014年第1期，第67页。
④ 冯友兰：《清华发展的过程是中国近代学术走向独立的过程》，载《三松堂全集（第十四卷）》，河南人民出版社，2000，第210页。

三、薪水纠纷——辞聘

在近代中国的大学里，外籍教师因薪水问题与学校发生纠纷的事也时有发生。这类事例中尤以京师大学堂1902年发生的外籍教习索薪风波所造成的影响为甚，其导火索为庚子事变。1898年，丁韪良经京师大学堂管学大臣孙家鼐提名为西学总教习。1900年8月，京师大学堂因被八国联军占据而被迫停办。1901年9月20日，在《辛丑条约》签订10余天后，丁韪良致函庆亲王奕劻呼吁复校："为呈恳王爷电奏请旨简派管学大臣事。窃以和局大定，回銮在即，学堂为中外注意，亟应振刷精神，从速规复。"①1902年1月10日，京师大学堂宣布恢复，张百熙出任新管学大臣。1月12日，丁韪良将西学教习名单呈送张百熙，向其索要庚子事变中拖欠的15个月薪水。张百熙认为，这15月束脩应归前管学大臣孙家鼐发放，况且这段时间学校停学，外国教习无事可为，理应停薪。但在外籍教习看来，停课并非他们自身原因造成，且后任者不能对前任事项置之不理。丁韪良还声明外国教习与中国立有合同，中方不该违约，如果不补发薪水，各国钦差必差人交涉此事。张百熙厌恶此要挟，欲辞聘这帮外国教习。张百熙向朝廷上奏："中国学堂所请西人教习，向皆就近延其本居中国者，或为传教来华之神甫，或为海关退出之废员。在教者本非专门而学者，亦难资深造，且西国学问数年一变，则其人才亦月异而岁不同。"②在张百熙看来，这些传教士出身具有兼职性质的教习，不能专致掌握日新月异的新知，也就不能胜任大学堂教职，是故要求解聘全部外国教习。同时，他也同意按照合同补发来华教习欠薪，解聘日另给三个月的脩金并川资百两。自此，不但西学总教习一职被取消，而且以西学总教习丁韪良为首的外国教习被全部解聘。张百熙转而力荐吴汝纶出任京师大学堂总教习。吴汝纶未予允诺，而是提出前往日本考察教育，获准后即率领学生东渡日本。吴汝纶在日期间，委托日本人士向日本文部省和帝国国会提出要求，

---

① 《大学堂总教习丁韪良为请派大臣归复大学堂事致庆亲王申呈》（光绪二十七年八月初八日），载北京大学、中国第一历史档案馆编《京师大学堂档案选编》，北京大学出版社，2001，第72页。

② 《管学大臣张百熙奏陈筹办大学堂情形折》（光绪二十八年正月初六日），载北京大学、中国第一历史档案馆编《京师大学堂档案选编》，北京大学出版社，2001，第105页。

请他们代为遴选、训练和招聘日本教习。由此揭开了京师大学堂乃至中国各级新式学校,大量聘请日本教师的序幕。

四、内部纷争——离职

清末,曾发生数起因聘用的外籍教习内部纷争而遭学校解聘的风波。福州船政学堂创建时,沈葆桢聘日意格和德克碑为正、副监督。对此,德克碑颇为不满,认为日意格在法国海军中的地位比自己低,制造技术也赶不上自己,职位却高过自己,遂与日意格渐生不睦。1869年,法国驻福州领事巴世栋(Ernest Blancheton)干涉船政,煽动总监工达士博,利用德克碑与日意格的矛盾,制造是非。针对如此情形,1869年12月3日,闽浙总督英桂致总理各国事务衙门函,提及德克碑勾结法国驻福州领事巴世栋、闽海关税务司美理登排挤日意格之事。函中指出:

> 闽省船政,事属创始。在当局者,煞费经营,事事力求实济,而旁观者,转视为利薮,群起觊觎。且所用洋员洋匠,大率惟利是趋,桀黠者又居其半,动辄挟制居奇。幸沈大臣赏罚严明,咸知儆惧。铁匠白尔思拔因詈骂匠头,不遵约束,据正监督日意格禀经沈大臣批饬革退,系按合同办理。乃法国署领事官巴世栋出而干预,先则申请英桂代为转圜,冀予复用。迨商诸沈大臣,以正词开导。该署领事即邀税司美理登坐堂会审,断罚三千五百元。将断由抄呈此间据文转咨沈大臣查照。该署领事又以宣泄强词哓渎。业经英桂专札驳斥。此后并无一字前来。续因总监工达士博遇事习难,由于巴世栋暗中鼓煽,心有所恃,若再姑容,则洋匠尤而效之,势将令出不行,船政半途而废,故复撤之。此日意格不能不禀请革撤,而沈大臣不得不批饬革撤之实在情形也。①

函中所提达士博和白尔思拔,都属对日意格不满之人。德克碑暗中助力

---

① 郑剑顺编:《福建船政局史事纪要编年・清同治五年至宣统二年(1866年至1910年)》,厦门大学出版社,1993,第21页。

他们与日意格较劲。二人屡次不受节制,谩骂日意格。沈葆桢逐令日意格将二人辞退。德克碑见排挤日意格的目的落空,竟跑到甘肃去找左宗棠,说与日意格不合,要求离开船政局,后便留在左宗棠处。至此,外籍教习行事才有所收敛,专心工作。1871 年,日意格又先后遵照合同开除了几个违反合约规定的外籍教习。

三江师范学堂聘请的首批日本教习,也因内部纷争引起清政府的不悦。1903 年,菊池谦二郎等日本教习到任,聘期 3 年,应至 1906 年 5 月、6 月间,但由于菅沼虎雄等 10 名教习在课程安排、教学管理等方面与菊池谦二郎总教习产生分歧,后来演变成严重的意气之争。1905 年 11 月,菅沼虎雄与其他 9 名日本教习联名状告菊池谦二郎,要求东亚同文会解除其总教习职务。东亚同文会进行调解未果,致使矛盾进一步恶化。张謇遂以江苏省教育总会会长名义,要求两江总督周馥将日本教习全部解雇。日本驻上海总领事等人闻后极为震惊,并出面斡旋,最后除亘理宽之助、杉田稔二人续聘外,其余人员全部被解聘。①

五、师生冲突——解职

有些外籍教师和学生相处关系紧张,其中以辛德勒事件最为突出。辛德勒是同济大学前身同济德文医学堂的元老,是德国文化部于 1906 年底至 1907 年初为学校物色的首批 3 名德国教师之一。学校建成后,辛德勒负责德文科教务工作,并讲授德语、植物学、动物学、几何等课程。此人平日态度傲慢生硬,颐指气使,在学生中口碑不佳。更重要的是,他不太顾及中国学生的特点,采用德国学校的教学方式,导致学生不满。他经常利用口试,刁难学生,动辄令学生退学或降班,他所教的班级,被称为"阎王班"。1910 年 6 月 23 日,辛德勒拒绝一名学生听课,由此引起学生不满。次日,学生向校方表示,拒绝上辛德勒主讲的所有课程,并坚持要求学校解聘辛德勒。为维护德国学校乃至德国文化在中国的形象,数天后,校董会迅速做出决定,自 10 月

---

① 王德滋主编:《南京大学百年史》,南京大学出版社,2002,第 27 页。

1日起解除与辛德勒的合同关系。德国驻上海总领事馆在给德国首相特奥巴尔德·冯·贝特曼·霍尔维克（Theobald von Bethmann Hollweg）的信中说，辛德勒"性格中某种生硬和暴躁的倾向在近期已发展为一种不能自制的病态"①。

六、个人自愿——离校

有的外籍教师因自己身体原因主动辞职，如燕京大学新闻系主任美籍教师白瑞登（R. S. Britton），因病于1927年回国。也有的外籍教师服务多年，因年龄过大而告老还乡。华西协合大学有一批外籍教授在校任职三四十余载，于20世纪40年代末期相继回国，如毕启、戴谦和夫妇、宋道明夫妇、胡祖遗夫妇等。现存《戴谦和博士暨夫人来本校任教四十年纪念特刊》，乃华西协合大学为纪念戴谦和夫妇而为。书中称赞戴谦和夫妇为中国造就人才数以千计。

七、环境突变——回国

国家之间的战事对外籍教师的去留也产生了较大影响。

第一次世界大战于1914年爆发，北洋政府于1917年3月14日，宣布与德断绝外交关系；8月14日，宣布对德国进入战争状态。中国宣战后，对外并未曾派兵赴欧参战，只招募了14万华工到欧洲战地工作，对内也没有收管德侨财产及拘束德侨，但此举还是遭到协约国列强公使的质疑。在协约国监督下，北洋政府才没收了德国政府在华公产，收回租界，收管德侨财产，收容德国战俘，遣送德侨返国。在这一背景下，1919年春，同济大学（时名为同济德文医工学堂）的德国教师悉数被强制遣返。

1937年日本发动全面侵华战争后，大批外籍教师返回他们的祖国。留在沦陷区的美籍教师在1941年太平洋战争爆发后，被日军抓捕关押在山东潍坊

---

① 李乐曾：《德国对华政策中的同济大学（1907—1941）》，同济大学出版社，2007，第54—56页。

和上海等地的集中营里。1943年，日美互换战囚，这些教师才得以返回美国。

1949年10月，新中国成立。1950年7月，中华人民共和国政府开始对基督教教会进行整顿，并改组教会学校，外籍教师被要求离境。

第四章

外籍教师的知识传授

外籍教师在中国高校从事的最基本、最主要的工作，即是传道授业。中国近代大学通过各种途径，将外籍教师聘请进校园。在这一群体中，有不少著名的学者，如控制论创始人维纳、地质学家葛利普、人类学家史禄国、文学批评家瑞恰慈、数学家奥斯古德和哈达玛等。一些学生往往因为仰慕某位外籍教师的大名而报考其校。如金陵大学1923届学生、著名心理学家蔡乐生曾提到，当年报考金陵大学的主要原因就是仰慕该校哲学心理学系美籍教授韩穆敦的学识。绝大多数外籍教师在中国大学里兢兢业业，倾心于构架课程体系，选择与组织课程内容，编写教材或讲义，向中国学生传播现代学科知识，为中国培养了一大批新式人才。

第一节　倾心教学活动

外籍教师多能以极大的热忱和极其负责的精神对待教学工作，在三尺讲台上向中国学生传播知识，将不同于中国传统的教学观念、教学内容及教学方法植入课堂，为中国大学带来现代教学元素。

一、授课风格

一些外籍教师在未来华之前就训练有素，具有长期的教学经历和渊博的知识储备。在教学活动中，他们表现出独特的授课风格，受到学生们的称道。

葛利普在北京大学讲授古生物学课程。古生物学内容艰涩枯燥，但他凭借卓越的口才，将枯燥的生态演化理论，以通俗易懂的形式表述，每每能引人入胜，使学习者的兴趣与日俱增，跟随他学习的人很少有中途易辙的。北京大学地质系三年级学生胡伯素曾撰文叙述葛利普的上课情景：

> 葛利普先生胸藏万卷，每发为议论，必滔滔不绝，如长江大河，一泻千里，如山洪暴发，溃堤决岸，莫可收拾，至得意之处且眉飞色舞，声重如擂鼓，此时学生子而不为此老引入胜景者，未之有也。①

北洋大学地质系学生朱玉仑，在《母校北洋六年的大学生活》一文中，对自己的外籍老师莫里斯（Professor Morris）教授也有过如此回忆：

> 在我亲身经历的教授中，要算莫里斯教授最受到学生的欢迎。他学问渊博，教学有方，多难的课题，从他口里讲出来，就觉得浅近易懂，引人入胜。在讲课时他从来不看课本，更不用说像有的教

---

① 孙承晟：《"他乡桃李发新枝"：葛利普与北京大学地质学系》，《自然科学史研究》2016年第3期，第345页。

师那样用填鸭式的教学方法，一字一句地照着书本念了。①

抗战时期，西南联大的学生彭国涛在《回忆温德教授》②一文中，称赞温德教授的英语语音纯正，讲课深入浅出，生动活泼，富于戏剧性，教学效果极佳。如何活泼的呢？1946年，时值西南联大复员北上时，学生们曾出过一本名为《联大八年》的书，提及温德先生"年逾六旬，而活泼仍如少年"，"讲解英诗时，或模仿尼姑，或假作魔鬼，'唱作俱绝'，时常哄堂"。③教学效果极佳到什么程度呢？"他上课的时候，不仅教室内座无虚席，就连教室的窗前、门前也站满了听讲的学生。其中有些甚至是校外慕名而来的。"他的魅力源自讲课的艺术性，外文系学生郭冠球言及："他从诗的内容出发，时而眉飞色舞，时而咬牙切齿地去体现诗的奔放和抑郁的思想情感。"如他给学生讲弥尔顿的长诗《失乐园》时，"不是照本宣科朗读，而是在背诵，在歌唱，在疾呼"④。另一位外文系学生李赋宁言：

> 在我开始教书以后，我还经常旁听温德教授在西南联大讲授的两门课："英诗"和"莎士比亚"。温德先生的教学深入浅出，生动活泼，引人入胜。他对英诗音节和格律非常重视，对词义、比喻、典故、意象体会深刻，分析细致，讲解精辟。我从温德先生那里学到的教学艺术不是一下子就能说完的。⑤

我国著名语言学家季羡林曾于1930年入读清华大学西洋文学系，后来他写了一篇《学问之道·发轫阶段》，回忆西洋文学系的教授们。其中忆及清华大学美籍教授毕莲，说她讲授中世纪英语的拿手好戏是，每逢给新生上课就背诵英国大诗人杰弗雷·乔叟（Geoffrey Chaucer）的《坎特伯雷故事集》

---

①朱玉仑：《母校北洋六年的大学生活》，载左森、胡如光编《回忆北洋大学》，天津大学出版社，1989，第71页。
②彭国涛：《回忆温德教授》，载中国人民政治协商会议云南省昆明市委员会编《昆明文史资料集萃（第七卷）》，云南科技出版社，2009，第5608—5610页。
③西南联大《除夕副刊》主编：《联大八年》，新星出版社，2011，第225页。
④郭冠球：《忆温德教授》，《云南师范大学学报（哲学社会科学版）》1990年第3期，第101页。
⑤李赋宁：《回忆我在清华和西南联大的几位老师》，载西南联合大学北京校友会编《笳吹弦诵情弥切——国立西南联合大学五十周年纪念文集》，中国文史出版社，1988，第136页。

开头的几段，背得滚瓜烂熟，先给学生一个下马威。①

福建协和大学的学生，每天会看到美籍教授沙善德（Malcom Fisk Farley）带一块擦桌布走进教室。在开讲前，沙善德先将讲台擦得一尘不染，然后不慌不忙地介绍一大批文学书籍。学生们惊诧于一个讲授英国文学的美籍教授对中国文学的熟悉，说他虽教授英国文学，上课却能时不时吟诵《木兰辞》等中国诗歌。该校美籍生物学教授克立鹄，会在课堂上"一手拿着一只青蛙，另一手拥着一台显微镜，对全班同学说，生命是从进化来的，但他却是相信上帝的"②。

东吴大学美籍教师费德乐女士讲课时，总会在讲台上放一闹钟，开始上课时叫两三个学生上黑板前，让其在两三分钟内做完规定的练习，铃声响时间到，即令学生停止。当场评分，佳则表扬，差则批评。③

在清华大学迁至长沙临时大学南岳分校时，英籍教师燕卜荪因战时无书本，竟凭记忆力将莎士比亚《奥赛罗》剧本和弥尔顿诗篇打印出来，发给学生做教材。他讲课时能在黑板上默写整出《奥赛罗》，一时传为佳话。④

同济大学德籍教授史图博的生理课考试显得轻松有趣。在考试中，他会用各种姿势提醒学生。如向学生提问耳下腺时，他会用手不断在耳旁摸；如果是一个要用压力来解答的问题，他会用手指用力往桌上压；如果是要学生讲某一问题与性别有关时，他会看看同组的女同学又看看男同学，诸如此类，不胜枚举。⑤相信任何一个参加史图博课程考试的学生，都会在愉悦中度过考试时光。

曾在厦门大学、中山大学和清华大学任教的俄籍教授史禄国，在讲授人类学、体质人类学、人种学等课程时，从不带讲稿和卡片，却总能滔滔不绝，使人听得忘倦。他对学生和蔼可亲，从不发脾气。无论学生在任何时候、任

---

① 季羡林：《学问之道·发轫阶段》，载《百年清华　百年外文（1926—2011）》编委会编《百年清华　百年外文（1926—2011）》（清华大学百年华诞暨外国语言文学系建系85周年纪念文集），清华大学出版社，2012，第123页。
② 谢必震：《香飘魏歧村——福建协和大学》，河北教育出版社，2004，第53页。
③ 许葆钧：《回忆母校东吴大学》，载东吴大学上海校友会、苏州大学上海校友会编《东吴春秋：东吴大学建校百十周年纪念》，苏州大学出版社，2010，第4页。
④ 赵瑞蕻：《离乱弦歌忆旧游——从西南联大到金色的晚秋》，文汇出版社，2000，第27页。
⑤ 黄昌勇、干国华主编：《老同济的故事》，江苏文艺出版社，2007，第290页。

何地方提出问题,他都不厌其烦,耐心细致地讲解、指导,直至学生弄懂为止。

不过个别外籍教师也有一些令中国学生感到奇怪的教学行为。据著名散文家张中行回忆,在20世纪30年代初,他常去北京大学旁听英文课。其间有一位外籍女教师的课堂举止让他感到愕然:

> 一个外国胖太太,总不少于五十多岁吧,课讲得不坏,发音清朗而语言流利。她讲一会总要让学生温习一下,这一段空闲,她坐下,由小皮包里拿出小镜子、粉和胭脂,对着镜子细细涂抹。这是很不合中国习惯的,因为是"老"师,而且在课堂。我第一次看见,简直有点愕然;及至看看别人,都若无其事,也就恢复平静了。[①]

外籍教师的授课风格是多样的,且多能营造出有趣味的学习气氛,吸引学生专注课堂,激发学生思考问题,获得新知,增长智慧。

二、教学态度

大多数外籍教师在教学中能够做到兢兢业业,精益求精,诲人不倦。不少他们的学生后来撰文记录了外籍教师教学严谨的事例,我们可以看到,这种严谨在备课、课堂教学、调查研究、实验、作业批阅等环节中都有具体的体现。现择取一些事例,约略显示其情。

(一)备课

备课是教学活动的初始阶段,不少外籍教师对此从不含糊。

燕京大学社会学系美籍教授派克(Robert E. Park)曾在哈佛大学研究哲学,为芝加哥大学教授,人文区位学创始人之一。尽管学术功底深厚,但他对教学一点都不马虎。在燕京大学,派克主要讲授"集合行为"和"研究指导"两门课,我国著名社会学家费孝通和杨庆堃曾听他的课达半年之久。对此,《费孝通传》中曾有过这样的描述:

> 他为了备课在图书馆书架前一站就是几个钟头,每周要为每个学生修改20至30页英语不通的文章,上课时偶尔迟到一次就向学

[①] 张中行:《柴门清话》,北京联合出版公司,2012,第227页。

生道歉。①

派克勤勉工作和负责的态度，给费孝通留下了深刻的印象。派克严谨的作风和教风，也赢得费孝通的尊重，所以他从来不缺席派克的课。

同济大学土木工程系波兰籍教授魏特，在备课上也极下功夫。他的助手、土木工程系1944届毕业生俞载道回忆说：

> 我在他（魏特）用来备课的笔记本上看到，教案密密麻麻，写得非常仔细，用各种颜色的铅笔书写，并在本子页边留有足够的空白，以便需要时更动或补充。②

磨刀不误砍柴工。备课是上好课的重要前提，是提高教学质量的基本保证。这一环节不仅体现出这些外籍教师所具有的扎实基本功，更表现出对教师职责的担当和对教学规则的遵守。

（二）课堂教学

课堂教学是教学活动中直接面对学生的环节，也是最能让学生感受到教师教学魅力的环节。

圣约翰大学化学系1943届学生孙廷芳，曾撰有《一位热爱中国、对学生慈祥又负责的美国教授》③一文，回忆该校化学系主任、美籍教授戴世振（W. H. Taylor）的教学点滴。从标题就可以看出孙廷芳对这位美籍教师的敬慕之情。文中提到，戴教授在上课时会演示大量图表，这些图表都是他亲自查阅各种参考书后编制而成的，而且图表内容前后呼应，这需要花费大量时间才能完成。这种做法可以代替一部分板书工作，既省时，又能将知识讲解清楚，学生很满意。戴教授对各级各科化学实验的布置也非常周到。他会事先将实验日期和项目确定好，然后交由中国教授程有庆做下一步工作，由程有庆根据各班级、各实验所需的原料、仪器、物料的各种规格和数量确定计划，再经戴教授核对无误后转入储藏室按时准备，以防止配套不齐，妨碍学生实验进展。有时候，学生因实验过程中出现问题而影响进度，则需要向指导老师申请星期日上午

---

① [美]阿古什：《费孝通传》，董天民译，河南人民出版社，2006，第25页。
② 俞载道：《魏特教授在李庄》，载黄昌勇、干国华主编《老同济的故事》，江苏文艺出版社，2007，第312页。
③ 徐以骅主编：《上海圣约翰大学（1879—1952）》，上海人民出版社，2009，第400页。

加班补救。这也需要经戴教授批准,再由程教授派助理跟班指导,以保证安全,整个操作流程一丝不苟。如此严谨的作风,怎能不对学生产生良好的影响。

著名作家施蛰存在《震旦二年》①一文中,用大量笔墨详细描述了法籍教师樊国栋(Père Tostan)的教学生活。1925年秋到1926年夏,施蛰存和日后成为著名诗人的戴望舒,一同在震旦大学法文班就读。负责该班的樊国栋每天上午第一堂课是复习课,要求每个学生背诵前一天布置的课文。其内容一般是《法文菁华》里的文学作品1~2页的内容。背不出的学生会被他赶出教室,直到下课时间还无法背出的学生,则被要求第二天再背,而第二天除要背一篇旧课文外,还要新增一篇新课文,直至会背为止。每星期一上午第一堂课时,樊国栋会带来一份约七八百字至一千字的法文资料,发给每一个学生,然后自己读三遍,再要求学生跟着读。读完后就交代,这是星期六上午要默写的作业。因此,每星期一下午到星期五晚上,每一个学生都要抽时间来熟读这篇长文,直到能背诵为止。星期六上午九时去上课时,樊国栋会要求大家坐下来默写。因樊国栋和学生住在同一栋宿舍楼里,他不但负责特别班学生的教学,还负责指导学生的生活。他经常在走廊里漫步,隔着玻璃窗注意寝室内每一个学生的行为。在规定自修的时候,如果有学生在寝室内谈笑,他就会敲着窗子喊:"读书呀!读书呀!" 就是在这样严格的教学方式下,施蛰存和戴望舒很快学好了法文。在樊氏的教导下,一个不懂法文的中学毕业生,一般只用一年时间,就可以升入法国的大学本科一年级就读。

上述事例,让我们领略到外籍教师授课之严谨。而这些都是通过学生们的回忆得以体现的。几十年后,学生们尚能用大量笔墨回忆外籍教师上课之点滴,足以让人感受到他们的授课魅力。

(三)调查研究

调查研究作为西方有效的教学方法,也被外籍教师运用于中国学校,促使对一些问题的研究趋于科学化。

20世纪20年代初,金陵大学美籍教授卜凯创建该校农业经济系。卜凯非

---

①施蛰存:《震旦二年》,载刘凌、刘效礼编《施蛰存全集·北山散文集(第一辑)》,华东师范大学出版社,2011,第322—323页。

常重视调查研究在农学学习中的重要作用。该系学生一般每天上午上课，下午则多半实习和调查。1922年暑期，卜凯发动学生回乡从事农家经济调查，凡调查满100户者即给予学分。①卜凯曾组织农业经济系师生搞过两次大规模的农村调查。第一次在1921年至1925年间，对7省14县17处2866个农家开展调查。第二次在1929年至1934年间，涉及面更为宽广，除东三省外，几乎遍及全国，调查对象包括22省186个县16786个田场38256个农户。依据第一次调查，卜凯完成了《中国农家经济》；第二次调查的成果形成了《中国土地利用》。两次调查，使得卜凯及金陵大学农业经济系在学术界声名大震。

面对众多的统计数据及分析，卜凯要求学生对各项表格都要认真校对，以免出现舛误。1923年，学生崔毓俊写了一篇盐山县150户农家调查报告，卜凯对其中的农家经济情况调查的数据表示怀疑，就请崔毓俊来解释。虽然当时崔毓俊的解释让卜凯无话可说，但他还是要崔毓俊再回到家乡，选择离城较远的地方做第二次调查。第二年，卜凯还同崔毓俊一道来到盐山县，住在农家，亲自询问记录，把崔毓俊的统计数据一一讲给农民听。通过农民的反馈核实崔毓俊所得属实，他才彻底释然。对一份统计数据如此重视，对调查过程全程观察，其治学之严谨可见一斑。这种严谨的治学之风，也深深影响了他的弟子，促进了理论联系实际的学风形成。

（四）实验

实验是从事理工科教学的教师在教学中必须使用的一种教学手段。一些外籍教师对实验环节要求非常严格。

1927届上海交通大学电机专业毕业生钱谦，曾撰有《1920年代的交大》一文，称赞美籍教授汤生"讲解明晰"，讲义编写"严实精密"。②而且对实验及考试的要求同样非常严格。他会要求学生在实验前，必须广泛阅读参考书籍，对实验设计知识要做到彻底了解。做实验时，在对学生所接电路复核无误后，他才准许机器运转；经他亲自检查后，才准许结束。对学生的实验

---

① 张玉林：《乔启明的中国农村研究及其开创意义》，载周晓虹、谢曙光主编《中国研究》（2012年春季卷）总第15期，社会科学文献出版社，2013，第237页。
② [美]钱谦：《1920年代的交大》，载朱隆泉主编《思源湖——上海交通大学故事撷英》，上海交通大学出版社，2006，第61—65页。

报告，汤生审阅极详，尤其对报告的结论与检讨，审慎核定，不轻易放过关，使学生不敢马虎也无法马虎。"他还经常在下课前进行 5 分钟的考试，将准备好的数十份不同的试卷，分发给全班。人各一题，题题不同，既难抄袭，更无时间取巧，使学生不得不专心向学，应对考验。"①

《金陵女子大学校史》也记载有该校化学系美籍教授蔡路得对实验操作严格要求的事迹。该书言及，蔡教授每次认真批改完学生的实验报告后都要签名，并热情地写上评语以示鼓励。②

（五）作业批阅

批阅作业是对自身教学在学生学业长进方面取得何等成效的检验或验收。在批阅学生作业方面，一些外籍教师一丝不苟。

河南留学欧美预备学校的德籍教师倪福兰，在校受聘期间，讲授德文读本、世界历史及世界地理。她要求学生必须按时完成作业，她则认真批改，凡是错的地方均做上记号，让学生重做。特别是对那些因疏忽而出现的错误，她要求学生一再重做，以至有时学生的改错作业篇幅比正式作业篇幅还要长很多。考试时，她会督促学生全面复习，"批阅卷子就是差一分也不随便添分予以及格"③。

福建协和大学美籍教授徐光荣（Roderick Scott），在讲授"初级英文作文"时，依照教学经验，把学生英文作文中常见的错误编出号码，编成英文作文改错手册，学生人手一册。他在批阅学生作文时，凡是错的地方都印上号码，学生即可依号码查阅改错手册，订正错误后，再交徐教授批阅。徐教授在住所门上特地钉制了一个木槽，让学生将交来的作业投到槽中，之后，他也会将批阅后的作业置于槽中，便于学生随时订正。④

同济大学魏特教授，对学生作业要求颇为严格。他要求助手俞载道对学生的作业设计图纸必须认真仔细审查，有错误的地方必须交给学生修改。凡

---

①章玲苓：《外籍教授汤生》，载朱隆泉主编《思源湖——上海交通大学故事撷英》，上海交通大学出版社，2006，第324页。
②张连红主编：《金陵女子大学校史》，江苏人民出版社，2005，第46页。
③《河南大学校史》编写组：《河南大学校史》，河南大学出版社，2002，第54页。
④谢必震：《香飘魏歧村——福建协和大学》，河北教育出版社，2004，第48页。

是经俞载道看过的学生作业图纸里如再发现错误，则归咎于俞载道。[①] 这种近乎苛刻的训练，使俞载道到80岁高龄时，仍能徒手画出建筑结构图，横平竖直，如同使用三角板、圆规一般精准。

西南联大地质地理气象学系美籍教授米士，对学生所撰论文严格把关，一丝不苟。为了检查1940届学生董申保的毕业论文，他特地和袁复礼教授一起，带着董申保在工作地区跑了十余天，指出该变质地区中复杂的变形结构，并与阿尔卑斯标准地区进行比较，如此负责的工作精神使董申保受益匪浅。[②] 更重要的是，米士一丝不苟的治学态度和野外工作方法，也成为学生努力的方向。正是得益于这种"师训"，董申保后来成为中国科学院院士。

燕卜荪在西南联大教书期间开过多门课程，如17世纪英诗、英诗概观、现代英诗、英国散文演变等。其中理论文写作是西语系大四学生的一门必修课，要求学生阅读教师指定文章，然后写出评论。对学生们写出的每一篇评论，燕卜荪都详细批改，并附上评语。评语总能切中要害，所以学生被其深深折服并牢记于心。同时，他还不忘鼓励学生，发现好的句子便写上称赞之词。

以上所举数例，足以体现一些优秀外籍教师以其极致、认真的态度，不仅培养了学生们严谨学研之作风，更是奠立了学生们日后立身处世之正道。

三、讲授内容

作为课程的核心部分，课堂教学内容是学校重要的教学资源。它可以反映社会及个体的教育需求、教育理念的价值取向及民族文化心理的积淀。有些外籍教师在某一领域研究精深，讲授内容不但丰富，而且具有学术前沿性。

先后在中山大学和西南联大任教的德籍教授米士，授业勤奋，为学生开设有岩石学、构造地质学、地质测量、欧亚山脉构造、欧亚地质构造等若干课程。米士对大地构造和区域变质作用研究精深，所以在教学中他非常善于把最新

[①] 俞载道：《魏特教授在李庄》，载黄昌勇、干国华主编《老同济的故事》，江苏文艺出版社，2007，第312页。
[②] 董申保：《纪念我的导师——孙云铸教授和米士教授》，载北京大学地质学系建系100周年纪念文集编委会《百年辉煌　继往开来——北京大学地质学系建系100周年纪念文集》，北京大学出版社，2009，第98页。

地质理论和自己的研究成果介绍给学生。在选修课"区域变质作用和欧亚山脉构造"中，他把地质最新理论和研究心得，诸如地槽、陆台、沉积岩相、花岗岩化等，毫无保留地介绍给学生。课堂上讲不明白的内容，米士就把学生带到野外进行实地教学。"所过之地，能用白纸一张，将山川岩石构造，取其精要，附以比例尺为有色图例，制成地质图，五色缤纷，一地的地质，跃然图上。"①据1940届中山大学理学院地质系毕业生黄伟达回忆：

> 我在大二时选修米士师的岩石学，岩石学内容异常充实，调查的技士也来旁听。米士师自写英文岩石学讲义，由德文名著编译而成。他讲解岩石分类、鉴定、分布，有条不紊。此外他以理论化学做基础，来讨论岩石生因。再从动力地质来看岩浆侵进，区域变质作用及大地槽水成岩的发育、种类和演变。米士师对花岗岩及变质岩，著述宏富，他对水成岩亦造诣甚深，不愧为专家学人。②

另据董申保回忆，米士授课善于应用欧洲的经典学说，来说明中国地质的某些区域构造类型及变质作用的特征。他讲授的变质作用课程系统地介绍了西方近代变质作用的学说，奠定了变质作用课程的基础。他的谆谆教导，使听过他课的学生都爱上了这门课，对变质岩石学产生了浓厚的兴趣。③

北京大学地质系美籍教授葛利普，非常注意将中国地质与世界地质进行对比，所讲内容很有系统性，学生听课不觉生涩。据北京大学地质学系1939届毕业生、中国科学院院士王鸿祯回忆，1937年葛利普讲授地史课，讲到地球脉动论和极控论时，"滔滔雄辩，令人心折，而讲到概念观点，又是溯本穷源，细数师承，妙绪泉涌，引人入胜"④。

燕京大学物理系英籍教师班威廉，在1929—1942年间，先后主讲过理论物理学大纲、向量分析、相对论、热力学、能子学说（即量子理论）等课程。

---

① 黄伟达：《母校理学院地质系读书记》，载黄仕忠编《老中大的故事》，江苏文艺出版社，1998，第178页。
② 黄伟达：《母校理学院地质系读书记》，载黄仕忠编《老中大的故事》，江苏文艺出版社，1998，第174—175页。
③ 董申保：《纪念我的导师——孙云铸教授和米士教授》，载北京大学地质学系建系100周年纪念文集编委会编《百年辉煌　继往开来——北京大学地质学系建系100周年纪念文集》，北京大学出版社，2009，第98页。
④ 王鸿祯：《葛利普教授——中国地质学界的良师益友》，载王鸿祯、孙荣圭、崔广振等《中国地质事业早期史》，北京大学出版社，1990，第84页。

他在1930年为研究生开设了一门选修课程——近代物理学之哲学问题，内容包括怀特海、博若德、罗素等人的哲学理论，并涉及相对论、波动力学和统计力学等方面的物理学知识，被认为是中国比较早针对物理哲学的教学与探讨。①

在清华大学任职期间，美国数学家维纳给数学系和电机系的教师和高年级学生开设了傅里叶级数和傅里叶积分（包括Labgye积分），以及数学专题讲座，每周3学时。讲课的内容多是他的研究成果，涉及傅里叶级数、傅里叶积分及其应用，以及他本人与贝莱合写的《复平面的傅里叶变式理论》，有的还是他正在从事的研究课题。这些授课内容都是研究通信和控制理论的重要数学工具。他讲授的勒贝格积分，是20世纪初创立的新数学理论。他讲课有时好像是自己在搞研究工作，常常写满一黑板公式，突然自言自语地叫起来："不对！不对！"然后将其统统擦掉，或叫道："对了！对了！"当时听课人数约为20人，其中就有赵访熊、华罗庚、徐贤修、吴新谋、段学复等。②这些人士日后都成了我国著名的数学家。

辅仁大学德籍教授严池对超声学的研究处于世界领先水平。来华后，他将这一研究引入课堂，为本科生教授理论物理学课程，为研究生开设量子统计学、波动力学、高等波动力学、量子力学、初等量子论、原子光谱学、分子光谱、统计力学等课程。该校德籍教授李嘉士也是一位德国著名物理学家，来华后为本科生讲授光学课程，给研究生开设了张量研究、相对论、分子光学、各向异性介质之光性质等课程。两位教授所授内容大多为物理学最新知识。这些新知的灌输，使得中国学子从一开始接触这门学科时，就能站在该学科领域的前沿。

英籍教授瑞恰慈，通过在清华大学、北京大学和燕京大学的教学活动，把自己的文艺批评理论传授给中国的学生和同事，开阔了他们的学术视野，同时对中国英语语言文学的发展产生了重要的影响。1929年至1931年，瑞恰慈在清华大学开设第一年英文，西洋小说，文学批评，现代西洋文学（一）诗、

---

①孙洪庆：《班威廉在中国（1929—1945）》，载《2008年全国博士生学术论坛——科学技术哲学论文集》山西大学2008年印行，第3页。
②魏宏森：《维纳在清华》，《自然辩证法通讯》1980年第1期，第61页。

（二）戏剧、（三）小说等课程，①其中文学批评为一门重要的必修课。同时，他还在北京大学开设有小说及文学批评等课程。在燕京大学主讲意义的逻辑与文艺批评。其教学内容涉及对亚里士多德、朗吉努斯、但丁、弥尔顿、布瓦洛、德莱顿、柯勒律治等世界文艺理论大师的介绍。

外籍教师在课外还会介绍不少欧美最新的科技发展情况，借以开阔学生视野，扩展其知识面。如北洋大学堂美籍化学教师福拉尔（H. V. Fuller）博士，曾求学于瑞士，与著名科学家爱因斯坦交往甚密，对爱因斯坦的相对论学说有相当深的研究。他在教大学一年级化学课时，专门在课余时间选定几小时讲解相对论原理，使学生的思想顿时改观。②

四、教学方法

外籍教师在中国授课，不可避免地会遭遇文化差异和语言障碍问题。这在一定程度上会造成中国学生的学习困难。为解决这些问题，外籍教师运用了多种教学方法，以提高教学效果。

（一）讨论

中国传统课堂，大都是先生讲、学生听，难有讨论之说。外籍教师则不然，讨论成为一种主要的课堂教学状态。这种讨论式授课方式对开拓中国学生思路、促进学生独立思考大有好处。

燕京大学新闻系美籍讲师埃德加·斯诺，擅长用讨论、谈话的方式开展教学。1933—1935年间，斯诺承担了新闻撰述学、旅行通讯等课程的教学工作。丰富的从业经历，使斯诺的教学实践色彩较重。他常常组织学生开讨论会，学生们得以各抒己见。据张文定《斯诺在燕园》的回忆：

> 他上课仿佛不是讲学，而是在和学生谈心。他喜欢询问学生们对各种事物的看法，善于用启发式教育。③

---

① 齐家莹编撰：《清华人文学科年谱》，清华大学出版社，1999，第89页。
② 金以林：《近代中国大学研究：1895—1949》，中央文献出版社，2000，第14页。
③ 张文定：《斯诺在燕园》，载刘力群主编《纪念埃德加·斯诺》，新华出版社，1984，第134页。

学生们还经常到斯诺家中探讨问题。曾在燕京大学新闻系就读过的萧乾提及：

  除了课堂，对我们更具吸引力的，是他在海淀军机处八号住宅的那座客厅，他和海伦（斯诺夫人）都极好客，他们时常举行茶会或便餐。平时大门也总是敞着的。①

在完成西行陕北的壮举后，斯诺曾于1937年2月5日晚，为燕京大学新闻学会成员放映和展示了所摄影片和照片。这实则为学生上了一堂生动的实践教学课。受此影响，学生们组成了"燕大学生西北旅行团"，于1937年3月到访延安，受到了毛泽东、朱德、董必武等中国共产党领导人的接见。

圣约翰大学经济系1943届学生陈琨，在《记忆中的母校》一文中提到一位美国老师——罗伯特（Roberts），讲他在上世界史课时，多以座谈会的方式进行：

  （他）让学生随意发言，对历史事实发表不同意见，进行辩论。老师随时给予指导。有时还结合历史，讨论当时英、法与希特勒交战的时事。

  ……　……

  （罗伯特还不忘告诫学生）你们有的人想去美国留学，这欢迎。但你们必须爱祖国。如果连自己中国都不爱，还能爱美国吗？②

这些告诫话语让陈琨铭记终生。

圣约翰大学另一位美籍经济学教授沙利文也擅长通过向学生发问的方式，引导学生开展讨论。据圣约翰大学1940届学生李承基回忆，沙博士会在下课之前留些时间给学生提问，还会指定阅读与下节课程相关的内容，并要求提交心得报告。为激励学生多提问，沙博士将提问的次数和质量作为考核内容，平时发问多的学生，期末分数就高。从不提问的学生会被列入淘汰之列。刚开始，有些同学有意取巧，在课堂上提出许多不切合主题的问题塞责。李承

---

①萧乾：《斯诺精神》，载尹均生主编《20世纪永恒的红星——纪念〈西行漫记〉发表60周年国际学术研讨会论文集》，华中师范大学出版社，1998，第383页。
②陈琨：《记忆中的母校》，载徐以骅主编《上海圣约翰大学（1879—1952）》，上海人民出版社，2009，第230页。

基还忆及：

> 沙博士博闻强记，能言善辩，对经济学更了如指掌，对这类取巧的发问，总是笑而不答，只翻开书本，指出第几页第几行，请发问者起立，自己朗诵一遍，因为答案就在所指定的范围内，如果课前下过苦功，便不会明知故问。如果提出的疑问有价值，他便非常欣赏，不厌其详地加以解答。若有两人提出相反意见，那就更热闹。有时会开一个小型辩论会，有时会开级际的讨论座谈，探寻正确的结论。①

学问不辩不清。外籍教师充分运用讨论的方法开展教学活动，收到了很好的效果。

（二）野外考察

外籍教师还将野外考察作为课堂教学方法，引入中国高校的讲堂。

中山大学地理学系德籍教授克勒脱纳，专门开设有科学调查课，规定学生每周要外出考察一次，假期则进行长远考察。1930年，克勒脱纳组织"云南地理调查团"，对云南开展探险式考察，回校后写成《民国十九年云南地理考察报告》。这次教学活动，成为民国时期我国地理学界最早有组织的地理考察活动。这种将课堂和野外实践相结合的教学方式，使学生在自然地理基础方面获得扎实训练。如1933届地理系毕业生、中国科学院院士周立三曾在华南师范大学讲学时提及，由于克勒脱纳严格的地理训练，培养了学生们深厚的学术素养，使得他后来在主持新疆综合考察队、农业区划工作中，都能开辟新领域。其农业区划工作，还曾受到邓小平同志的赞赏。②

德籍米士教授也极注重野外实践。他在中山大学和西南联大教书时，多次带领师生到野外考察。星期天，他会带领学生到昆明城外郊区进行考察。考察时，要求学生仔细观察和描述每一个"露头"（露出地表的岩石），并对复杂现象进行辩论。他还带领学生进行环湖考察。如做澄江抚仙湖环游考察，指导学生认识湖盆地沿岸的地层、岩石和构造；带领三年级学生在滇池

---

① 李承基：《我敬佩的沙利文博士》，载徐以骅主编《上海圣约翰大学（1879—1952）》，上海人民出版社，2009，第382—383页。
② 曾昭璇原著，曾新、曾宪珊编注：《岭南研学记》，中国广播电视出版社，2003，第174页。

进行地质实习时，每到地层交界或构造变化等关键部位，就停下来让大家观察、讨论，最后由他讲解，给学生留下深刻印象。[1]1942届地质地理气象系毕业生、中国科学院院士陈梦熊曾回忆一件发生在考察过程中的趣事：当年，米士教授带领同学们在抚仙湖观察岩石"露头"。同学们坐在湖边山头休息，米士指着靠近湖边的水面，问学生们是否有一块灰色的"露头"，请大家思考那块灰色的"露头"是什么岩石。有同学回答是石灰岩。米士不同意，要同学再仔细观察。那位同学十分肯定自己的看法，另有几个同学也附声同意。米士说：最好的办法是亲自到那块"露头"岩石前，动手打一块岩石标本，拿回来给大家看一看。那位同学拿起地质锤走去，不想就要走近"露头"时，那块岩石居然动起来了——原来是一条大水牛卧在湖岸边的水里。在同学们的欢笑声中，米士总结道："做地质工作，光用眼睛在远处看是不够的，必须到跟前，用铁锤亲自打下岩石标本，仔细观察后，才能做出正确结论。"[2]后来，在野外考察中，陈梦熊只要看到"露头"岩石，就会想起那位同学被水牛"戏弄"的情景，由是养成了对每一个"露头"都先打标本、再仔细观察的好习惯。

对某些学科来讲，野外考察是课堂教学的重要延伸。在外籍教师带领下，学生们观察力及运用学科知识分析问题的能力得到了增强。

（三）实验

在平时的教学实践中，外籍教师特别注重对传统课堂进行延伸拓展，注重实验手段和操作，突出对学生实际工作能力的培养。

早期将实验引入课堂的外籍教师是山西大学堂西学专斋瑞典籍化学教师新常富。1902年，年仅23岁的新常富来到山西大学堂给中国学生上的第一课就是化学实验。而那次做实验时，发生了巨大的爆炸，惊恐中的学生冲出教室。也有一些外籍教师为了提高教学实效在学校设立实验室。如在湖北农务学堂任教的日本教习峰村喜藏和中西留应就在学校建起蚕桑实验室，指导蚕桑科

---

[1]西南联合大学北京校友会编：《国立西南联合大学校史（修订版）——一九三七至一九四六年的北大、清华、南开》，北京大学出版社，2006，第201页。
[2]陈梦熊口述，张九辰访问整理：《我的水文地质之路——陈梦熊口述自传》，湖南教育出版社，2013，第64页。

的学生对各国蚕种进行分组实验。在他们的指导下，学生通过实验掌握有关养蚕知识的同时，还养成了良好的学习习惯和工作责任心。①

清华大学航空系美籍教授华敦德，在平时教学中十分注意培养学生的基本实验技能。一次，华敦德指导学生做测量管道截面流速的皮托管实验，其间，他因有事出去了一个小时，待他回来时学生们都已离开，但他发现学生仅测了管道粗口和细口两个数据，在中间截面一个数据也没有测定的情况下，就按照流体流动连续性原理做了简单计算，得出实验结论：管道任一截面上各点的流动速度完全相等。针对这件事，华敦德对学生耐心解释："实验的目的正是要阐明简单的假设是不行的，其实，截面上各点的流速并不相同。由于管壁和运动流体之间有摩擦，所以离管壁愈近的流体速度愈慢。"经过华敦德的解释，学生们终于明白科学的严谨不仅仅是理论与逻辑的严密，还要通过实验验证。②针对当时中国学生理论出色、实验略逊的情况，华敦德还特意在实验课上布置一些基本实验，借以锻炼学生的基本功。这些基本功训练，在后来他带领学生主持南昌风洞的设计和运转工作中都得到了应用。

经过内容丰富、形式多样的实验训练，学生们巩固了理论知识，增强了运用能力，毕业后走向社会参加工作，能够迅速将知识应用于生产实际。

（四）田野调查

田野调查是人类学类课程所需运用的基本教学方法，也是将学生培养成为一个人类学家必须具备的基本方法。

汉语方言地理学的创始人、辅仁大学比利时籍教授贺登崧（Willem A. Grootaers），在1947年和1948年两年暑假间，均主持过方言民俗田野调查。一次是1947年7月、8月间，贺登崧率研究生李世瑜、张冀文，对察哈尔省万全县的93个村庄（包括一个县城）和张家口市开展调查；另一次是1948年7月、8月间，贺登崧同李世瑜、王辅世徒步调查了宣化县的115个村庄和宣化旧城，③并搜集了其中63个村的方言。这两次调查内容，主要是关于语言、

---

① 黄新宪：《中华文化与闽台社会的变迁》，福建教育出版社，2002，第343页。
② 《华敦德与清华大学航空研究》，载清华大学校史研究室编《清华漫话（二）》，清华大学出版社，2009，第290页。
③ 李世瑜：《1947、1948年万全、宣化庙宇普查之方法论》，载《社会历史学文集》，天津古籍出版社，2007，第24页。

历史和民俗的，其中民俗又以庙宇为中心。在《1947、1948年万全、宣化庙宇普查之方法论》一文中，李世瑜详细介绍了他们在贺登崧的带领下所做的调查工作。他们记录下各庙宇的名称、规制、方位，各殿堂内部的塑像、牌位、壁画、陈设和殿堂外的碑、钟、炉，以及询问到的有关历史、香火、组织、庆典、庙会等情况。师生对所拍到的每张照片必有记录，"每个胶卷有编号，第几卷第几张照的是什么都要记下来"①。这两次调查分别拍摄了120张与270张照片，真实再现了不同崇拜和艺术风物最重要的细节。

在跟随贺登崧学习的过程中，学生们掌握了田野工作的研究方法。1948年田野调查的结果之一，就是王辅世提交的硕士毕业论文《宣化方言地图》②，这是我国较早的一部方言地理学著作。毕业后，王辅世主要从事少数民族语言的调查研究，成为我国苗瑶语研究方面的专家。通过对民俗的研究，李世瑜还发表了《现代华北秘密宗教》③。在后来的研究生涯中，他对天津方言有深入、独到而开创性的研究，创立了"天津方言岛"学说。

（五）实习

实习是加强教学与社会联系的重要环节。中国近代学校中所设的实用学科，对实习一法尤为重视。

早在京师同文馆时期，医学教习德贞就经常让学生到医院实习。美籍教授谢尔屯，在1915—1924年任教上海工业专门学校（上海交通大学的前身）时期，每年会率领电气机械科和土木科学生到各地工厂观摩学习，先后去过湖北的汉阳钢铁厂、汉阳兵工厂、大冶铁矿、扬子江机器公司，以及无锡等地的企业。每次实习时间为半个月到一个月。④同时，谢尔屯还将电气机械科毕业生介绍到美国企业实习，如1912年7月，他介绍朱彭寿、胡端行、黄锡蕃赴美国电厂实习；1916年夏，他介绍杨跃德赴美国西屋电厂实习；1917夏，

---

① 李世瑜：《1947、1948年万全、宣化庙宇普查之方法论》，载《社会历史学文集》，天津古籍出版社，2007，第27页。
② 此书由东京外国语大学语言文化亚洲非洲研究所于1994年出版。
③ 此书1948年出版，1990年上海文艺出版社影印。
④ 《电气期颐》编纂委员会编：《电气期颐——上海交通大学电气工程系纪事（1908—2007）》，上海交通大学出版社，2008，第6—19页。

他介绍陈长安赴美国纽约奇异电厂实习；1920年9月，他介绍倪俊赴美实习。①正是外籍教师对实践教学的高度重视，锻炼了该校学生的实践能力。1915年，电气机械科学生周厚坤发明中文打字机，经改造后，1919年上海商务印书馆印刷厂铁工部开始生产这种打字机，并在1926年费城世界博览会上获得博览会二等荣誉奖章。

外籍教师强化学习的实践性环节，提倡课堂理论知识与实用技能的有机统一，培养的学生不但专业理论知识扎实，而且动手能力强，成为社会上大受欢迎的人才。

（六）参观

走出校园，实地参观，是一种开阔学生视野并能有效地将理论学习与实践结合的教学方法。1905年，日籍教习矢部氏、桑梓氏等人，率领京师大学堂动植物学学生26人，前往烟台搜集鱼类及海藻等动植物，成为京师大学堂教习带学生出游参观的先例。

清华学校美籍历史教授麻伦，特别重视参观与考察旅行。据《清华周刊》记载，1923年5月5日下午，麻伦带领1925级欧洲上古史班学生参观土城、西城外天主教堂、利玛窦家及马可·波罗遗迹诸名胜，至天晚始行返校。②

同济大学大力支持学生利用假期外出参观访问。20世纪20年代初期，学校发给每名学生每年20元旅费津贴。1923年3—4月间，医正科二年级学生，在病理解剖学德籍教授欧本海带领下，利用春假参观访问了北京的协和医院、德国医院和国立医学专门学校，济南的北海医院等。又如，1923年7月，阮尚介校长和德籍教授施比禄（Spiro）带领机械科四年级9名学生，用18天时间参观了日本大坂、京都、东京、横滨、日光、足尾等城市十几所工厂和四五处名胜。他们师生一行既考察了日本机械工业的概貌，也了解到日本的风土人情，最后写出了《东游考工记》。③

总之，通过一系列参观访问活动，外籍教师们使中国学生接触了社会，

---

① 《电气期颐》编纂委员会编：《电气期颐——上海交通大学电气工程系纪事（1908—2007）》，上海交通大学出版社，2008，第4—9页。
② 《清华周刊》第281期，1923年5月11日。转引自苏云峰：《从清华学堂到清华大学　1911—1929：近代中国高等教育研究》，生活·读书·新知三联书店，2001，第129页。
③ 翁智远主编：《同济大学史　第一卷（1907—1949）》，同济大学出版社，1987，第29页。

扩大了视野，增加了书本上没有学到或难以学到的知识。

（七）模拟

模拟是对真实事物或者过程的虚拟。对于只有书本知识的大学生而言，模拟教学可以增强学生对学习内容的理解。

东吴大学美籍教师刘伯穆（W. W. Blume），将此种方法移用到东吴大学的法学教育中，采用"型式法庭"（即模拟法庭）的教学方法。"型式法庭"每两星期开庭一次，高级生轮流实习。对"型式法庭"最初的运作情况，文乃史曾介绍：

> 学校于1921年组织了一个实习法庭（型式法庭），法庭在周六晚上开庭，所有的学生都参加了。由学生充当律师、陪审员和证人。外面请来的律师、法官和本校的一些教师充当法官。轮流演试三套法律程序——中国法庭（用汉语），混合法庭（中、英互译）以及英、美法庭（用英语）。①

1922年的《东吴年刊》，对"型式法庭"之程序也有过相当详细的描述：

> 开庭前，由主教者将疑案之事实，通知原被告律师，两律师先后各备诉状及答辩书，届时由双方提出人证及物证，并各具言词。辩论终结后，法官宣告判词。败诉者如有不服，复可请求再审，或声明上告。所用程序，均照现行法院或上海会审公廨及英美法庭审理，间用陪审制。学生各得轮值充任。②

"型式法庭"是东吴大学法科教学的创举和特色，使法学教育显得生动活泼，学生乐于接受。所有有关政治、经济、外交等方面的复杂案件，他们都经常在"型式法庭"上模拟演练。通过这种独特的教学形式，东吴大学培养了一批优秀的中国法律人才。

（八）直观教学法

生物、医学教育离不开解剖，而最先将解剖法带入中国课堂者，亦为外籍教师。

---

① [美]文乃史：《东吴大学》，王国平等译，珠海出版社，1999，第73—74页。
② 王国平：《东吴大学简史》，苏州大学出版社，2009，第81页。

1902年，京师大学堂管学大臣张百熙破除积习，允许日本教师在讲堂上教学生解剖学，据说还真的解剖了一只羊。此事后来引起慈禧的震怒。[①]1914年，加拿大传教士启尔德创办华西协合大学医科，讲授生理学、眼科等课程。医科教学需要解剖尸体，但在成都要找一具完整的尸体非常不易，启尔德与他的同事曾为此大伤脑筋。是年秋天，一具尸体被人悄无声息地放在了医科楼的门口，面对这具来历不明的"宝贝"，大家在忐忑不安中壮起胆子将之解剖。这种为中国社会所忌讳的事情直到20世纪20年代，才渐渐没有人反对了。[②]

　　金陵女子文理学院美籍教师黎富思，常带学生进入花园开展实地观察，教她们将手中花朵的花萼、花瓣从外向内一片片摘下，讲述其大小、形状、颜色及招引昆虫传粉的作用，然后要学生参阅相关资料，并写出结论性报告。[③]

　　在语言教学中，一些外籍教师也采用实物直观法，收到很好的效果。同济大学德文教师威多福，采取了一整套形象化的教学法。他开始并不教字母，而是先出示各种实物教具，或在黑板上画图，然后用德文讲，要学生跟着朗读。随着变换教具的颜色、形状、种类，由浅入深、由简单到复杂地进行教学。学生全神贯注、认真观察，注意发音，专心朗读，积极思维，从大量"学舌"的实践中，掌握德文的语音、语法规则，德文程度很快得到提高。[④]

　　曾在北京大学和中央大学任教的法籍教授邵可侣，教学不仅极其严格、认真，也十分生动活泼。有一次，为了讲解有关夫妻等内容的词汇和句子，他把妻子带到课堂上当"活教具"。

　　此时，外籍教师已开始运用电化教学手段。1930年，金陵大学化学系教授唐美森首先将科学电影应用于教学实践中，取得了良好的教学效果。[⑤]自此，不少高校也先后关注并运用电化教学来提高教学效果。

（九）自学

　　一些外籍教师非常注重培养学生的自学能力，以训练其掌握独立分析、

---

①刘克选、方明东主编：《北大与清华——中国两所著名高等学府的历史与风格（上）》，国家行政学院出版社，2011，第20页。
②罗中枢：《四川大学：历史·精神·使命》，四川大学出版社，2009，第149页。
③张连红主编：《金陵女子大学校史》，江苏人民出版社，2005，第46页。
④翁智远主编：《同济大学史　第一卷（1907—1949）》，同济大学出版社，1987，第6页。
⑤乔金霞：《电化教育在中国的传入及其学科建构》，华中师范大学，2015年博士论文，第196页。

解决问题的技能。

北洋大学外籍教授多采用启发式教学,引导学生自主学习。孙越崎在《回忆在北洋大学的读书生活》一文中讲道:

> (他们)不是逐页宣讲教科书,他们只讲从那页到那页的大意是什么,再指定参考书。说明须要参考的页数,要同学自己去看。每一本教科书都指定若干参考书目,到图书馆去借,真够呛!因为全是外文本子,要翻字典,边查边看,很慢。课堂上只讲的是大意,又加文字生疏,感到很吃力,完全要靠你自己独立念书,再加上学期考试,学年考试,不下真功夫,题目是做不出来的。弄不好就降班。尤其是期末考试,要考全学期的课程,所以完全靠星期天补上。①

费孝通在《人不知而不愠——缅怀史禄国老师》一文中,谈到俄籍教授史禄国在初次见到自己时就规定了三个学习阶段,"每个阶段用两个学年。第一阶段学体质人类学,第二阶段学语言学,第三阶段才学文化人类学。其间还要自学一段考古学"②。可惜,这个自学规划仅实施了第一阶段。史禄国对费孝通的教育方法就是着重培养独立解决问题的能力:

> 他从来不扶着我走,而只提出目标和创造各种条件让我自己去闯,在错路上拉我一把。他在体质人类学这一课程上从没有做过一次有系统的讲解。他给了我几本他自己的著作,就是我上面提到的关于中国人的人体研究。并用示范的方法教会了我怎样使用人体测量的仪器。随着就给我一本日本人所著的关于朝鲜人的人体测量的资料,完全是素材,就是关于一个个人的人体测量各项数字,一共有500多人。接着就要求我根据这些素材,像他所做过的分析那样,找出朝鲜人的人体类型。怎样找法就由我在他的著作中去捉摸。③

史禄国还为费孝通向生物学系借了一间实验室,让费氏独自在实验室工作,但是任何时间他都可以自己开门进来看费氏在做些什么。每天傍晚散步

---

① 孙越崎:《回忆在北洋大学的读书生活》,载左森、胡如光编《回忆北洋大学》,天津大学出版社,1989,第46页。
② 费孝通:《师承·补课·治学》,生活·读书·新知三联书店,2002,第86页。
③ 费孝通:《师承·补课·治学》,生活·读书·新知三联书店,2002,第88—89页。

经过生物馆时，他就到实验室查阅费氏堆在桌上的统计纸，看到错误时就留下"重做"的批语。费孝通完成"朝鲜人的体质分析"预计工作后，被史禄国安排到驻清河的军队，测量士兵的体质，每周两次；对士兵的测量工作结束后，又被史禄国安排到北平监狱去测量犯人的体质。

史禄国培养学生自主研究的方法使学生受益终身，费孝通认为史禄国是对其一生学术有深刻影响的导师之一。

除此之外，有些外籍教师积极探讨新教法。东吴大学首任校长孙乐文的儿子孙明甫（R. S. Anderson）在教学过程中，以极大的热情将戈因语言教学体系运用到英文教学中。戈因语言教学体系，原为英国人斯旺倡导。根据这个体系，教师事先把要教给学生的知识组织成相关系列的句子，并用英语表达出来，然后通过体势把这些句子的意思表演出来，使其意思变得明白，这一过程不得借助任何其他语言的字词。孙明甫组织了大量这类句子，他在学生面前一边用英语说这些句子，一边把它们表演出来。然后，学生单个地、分组地跟着他重复这些句子。当学生们意识到自己在没有用任何汉字解释的情况下，竟然能说英语并懂得了句子的意思时，都惊喜不已。

当然，并非所有的外籍教师都采用能提高教学质量的新颖教学方法，也有一些教师照本宣科，引起学生反感。如在1928年至1935年间求学于东吴大学中学部和大学部的杨公素，就曾在回忆录中提及：

> 东吴大学政治系说来可怜，主要课程有国际法、国际关系、各国政府与政治等，用的都是美国大学的课本。教授大半是美国教会派来的，也都是照本宣科，没有什么自己的见解……有一次上一个美国老太婆讲的国际关系课，她叫我不要看课本外书，要听她讲，其实是念课本……于是在下次上课时，我就提一个问题，为什么美国在美洲讲门罗主义，说美洲是美洲人的美洲，而在中国却要讲门户开放主义？她一时答不上来，反而恼羞成怒，说这是美国的政策，她有爱国心，不容许反对她国家的政策。她自己也不能自圆其说，面红耳赤地下课了，从此她再不在课堂上耍威风了。①

---

① 杨公素：《沧桑九十年——一个外交特使的回忆》，海南出版社，1999，第64、69页。

一般而言，中国教师的教学方法比较重视演绎和推理，授课内容逻辑严密、条理清晰；而外籍教师更重视归纳和分析，在表现形式上更丰富和灵活一些。

五、师生关系

有些外籍教师将日常接触看作是对学生为人处世进行规范和劝导的良机。他们会经常把学生请到家里，讨论学业，师生关系融融。

著名红学家周汝昌在燕京大学求学时，由于听力受损，英文系美籍女教师包贵思特意安排他坐在第一排听课。为了让他听清授课内容，包贵思还会提高声调。包贵思在课堂上强调："我讲课的声调，正常的同学听起来恐怕会觉得不舒服，但是我为了你能听清，只好提高了。"有一次，包贵思给周汝昌留了一个作业，要他针对一篇小说写篇评论，同时给了他三本参考书，规定了完成的期限。收到论文后，包贵思将周汝昌约请到家里吃饭。周汝昌对此事有过真切的回忆：

> 我一进门，还没有落座，包贵思把我那份卷子拿出来给我看，上面写的是英文的评语：这份卷子所评的值不是一个分数，而是教员的一鞠躬。我感到诚惶诚恐："我哪里敢当？"包贵思说："不，你这个 paper 当得起我的话。"①

米士教授在野外考察期间，和学生同吃同住。他们睡的是农民的小茅草屋或旧而塌坏的房子，吃的是用清水煮熟的面条，却从未抱怨过生活的艰苦。米士乐观而活跃，常给学生营造欢乐的氛围。②

温德教授在西南联大和云南省立英语专科学校教书时，学生都乐于接近他。上课时，如遇到空袭警报，他会和学生一道疏散。学生去到他家中，他会煮好咖啡招待学生，所谈话题总离不开抗日战争、英诗、莎士比亚等。在学生眼中，温德不仅是一位受人尊敬的老师，也是一位和蔼可亲的兄长。著名学者何兆武曾这样回忆温德：

---

①周汝昌：《两进两出，燕园留名》，载陈远著《消逝的燕京》，重庆出版社，2011，第119页。
②李文达：《纪念米士（Peter Misch）教授》，载项礼文、盛怀斌主编《比较行星学　地质教育地质学史》，地质出版社，1999，第175页。

> 我还曾经有一个美国老师温德，他上课从来不教课，都是谈天，纯思想交流。而至于教课的内容，有教科书呢，不必让老师再重复一遍。①

看来，何兆武还是比较欣赏这一做法的，认为这样也没什么不好，"如果要大家讲的都一样你找个播音员就成了，还找老师干什么。请老师，就是要与学生有一个思想上的交流"②。

上海交通大学电机系汤生教授不仅学问渊博，而且在学生心中有崇高的人格魅力。汤生虽然上课时非常严肃，但在课外则和善可亲。他视所有学生为兄弟。由于住校的缘故，学生有问题可以随时请教他，而他对于学术上的问题，无不尽心尽力为大家分析解答，或指点学生自查参考资料。课余他还教学生世界语。当时的校长凌鸿勋给予汤生很高的评价："不特循循善诱，且敬业乐群，深受师生爱戴。当代客籍名师如汤生者，不多见也。"③

福建协和大学生物学系美籍教授克立鹄，为人和蔼可亲，对于学生甚为爱护。因他能说一口流利的福州话，学生非常喜欢和他亲近。该校生物学系1932届学生唐仲璋曾回忆：

> 克师当时常工作到深夜，提着一盏马灯走回家。在下课时候他身边常围绕着许多学生，怀着求知的热情看出许多问题，他总不惮烦劳的回答。有的学生提出一些离奇的问题，他不能回答，但他从不懊恼，只是说："我不知道，这问题没有人知道。"他循循善诱，使学生喜爱和他亲近。如学生在科研上有些成绩，他总是鼓励，常说："我为你的工作而感到矜夸。"④

韦棣华女士在文华大学任教期间，深受学生爱戴。在她去世后，学校曾出版《文华图书科季刊》"韦棣华女士纪念号"专刊，有多名学生撰文追忆她待生如友的事迹。学生毛坤撰文道：

---

① 何兆武：《我的先生私人史》，载《新周刊》杂志社主编《民国范儿》，漓江出版社，2013，第261页。
② 何兆武：《我的先生私人史》，载《新周刊》杂志社主编《民国范儿》，漓江出版社，2013，第261页。
③ 朱隆泉主编：《思源湖——上海交通大学故事撷英》，上海交通大学出版社，2006，第325页。
④ 唐仲璋：《纪念克立鹄教授》，载唐崇惕、赵尔宓主编《唐仲璋教授选集——纪念唐仲璋教授九十周年诞辰》，四川教育出版社，1994，第149页。

女士独能引导学生为学问而学问，终日钻研不倦。而师生之间则如家人父子，规过劝善，析疑解难，尽读书之乐趣。以是女士之学生成就者独多。远者如余日章博士、韦卓民博士、周苍柏、陈宗良、沈祖荣、胡庆生诸先生，近者如桂质柏博士、裘开明、王文山、查修诸先生皆能卓然有成。其余专一科成一业而服务立功于国家社会者不可胜数也。[1]

另一名学生沈祖荣也撰文追忆道：

（韦棣华女士）为人勤谨和蔼，教学生循循善诱，训诲不倦。每退讲席，必与学生谆谆谈论，随事指点。一字之误，一音之讹，反复告语，卒得正确而后已。论文书札，或有舛误，必详为更正。爱学生若子弟，学生亦亲之若慈母。彼此欵洽，又如朋友。岁时佳日，或置茶点，招学生至其家，欢呼谈嚯以为乐。并出各种游艺，以助其逸兴。学生或有年假期间不能归家者，即特别招至，温语拊循，或在公书林[2]指示其作种种工作，或写卡片，或写书签，或写登记，借以解其寂寞，慰其愁思。事毕，出茶点款食，尽欢而散。[3]

透过学生的笔端，世人可以看到一位温婉的外籍女子善待中国学生的温馨场景。

外籍教师其实也非常注重学生的思想教育。丁文江曾评价葛利普，说他"不但是工作极勤而且是热心教育青年的人"[4]。20世纪20—30年代，学生常因参加爱国运动而耽误上课，葛利普主动为这些学生补习功课，并告诫学生要自强，努力发展科学事业："在你们国家里，你们是发展这门科学的先锋，它的发展取决于你们的工作。你们是给正在建设的大厦增添经得起风雨的砖石呢？还是增添经不起时间考验的砖石呢？""在你细心地铸造你的那块砖石时，不要忘记在你眼前不久将出现的你们国家的那座宏伟的科学殿堂，

---

[1] 毛坤：《悼韦棣华女士》，《文华图书科季刊》（韦棣华女士纪念号）第3卷，1931年第3期，第336页。
[2] 公书林是中国近代最早开办的公共图书馆，由韦棣华创建，附设于文华大学。
[3] 沈祖荣：《悼韦棣华女士》，《文华图书科季刊》（韦棣华女士纪念号）第3卷，1931年第3期，第283页。
[4] 胡适：《丁文江的传记》，生活·读书·新知三联书店，2014，第33—34页。

正是你的砖石形成了那永久不灭的部分!"①

东吴大学美籍英语教师德丽霞兰(L. J. Tuttle),在该校授教时已年近半百。她教学经验丰富,关心学生的日常生活,有时会批评一些贪玩不用功的学生。一次,她在班上训话:"你们年轻人,怎么常到观前街吃点心,白相。"②"白相"为苏州土话,意为玩耍浪费光阴。

有些外籍教师和学生关系非常融洽,因此学生有什么事情还会邀请这些教师一道参加。有一次,东吴大学有个同学在家乡结婚,返回后在校补办宴席,宴请教英文文学的美籍教师葛海伦(Helen Clark)赴宴。由于她习惯分餐,上菜时,大家先将各种菜分给她。吃得开心之时,葛海伦说:"中国学生尊师诚笃,勤奋学习,我更喜欢在中国任教并喜居中国,教师在中国为中国社会所尊重,在中国所见,多是中国文化和社会之优点,此乃一个人生活之要素,也是人生之价值。"③葛海伦谆谆教诲,令同学们十分感动,也为自己是中国人而自豪。

有些外籍教师对已毕业学生的事业继续予以帮助。燕京大学地质系1927级学生陈允敦曾随英籍教授巴尔博学习地质矿物,称"后半生对于地矿的知识修养,皆奠基此时及此位教授"④。陈允敦毕业后回家乡筹办华南第一所专门培养矿物技术人员的教育机构——安溪矿物学校。由于师资奇缺,陈允敦只得北上聘请矿业教师。巴尔博热心牵线,从北洋大学地质矿物系选聘3人随陈允敦南下执教。⑤

当然,也有一些外籍教师和学生相处紧张的事例。其中一个出名的事例就是在前文论及的辛德勒事件,另一事例是发生在沪江大学的伊文思(Evens)事件。伊文思在沪江大学担任体育指导。当时的体育指导权限很大,学生体

---

① 于洸:《葛利普教授在北京大学》,载北京大学地质学系建系100周年纪念文集编委会编《百年辉煌 继往开来——北京大学地质学系建系100周年纪念文集》,北京大学出版社,2009,第65—66页。
② 许葆钧:《回忆母校东吴大学》,载顾念祖主编《东吴春秋:东吴大学建校百十周年纪念》,苏州大学出版社,2010,第4页。
③ 许葆钧:《回忆母校东吴大学》,载顾念祖主编《东吴春秋:东吴大学建校百十周年纪念》,苏州大学出版社,2010,第5页。
④ 陈允敦:《安溪矿务学校回忆录》,载中国人民政治协商会议安溪县委员会文史资料工作组编《安溪文史资料(第一辑)》1990年,第82页。
⑤ 陈允敦:《安溪矿务学校回忆录》,载中国人民政治协商会议安溪县委员会文史资料工作组编《安溪文史资料(第一辑)》1990,第83—84页。

育不及格就不能毕业。1912年冬，伊文思在一次指挥早操时，强迫全体学生在凛冽的寒风中脱去外套做操，学生们推选一名代表，向伊文思呈请免脱外套，认为气温特低、风较大，而晨操时间不过十分钟，不脱外套也无碍于操作活动。伊文思当场拒绝，并出言讥讽中国青年不中用，还不如他这样大年岁的美国人云云。当即激起全体同学公愤，他们一致脱去外衣，只穿一件薄内衣及短裤，并要求伊文思同样将身上所穿毛衣毛裤脱去，和学生一样。伊文思愤然而去，向校方报告，要求严惩学生。经校务会议决定处罚代表学生和伊文思交涉的四位毕业班学生。学生闻讯大哗，要求学校收回成命，并推选受处分的四位学生为代表，到市中心进行活动，向各界揭露事件真相。学生代表当即进入市区，散发宣传品并招待中外记者，陈述事实经过。经报纸公开报导后，全市哗然。后来校方取消了对学生代表的处分并保证今后不会发生类似事件。[①]

外籍教师在华的教学活动，为中国学生打开了一扇获悉世界知识的窗口，开拓了认知世界学术的视野，带来了新鲜、开放的思想，对中国近代大学的教学发展有较深刻的影响。

[①] 参见刘王立明：《沪江大学始末简记》，载中国人民政治协商会议全国委员会文史资料研究委员会《文史资料选辑》编辑部编《文史资料选辑》第10册（合订本，总第31—32辑），中国文史出版社，1986，第126页。

第二节　完善课程设置

中国近代大学课程设置的嬗变过程，也是中国传统文化与西方文化产生剧烈冲突并走向融合的过程。中国近代新式教育兴起后，以经史子集的"四部之学"为框架的传统知识分类体系逐渐解体，取而代之的是西方学科划分方法，即以文、理、法、农、工、商、医为主的学术分科。现代意义上的自然科学各学科（数学、物理学、化学、天文学、地质学、生物学等）及人文社会科学各学科（哲学、历史学、文艺学、政治学、经济学、法学等），相继进入中国近代高等学校的课程体系之中，并得到不断丰富和完善。在这一重要转变中，外籍教师成为中国近代大学课程设置转型的主导力量之一。

一、课程体系的创建

课程是知识传播的载体。外籍教师开设了大量新课程，承担了众多专业课教学任务，使中国近代大学课程设置更为充实，课程体系逐步趋于完善。在课程设置上，他们主要通过三种方式将国外课程移植到中国：第一种是根据人才培养需求，设立课程体系；第二种是外籍教师在创建大学系科时，将母校的课程全盘移植；第三种是在已经形成系科的课程框架上，增设新课程。

（一）根据人才培养需求设立课程体系

早期来华外籍教师常常根据人才培养的需求借鉴本人国内学校的经验创设课程体系。1869年，丁韪良接任京师同文馆总教习后，根据外语人才培养模式着手创建新式课程。他拟定过两份课程表，一份是"仅借译本而求诸学"的五年制课程表，是为"年齿稍长，无暇肄及洋文"的学生安排的，学生只学习汉文的科学课程（见表4-1）。另一份是"由洋文而及诸学"的八年制课程表（见表4-2），专为八旗子弟设计。该课程分两个阶段：第一阶段为前三年，学习语言和各国史地；第二阶段为后五年，学习西学专业知识。

表 4-1　京师同文馆的五年制课程表

首年	数理启蒙，九章算法，代数学
二年	学四元解，几何原本，平三角，弧三角
三年	格物入门，兼讲化学，重学测算
四年	微分积分，航海测算，天文测算，讲求机器
五年	万国公法，富国策，天文测算，地理金石

【资料来源】《光绪二年（1876）公布的八年课程表》，载朱有瓛主编《中国近代学制史料（第一辑上册）》，华东师范大学出版社，1983，第72—73页。

表 4-2　京师同文馆八年制课程表

首年	认字写字，浅解辞句，讲解浅书
二年	讲解浅书，练习文法，翻译条子
三年	讲各国地图，读各国史略，翻译选编
四年	数理启蒙，代数学，翻译公文
五年	讲求格物，几何原本，平三角，弧三角，练习译书
六年	讲求机器，微分积分，航海测算，练习译书
七年	讲求化学，天文测算，万国公法，练习译书
八年	天文测算，地理金石，富国策，练习译书

【资料来源】《光绪二年（1876）公布的八年课程表》，载朱有瓛主编《中国近代学制史料（第一辑上册）》，华东师范大学出版社，1983，第71—72页。

丁韪良所制定的课程设置，可谓中国教育史上第一个分年课程。教学内容包括了近代西方自然科学和社会科学的大部分学科，如西方语文、数学、化学、物理学、天文学、机械学、航海学、地理地质学以及国际法学、政治学、经济学等。仅算学就分为数理启蒙、代数、几何原本、平三角、弧三角、微积分等。

围绕轮船制造、轮船驾驶人才的培养，福州船政学堂正、副监督日意格、德克碑主导了该学堂的课程开设（见表4-3）。福州船政学堂分为前学堂和后学堂。前学堂又称法文学堂，分为造船科（制造学堂）、设计科（绘事院）、艺圃（艺徒学堂），学生主要学习法语和轮船制造技术所需课程；后学堂又称英文学堂，分为航行理论科（驾驶学堂）、航行实践科（练船）、轮机房（管轮学堂），学生主要学习英语和轮船驾驶、轮机管理所需要的课程。

表 4-3　福州船政学堂课程表

专业	理论课程	实习课程
造船科	法文，代数，算术，画法几何，解析几何，三角，微积分，物理和机械学	船体建造、机器制造与操纵
设计科	法文，算术，平面几何，画法几何和一门详论150匹马力轮机的课程	熟悉种种轮机和工具的实际细节
艺圃	法文，平面几何，画法几何，代数，制图以及一门讲解轮机的课程	为一部发动机的设计编写一份说明书，计算每一个部件的质量和重量，能够描述这部机器运转的细枝末节
航行理论科	英文，算术，几何，代数，平面三角和球体三角，航海天文学，航行理论以及地理	
航行实践科		航海技术、射击技术和指挥、巡航训练
轮机房	英文，算术，几何，制图，发动机绘制，海上操纵轮机规则，以及指示器、盐重计和其他仪表的使用方法等	在岸上练习装配80匹和150匹马力发动机，安装发动机

【资料来源】根据《毕乃德记福建船政学堂的分科及其课程》（朱有瓛主编《中国近代学制史料（第一辑上册）》，华东师范大学出版社，1983，第463—467页）整理。

外籍教师将西方课程引进中国，对中国学校教育产生了颠覆性的影响，使中国学校开始向西方靠近。

（二）全方位移植西方大学课程

现代意义的中国近代大学创建后，一批外籍教师在创建大学系科的同时，将国外大学课程直接移植到中国。从近代大学初设时期到20世纪40年代，这种活动从未停止过。

山西巡抚岑春煊在1902年上奏的《旨设立晋省大学堂谨拟暂行试办章程

缮草恭折》中，关于课程设置问题有过这样的表述：

> 订课程。学问之道非深入其中者，不能知其中之甘苦，所入之深浅不同，所知之甘苦亦不同。毫发不能假借，中学课程华人自能妥订，至于西学，将以华人拟定则仅得皮毛，难求实际，将倚洋员拟定。则专门各种只有偏端是非偏延，各国各种学问之专门名家来华体察中国今日教科情形，代我筹维何学宜先，何学可缓，何者为初级，何者为高等。广益集思，分类编成课本，未能收取人为善之效，故如此办理断非一省财力所能为，既有不能则是虽采取西学之长，其实仍茫无依据也。是以臣此次拟定晋省学堂课程，西学除算译及普通学中之格物外，余多从阙。①

正是基于这种思想，在岑春煊与李提摩太当年签订的合同中，将西学专斋开办十年内的创设学堂课程、延聘教习和考选学生等，均交予后者操办。

根据李提摩太筹划，1902年，山西大学堂西学专斋所开学科"分为五门：一曰文学，内分同文、史记、地理、师范等学；一曰法律学，内分政治、财政、交涉公法等学；一曰格致学，内分算学、物理、化学、电学等学；一曰工程学，内分机器工艺、矿路地质等学；一曰医学，内分全体、内外、大小、男女、局宅卫生、药物等学"②。此五门为预科，为期三年，主要是"向学生教授通过伦敦大学入学考试所必须的一些课程"③。由于经费所限，当时医学和文学并未开设。1906年10月，山西大学堂西学专斋设计开设四门专门学科，即律法、格致、工程、矿学，每科均依据英国大学有关课程进行设置。后因生源不足，只开了部分学科。山西大学堂西学专斋不论预科、专科，对课时都做了统一规定，每周36学时，每天上下午各授课3小时，星期日休息。

20世纪20年代，中国大学的新闻系多按照美国密苏里大学新闻学院模式开设课程。1921—1922学年，圣约翰大学美籍教师毕德生（D. D.

---

① 王杰、祝士明编著：《学府典章　中国近代高等教育初创之研究》，天津大学出版社，2010，第168—170页。
② 《山西大学堂西学专斋第一年课程表》（1902年），载王杰、祝士明编著《学府典章　中国近代高等教育初创之研究》，天津大学出版社，2010，第171页。
③ 李提摩太：《亲历晚清四十五年——李提摩太在华回忆录》，天津人民出版社，2005，第286页。

Patterson），在该校英文系中仿照自己母校密苏里大学新闻学院，开设了一门关于新闻的课程。当时毕德生还是《密勒氏评论报》主笔，只是兼任课程教授而已，故授课均在晚间。① 毕德生称"圣约翰的新闻学课程在亚洲大陆开设得最早，在远东地区则位列第二"②。该校还面向高年级学生专门创办了一份《约大周刊》（St. John's Dial）供学生实习。1922 年，圣约翰大学正式设立报学系（后改为新闻系），为我国新闻系创办之始。1924 年，毕德生返回美国，推荐武道担任新闻教授一职，继任系主任。武道是密苏里大学新闻学院毕业的第一位硕士，他到任后仍以密苏里大学新闻教育模式建设新闻系，所设新闻学课程逐渐增多，主要课程有新闻、编校、社论、广告、新闻学历史与原理等，均以英文授课。③ 由于武道在圣约翰大学工作时间较长（直至 1948 年），所以该系课程设置具有一定的稳定性。从该校 1930—1931 年、1937—1938 年开设的新闻课程中，我们可以看到密苏里大学对其的影响（见表 4-4）。

表 4-4 1930—1931 年、1937—1938 年圣约翰大学新闻系开设的课程

课程代码	主要内容	学分数	预修课程要求
新闻学一、二	搜集与撰述新闻，并实地工作	各 3 学分	英文一、二、三、四
新闻学三、四	校对及时评	各 3 学分	新闻学三
新闻学七	广告原理	3 学分	经济学一、二
新闻学八	广告之撰作与征求	3 学分	
新闻学十	推销术，研究推销方法	1 学分	经济学
新闻学十一、十二	新闻学之历史与原理，兼习本国新闻学	各 3 学分	

【资料来源】周婷婷：《中国新闻教育的初曙——以北京大学新闻学研究会为中心的考察》，华中科技大学出版社，2013，第 106 页。

1924 年，美籍教师白瑞华和聂士芬（Vernon Nash），在燕京大学文学院内创设了新闻系。"最初的课程安排包括新闻报道、特载文字、摄影报道、

---

① 戈公振：《中国报学史》，生活·读书·新知三联书店，1955，第260页。
② 转引自徐以骅主编：《上海圣约翰大学（1879—1952）》，上海人民出版社，2009，第88页。
③ 姚建红：《中国新闻史事溯源》，中国新闻出版社，1989，第101页。

报纸历史、报纸调查、新闻通讯社、插画、广告、报纸图书馆等。"①因经费原因，1927年该系停办，后又于1929年重新开设。1929—1937年间，先后在新闻系任教的专职教师有聂士芬（美籍）、马丁·富（Frank L. Martin，美籍）、谢文兰（James D. White，美籍）②、葛鲁甫（Samuel D. Groff，美籍）、白雅各（美籍）、黄宪昭、梁士纯、卢祺新、汤德臣、徐兆镛、苏良克、黄丽卿、蒋荫恩等。其中马丁·富、谢文兰是密苏里大学新闻学院交换教授，葛鲁甫是密苏里大学新闻学院的交换学生。聂士芬、黄宪昭、白雅各、卢祺新、汤德臣都是美国密苏里大学新闻学院的毕业生。教师授课语言均为英语。

燕京大学新闻系沿用密苏里大学新闻学院的做法，要求主修新闻的学生必须在其他系选修四分之三的课程，如政治学、国际形势、社会学、经济学、文学、史学等，其他四分之一是新闻专业课程（见表4-5）。这样做的目的是应对将来要面对的各种问题，这种广博的学识培养，对新闻系学生而言，是绝对必要的。学生要在四年内修满136学分（见表4-6）。该系课程安排，既有全面的基础教育，又有利于培养学生的专业特长及独立思考能力的通识教育，体现了燕京大学新闻教育以基础训练与通识教育并重的特点。

表4-5 1935年私立燕京大学文学院新闻系课程一览

课程类型	学分	具体要求
必修基础课	42学分	国文一年，英文两年，16学分
		法学院政治、经济、社会学基础课选读两门，理学院数、理、化、生物基础课选读一门，历史基础课一门。共20学分
		按全校本科生必修体育的规定，修完三年体育课，共6学分
主修课	44学分	新闻专业课程，包括实习和论文
副修课	不少于20学分	选定一门学科
选修课	不少于30学分	依本专业学习需要及本人志趣选修其他学科

---

①《燕京大学公报》（1924—1925），北京大学馆藏档案，档号YJ24006。转引自周婷婷：《中国新闻教育的初曙——以北京大学新闻学研究会为中心的考察》，华中科技大学出版社，2013，第106页。

②美国密苏里大学新闻学院沃尔特·威廉院长的遗孀。

【资料来源】燕京大学校友校史编写委员会编：《燕京大学史稿》，人民中国出版社，1999，第118—119页。

表4-6 燕京大学新闻系学分一览

年级	学期学分	
一年级	第一学期0~18学分	第二学期19~35学分
二年级	第一学期36~54学分	第二学期55~71学分
三年级	第一学期72~88学分	第二学期89~103学分
四年级	104~136学分	

【资料来源】燕京大学校友校史编写委员会编：《燕京大学史稿》，人民中国出版社，1999，第119页。

曾任燕京大学新闻学系主任的黄宪昭，在《燕京大学新闻学系概况》[①]一文中，较为详尽地介绍了1929年新闻学系的13门专业课程，将之与年代相近的一份密苏里大学新闻学院的课程设置进行了比较，可以清楚地看出，两校新闻专业课程具有极高的相似度（见表4-7）。

表4-7 密苏里大学新闻学院与燕京大学新闻系初期专业课程比较表

学校	密苏里大学新闻学院（1909年）	燕京大学新闻系（1929年）
课程	新闻历史和基本原理	新闻学史、新闻学导言
	新闻采访、报道、编辑与写作	新闻之采访与编辑、报章文字、社论
	通讯	通讯练习
	比较新闻学	比较新闻学
	报业管理	营业及印刷法
	新闻伦理、诽谤法、报纸法理	出版须知
	解说艺术	特载文字
	报纸制作	报纸参考材料、报纸图画
		广告原理

【资料来源】1909年，沃尔特·威廉向密苏里州提交的一份新闻学院的课程设置报

[①] 黄宪昭：《燕京大学新闻学系概况》，载燕京大学新闻学系《新闻学研究》，良友图书印刷公司，1932，第326—334页。

告（林牧茵著《移植与流变——密苏里大学新闻教育模式在中国（1921—1952）》，复旦大学出版社，2013，第140页）。

燕京大学新闻系借鉴了密苏里大学新闻教育注重课堂教学与实践并重的特点，它颁布的《本系学则》规定："本系课程理论与实习并重。实习共有三方面：一、本学系之刊物；二、报纸杂志之投稿；三、假期间及毕业后在报馆之实习。"[①] 其中，实习成绩不计入主修学分，但为学业考核和结业必须完成的课目。这种模式秉承了密苏里大学新闻学院院长沃尔特·威廉所倡导的密苏理方式——做中学。为此，燕京大学新闻系师生创办了一些报刊和通讯社，为学生提供实习平台。如设立燕京通讯社，自办《燕大报务之声》和《平西报》。燕京通讯社由学生自采新闻，"供给北京、天津、上海、汉口、香港、东京、纽约报纸十余家"[②]。《平西报》创刊于1930年，由当时的系主任黄宪昭教授指导创办，每周三刊，周二、四、日出版，四开四版，三版中文、一版英文。[③] 由学生担任报纸的社论编辑、采访、广告、发行、校对、排版等各项工作。编辑室设在印刷所内，学生与印刷人员在一起工作，直接沟通交流。《燕大报务之声》是一份英文报，于《平西报》创刊后停刊。

20世纪30年代，一些大学系科完全移植国外大学课程的情况依旧存在。1934年毕业于上海交通大学的钱学森，在《回顾与展望》中提到：

> 1935年秋就到美国麻省理工学院航空工程系学习，这才发现，上海交大的课程安排全部是抄此校的，连实验课的实验内容也都是一样的。上海交大是把此校搬到中国来了！[④]

但必须承认，正是有了外籍教师对西方大学课程的直接移植，才使得中国近代大学系科的课程设置更加系统化和专业化。

---

① 《北平·私立燕京大学文学院新闻系课程一览》（1935年），载燕京大学校友校史编写委员会编《燕京大学史稿》，人民中国出版社，1999，第118页。
② 戈公振：《中国报学史》，生活·读书·新知三联书店，1955，第261页。
③ 燕京大学校友校史编写委员会编：《燕京大学史稿》，人民中国出版社，1999，第121页。
④ 钱学森：《回顾与展望》，载朱隆泉主编《思源湖——上海交通大学故事撷英》，上海交通大学出版社，2006，第66页。

二、多门课程的兼授

外籍教师不仅参与课程设置，而且承担了众多新兴的专业课程的教学工作。其中涉及哲学、经济学、法学、教育学、文学、历史学、理学、工学、农学、医学等学科门类，丰富了中国近代学校的授课内容。

外籍教师的教学工作量随着不同时期学校、教授科目的不同而有所不同，但往往一人承担多门课程，教学工作量大，工作并不轻松。

京师同文馆所设新式教学机构的课程主要由外籍教习承担。这些机构包括英文馆、法文馆、俄文馆、德文馆、东文馆、天文馆、算学馆、化学馆、医学馆、格致馆，除此之外，还有藏书阁、观星台、化学实验室、格致实验室、印书处、翻译处等多个教辅机构。从丁韪良在1876年公布的一份"八年制课程表"（见表4-2）中可以看出外籍教师承担的具体课程。外籍教习不仅承担上述课程的教学工作，还要指导学生进行各种科学实验和教学实习。

晚清时期，外籍教习身兼数科的情况普遍存在。在京师同文馆，总教习丁韪良兼任英文和富国策课程，俄文教习夏干和班铎兼任德文课程，英文教习欧礼斐兼任天文、格致课程，化学教习施德明兼任格致课程。在北洋大学堂开办伊始，除汉文课和部分外语课由中国教师教授外，其余课程包括法律学、财政学、格致学、矿学兼地舆学、冶金学、机器工学、物理和理学等，均由外籍教师教授。在福州船政学堂，英籍管轮教习师丢瓦还因授课科目多而请辞。当时福州船政大臣张梦元在向总理各国事务衙门提交的咨呈中提及"该教习在外国食俸甚优，功课甚简，日前总理衙门咨由海部延聘之时，但云延教管轮。外国学堂章程，教管轮者，只教管轮，不教算学。教算学者，又另有教习专司其事，今后学堂学生，自语言文字算学一切，均归一人教课，繁劳异常，不能独任"。①

民国时期，部分高校外籍教师的教学工作依然繁重。以北京大学为例，通过《北京大学日刊》所载资料，可以了解到外籍教师在1917—1935年间所

---

① 《张梦元：为洋教习师丢瓦回国派补管轮教习事咨呈总理衙门》（光绪九年十一月初六日），载高时良、黄仁贤编《中国近代教育史资料汇编·洋务运动时期教育》，上海教育出版社，2007，第338页。

授课程和承担工作量的情况（见表4-8至表4-14）。

表4-8　1917年北京大学外籍教师承担课程一览表

姓名	承担课程		所在门	每周课时	总计	备注
	门数	课程名（所在年级）				
巴台尔	4	有机化学（二年级）	化学门	4	18	
		定量分析（二年级）		6		
		高等有机化学（三年级）		2		
		化学实验（三年级）		6		
亚当士	3	地质学（一年级）	地质学门	4	9	
		矿物学结晶学（一年级）		2		
		矿物结晶实验（一年级）		3		
辜汤生	2	英国文学（第二年级）	英国文学门	3	6	两人合上
		英国文学（第三年级）		3		
威尔逊	2	英国文学（第二年级）		6	12	
		英国文学（第三年级）		6		

【资料来源】《北京大学日刊》第11号，1917年11月23、24、25日。载王学珍、郭建荣主编《北京大学史料　第二卷：1912—1937》，北京大学出版社，2000，第1048—1055页。

表4-9　1918年北京大学外籍教师承担本科第二学期课程一览表

姓名	承担课程		所在门	每周课时	总计
	门数	课程名（所在年级）			
巴台尔	4	有机化学（二年级）	化学门	4	18
		定量分析（二年级）		6	
		高等有机（三年级）		2	
		化学实验（三年级）		6	
亚当士	4	矿物学（一年级）	地质学门	5	18
		地质学（一年级）		4	
		矿物实习（一年级）		3	
		岩石学（二年级）	采矿冶金学门	6	

续表

姓名	承担课程		所在门	每周课时	总计
	门数	课程名（所在年级）			
倭纳	1	英国史（第一年级）	英国文学门	3	3
威尔逊	2	英散文（第二年级）	英国文学门	3	6
		戏曲（第二年级）		3	
梅理兹	1	拉丁文		6	6
讷尔省	5	桥梁（三年级）	土木工学门	3	16
		铁道学（三年级）		2	
		桥梁（二年级）		3	
		铁道学（二年级）		2	
		图画（二年级）		6	
伦特	3	工作法（二年级）	采矿冶金学门	2	6
		电气工学（三年级）		2	
		工作法（二年级）		2	

【资料来源】《北京大学日刊》第38号，1918年1月5日；《北京大学日刊》第40号，1918年1月8日；《北京大学日刊》第42号，1918年1月10日。载王学珍、郭建荣主编《北京大学史料 第二卷：1912—1937》，北京大学出版社，2000，第1066—1074页。

表4-10 1919—1920年度北京大学外籍教师承担课程一览表

姓名	承担课程		所在系	每周课时	总计
	门数	课程名（所在年级）			
亚当士	3	矿床学	地质学系	3	$8\frac{1}{2}$
		岩石学实习（三小时）		$1\frac{1}{2}$	
		地质学（本科第二年）		4	
卜思	3	英文学史	英文学系	3	8
		英文学梗概（二）1.文（本科第二年）		4	
		英文作文（试作长篇论文及短篇小说等）（本科第三年）		1	

续表

姓名	承担课程		所在系	每周课时	总计
	门数	课程名（所在年级）			
基雅慕	1	法文演说	法文学系	2	2
白来士	4	法国文学史	法文学系	3	24
		法国文学史（本科第二年）		3	
		法文（乙部一年级）	本预科法文课程	9	
		法文（法预二年级）		9	
德尼格	1	法国近世史	法文学系	2	2
伊法尔	1	法语史（本科第二年）		2	2
铎尔孟	1	第二外国语（本科第二年）		2	2
毕善功	8	英民法（本科第一年）	法律学系	4	22
		拉丁文（本科第一年）		2	
		英民法（本科第二年）		3	
		英国民诉法（本科第二年）		3	
		英国刑法（本科第二年）		3	
		英商法（本科第三年）		3	
		英刑事诉讼（本科第三年）		2	
		拉丁文（本科第一年）	政治学系	2	
纽伦	1	英文（甲班）	本预科英文课程	7	7

【资料来源】王学珍、郭建荣主编：《北京大学史料 第二卷：1912—1937》，北京大学出版社，2000，第1078—1096页。

表 4–11　1925 年北京大学外籍教师承担理科本预科课程一览表

姓名	承担课程		所在系	每周课时	总计
	门数	课程名（所在年级）			
葛利普	8	进化论（四年级）	地质系	1	23
		中国古生物学实验（四年级）		8	
		高等地层学（三、四年级）		2	
		高等地层学实验（三、四年级）		3	
		古生物及标准化石（三年级）		2	
		古生物及标准化石实验（三年级）		3	
		地史学（二年级）		2	
		地史学实习（二年级）		2	

【资料来源】王学珍、郭建荣主编：《北京大学史料　第二卷：1912—1937》，北京大学出版社，2000，第 1104 页。

表 4–12　1925—1926 年度北京大学外籍教师承担课程一览表

姓名	承担课程		所在系	每周课时	总计
	门数	课程名（所在年级）			
葛利普	8	进化论（四年级）	地质学系	1	23
		地史学（二年级）		2	
		地史学实习（二年级）		2	
		古生物及标准化石（三年级）		2	
		古生物及标准化石实验（三年级）		3	
		高等地层学（三、四年级）		2	
		高等地层学实验（三、四年级）		3	
		中国古生物学实验（四年级）		8	
钢和泰	1	古印度宗教学	哲学系	2	2

续表

姓名	承担课程		所在系	每周课时	总计
	门数	课程名（所在年级）			
毕善功	3	戏剧（一）	英文学系	2	8
		散文（二）		3	
		欧洲古代文学		3	
柯夫人	2	莎士比亚之研究（一）		3	6
		莎士比亚之研究（二）		3	
柯乐文	1	西方文化史料选读		3	3
文纳	1	英国史		3	3
毕善功 徐宝璜	1	英文		2	2
海理威	3	散文（一年级）	德文学系	3	6
		德文作文（一年级）		1	
		戏剧（二年级）		2	
洪涛生	10	德文修辞学及文体学（一年级）		2	19
		德国文学概论（一年级）		2	
		散文（二年级）		2	
		德国古代文学史（二年级）		2	
		德国中古文学史（三年级）		2	
		德国诗学与诗律学（三年级）		2	
		德意志文字学（三年级）		2	
		德国文体及各大名作之研究（四年级）		1	
		散文（四年级）		2	
		德国近代文学史（四年级）		2	

续表

姓名	门数	承担课程		所在系	每周课时	总计
		课程名（所在年级）				
鲁雅文	13	德意志民族学概要（一年级）			2	$20\frac{1}{3}$
		葛塍语及上古高原德意志语（二年级）			1	
		德意志神秘学（二年级）			1	
		戏剧（三年级）			2	
		中古高原德意志语（三年级）			1	
		日耳曼国粹学练习（三年级）			1	
		大思想家之人生观及宇宙观（与四年级合班）			3	
		戏剧（四年级）			2	
		日耳曼国粹学练习（四年级）			1	
		历史的德国语言学之沿革（四年级）			1	
		历史的德国文法（四年级）			2	
		大思想家之人生观及宇宙观（与三年级合班）			3	
		德国文学讨论（四年级）			$\frac{1}{3}$（和朱家骅、杨震文合讲）	

【资料来源】王学珍、郭建荣主编：《北京大学史料　第二卷：1912—1937》，北京大学出版社，2000，第1104—1136页。

表 4-13　1935 年北京大学文学院外国语言文学系课程一览

姓名	承担课程		所在系	每周课时	总计
	门数	课程名（所在年级）			
邵可侣	5	初级法文（第二外国语的法文）	法文系	4	13
		法文作文（旧法文组四年级）		2	
		法国散文选读（旧法文组四年级）		3	
		法国诗歌选读（旧法文组四年级）		2	
		法国文学史（旧法文组四年级）		2	
卫德明	1	初级德文（第二外国语的德文）	德文系	4	15
洪涛生	5	第三年德文（第二外国语的德文）		2	
		第四年德文（第二外国语的德文）		2	
		现代德国文艺（旧德文组的第四年级）		2	
		洪波与尼采之研究（旧德文组的第四年级）		2	
		德国文学史（旧德文组的第四年级）		3	
李锡禄	2	初级德文（理学院第二外国语的德文）		3	6
		第二年德文（理学院第二外国语的德文）		3	

【资料来源】王学珍、郭建荣主编：《北京大学史料　第二卷：1912—1937》，北京大学出版社，2000，第 1137—1168 页。

从以上诸表可以看出，1917 年至 1935 年，北京大学聘请的外籍教师，承担了化学、地质学、土木工程、哲学、政治、法律、德文、法文、英文等学科的课程，教学工作量在每周 2~24 节课之间。1917—1935 年外籍教师人均每周工作量见表 4-14。

表 4-14　1917—1935 年外籍教师人均每周工作量

时间	外籍人数	课程门数	每周总工作量（课时）	平均每人每周工作量（课时）
1917 年	4	11	45	11.25
1918 年	7	20	73	10.43
1919—1920 年度	9	23	77.5	8.61
1925—1926 年度	10	43	92.33	9.23
1935 年	4	13	34	8.5

除课堂教学任务外，外籍教师还要对学生进行课外辅导等教学活动。如美籍数学教授奥斯古德，还被聘为北京大学理学院课外指导教授，给学生辅导、答疑，时间是在每天中午十二点后。

有些外籍教师在自己受聘的学校内的教学任务本来就很重，还因种种原因承担兼职工作。如卫礼贤在北京大学每周课时长达20小时，他还在另外两所学校兼课。他自己都承认说：

> 我接受了北京大学的德国文学与哲学的教授聘请，工作量相当重，但同时与学生的交流也能彼此受益。此外我还在师范大学与其他高级研讨班做报告，涉及哲学、教育学与西方哲学史等。我有时用英文讲，有时用中文讲，在北大上课时则主要用德文并杂以中文的解释。①

有些学校外籍教师的工作量可能超过北京大学。如金陵女子文理学院建校初期，因师资缺乏，来自美国奥伯林大学的音乐教师利蒂亚·布朗到校受聘后，立即开始了紧张的教学工作：她每周上44节音乐课，5个小时的音乐理论课，此外还得指挥合唱团，每周2次指导2个班的学生进行体育锻炼，还担任基督教女青年会顾问一职。② 金陵大学美籍教授贝德士来校后不久就承担系主任之责，从制订教学计划到聘请教员，都亲力亲为。为扶持青年教师，他经常将一些自己的熟课让给弟子，"不断从一门课程转移到另一门课程，同时还要遵循部颁教学计划的不时变化而担任新课教学"③。其工作之繁忙艰巨，由是可想而知。

对大多数外籍教师来说，承担众多的教学工作固然是合同规定的工作内容，但对有些外籍教师来说，他们非常热爱教书工作，不太看重报酬。如同济德文医工学堂工科开办初期，固定职位的教师很少，只有德籍教师贝伦子（Berrens Bernhard）和诺斯（Noss）两人。其中贝伦子担任课程讲授，诺斯负责制图课。此后，贝伦子通过在上海的迪德里希森公司（Diederichsen & Co.）

---

① 叶隽：《作为中国现代大学德文系师资的汉学家——以卫礼贤、艾锷风、傅吾康等为中心（上）》，《中华读书报》2015年12月16日。
② 张连红主编：《金陵女子大学校史》，江苏人民出版社，2005，第37页。
③ 章开沅：《实斋笔记》，陕西人民出版社，2008，第50页。

主管认识了来自汉堡的化学博士埃勒斯（Ehlers），后者虽仅在上海停留4个月，但愿意临时承担学校镕矿学和矿物学课程，且不计任何报酬。①在金陵女子文理学院，也有一位义务来华教书的女教师——师以法。她毕业于牛津大学，于1923年受伦敦传教会派遣来校，讲授比较宗教学和历史。师以法是一名英国爵士的女儿，为了能长期在中国服务，还自费在学校建造了自己的住宅（即今贻芳园所在地）。②

三、学科基础的构筑

课程体系是学科建设的基础。外籍教师在华高校开拓性地设置课程，构建了一些中国近代大学学科的基础和核心。

1913年，美籍教师克乃文（William Harry Clemons）来华，主持金陵大学图书馆工作。他在该校开设了图书馆学课程，向学生讲授图书馆学理论。这是中国最早的图书馆学教育教学活动，由此培养了一批图书馆学教育爱好者。

华西协合大学的牙科，就是由加拿大籍教师林则和吉士道于1917年创办的。当时，他们在华西协合大学开设了我国最早的牙正学课程，牙科系也成为中国最早建立培养高等牙科医师的院所，享誉世界。葛利普自1920年来华，就在北京大学地质学系开设了系统而全面的古生物学课程。他在北大所设课程有8门之多，与当时欧美大学地质系相当。中国古生物学教育因他而崛起。圣约翰大学美籍教师毕德生于1921—1922学年在英文系开设的新闻课程，"不仅是中国，也是整个亚洲大陆的第一门新闻专业课程，在远东地区亦是第二门"。③英籍教授瑞恰慈，通过自己于1929—1931年在中国的授业活动，使清华大学、北京大学和燕京大学成为文艺批评理论的重镇，对中国英语语言文学的发展产生了不小的影响。燕京大学物理系英籍教师班威廉在1930年为研究生开设的一门选修课程——近代物理学之哲学问题，课程内容涉及相对论、波动力学和统计力学等方面的物理学知识，被认为是中国比较早的针对

---

① 李乐曾：《德国对华政策中的同济大学（1907—1941）》，同济大学出版社，2007，第48页。
② 张连红主编：《金陵女子大学校史》，江苏人民出版社，2005，第46页。
③ 徐以骅主编：《上海圣约翰大学（1879—1952）》，上海人民出版社，2009，第88页。

物理哲学的教学与探讨。①金陵大学农学院农艺系美籍教授林查理,于1930年,在中国高校首开"农场工艺"课,是中国大学农学院第一个农业工程方面的课程。②德籍数学教授施佩纳在1932—1934年间任北京大学理学院研究教授时,开设了近世代数和拓扑学等方面的课程。近世代数和拓扑学是现代数学的主流,是构成现代数学的基础和核心。③奥斯古德于1934—1936年在北京大学任教期间,建议修订了本科数学专业的初级和高级课程。④1934年,辅仁大学德籍教授严池来华,为本科生和研究生教授超声学课程,使辅仁大学超声学的研究处于世界领先水平。维纳于1936年在清华大学开设傅里叶级数论和近代三角数论,此乃新设课程。⑤同年到任的清华大学美籍教授冯·卡门建议机械工程系开设航空工程课程,很快被学校采纳并见之于教学实际。

大学课程体系的确立和发展,为现代学科的发展提供了教学平台,从而保障了学科的学术性和科学地位。

四、自编讲义、教材

讲义和教材是为特定人群编写的系统阐释学科知识体系的教学用书。高校讲义和教材的编写是一项复杂的创造性劳动,能够体现出教师的学术水平。对学生有吸引力的讲义、教材,可使学生从中学到东西,启迪智慧,激发兴趣,锻炼思维,进而有助于提高教学质量,培养高素质专业人才。

中国高等教育在办学之初,教材匮乏。京师同文馆所设语言和自然学科课程,在中国均属首次开设,自然没有现成的教材或讲义。总理各国事务衙门提供的公文,成了该馆设立初期的教学材料。1864年,首任法文教习的司

---

①孙洪庆:《班威廉在中国(1929—1945)》,载《2008年全国博士生学术论坛——科学技术哲学论文集》,山西大学2008年印行,第3页。
②费旭、周邦任编撰:《南京农业大学史志(1914—1988)》,南京农业大学1994年内部发行,第85页。
③胡树铎、王士平:《施佩纳登北京大学讲堂》,载李艳平、王士平主编《远方来的播火者——20世纪上半叶世界著名科学家入华记》,首都师范大学出版社,2012,第105页。
④胡树铎、王士平:《伯克霍夫和奥斯古德在北京大学授课》,载李艳平、王士平主编《远方来的播火者——20世纪上半叶世界著名科学家入华记》,首都师范大学出版社,2012,第145页。
⑤李旭辉:《30年代N.维纳访问清华大学函电始末》,《中国科技史料》1998年第1期,第45页。

默灵撰写了两本法文教科书——《法国话规》和《法国话料》，为馆内法语教学提供了宝贵的教学参考材料和教科书编写经验。为此，奕䜣曾于同治九年（1870年）奏请朝廷赐予司默灵三等金宝星。丁韪良积极倡导编译教材，他曾建议总理各国事务衙门，奖励外国教习教授功课之余兼理译书。由是，自1862年至1898年，京师同文馆师生翻译西方原著达27种，其中仅丁韪良翻译、编写和鉴定的就有11种，①成为近代中国较早的一批西式教科书，也被同期其他的洋务学堂广为采用。

广州同文馆日文馆教习川谷雄太郎，曾编撰《日语入门》一书作为日语教材。该教材从日语语音入手，再到单词，由简单到复杂，均选自日常生活用语，颇适合初学者。

1896年，鉴于当时专门教授中国人学英文的教材寥寥无几，北洋大学堂将丁家立于三年前为中西书院教学所编的《丁氏英文》及《丁氏英文语法》定为教科书，再版印刷后由丁氏直接出售。其后，该书不断再版，并被编入"北洋大学丛书"。1898年，丁家立所著《亚洲地理》一书②，由美国长老会传教出版社在上海出版，1905年因其实用性而由伦敦麦克米兰图书公司再版并多次印刷。此书为76页精装，包括11幅地图。书中的标注是特意针对学英文的中国学生所备的。所有地名均有中英文双注，每个省份也都分别详细说明，是那个时代最好的参考书之一。③

清末和民国初期的大学在所设课程中，除沿用传统中学的国学之外，其余很多西学课程教材都亟待编订，某些专业课和选修课只能直接从国外大学购回成套教科书。为解决这一困难，1902年5月，京师大学堂上海译书局和南洋公学译书院合办大学译书院。同年8月，山西大学堂亦设立译书院，组织人才专门翻译、编辑教科书。这两个翻译场所，对引进西方大学教材和传播西方科学技术，均发挥了积极的作用，但仍满足不了当时的需求，许多外

---

① 《〈同文馆题名录〉记翻译书籍》，载朱有瓛主编《中国近代学制史料（第一辑上册）》，华东师范大学出版社，1983，第153—154页。
② 北洋大学—天津大学校史编辑室编：《北洋大学—天津大学校史（第一卷）》，天津大学出版社，1990，第20页。
③ [美]谢念林、[美]王晓燕、[美]叶鼎编译：《丁家立档案》，广西师范大学出版社，2015，第198页。

籍教师只得自编讲义和教材，作为中国学生的学习用书。如京师大学堂日本教习服部宇之吉编撰了《万国史讲义》和《心理学讲义》，荣三郎编撰了《经济学讲义》。

北京大学地质系美籍教授葛利普所授之课，一般都选用其专著作为教材或教学参考书，如《地层学原理》（1913年出版）、《地质学教程》（第2卷，1921年出版）、《中国地质史》（共两卷，1924年及1928年出版）、《中国地层问题》（1934年至1938年分卷出版）等。其中，绝大多数是他来华后的新著。葛利普将个人的研究成果及时用于教学中，极大地提高了教学内容的学术性。此外，他还不满足已有著作，重新认真编写讲义和教学参考材料。据我国地质学家王鸿祯教授回忆，在1922—1933年的十余年间，葛利普多次编印古生物学讲义、古生物学实习提纲、地史学提纲及实习提纲，按刊印数统计达1763页，若连同正式出版物，其教学类著作合计有3613页。[①] 中山大学地质系成立后，所用教材就是由葛利普所著的《地质学》上下两巨册摘要而成。该书涉猎的材料十分丰富，包括地壳上的主要岩石、岩石风化而成的土壤、地质动力造成的山川形势、火山喷发等，并详论了冰川地质，海洋湖沼，海底地形及矿藏的形成、开发和利用等。[②] 葛利普的课程很受学生欢迎，他的学生黄汲清回忆说："中国地层学是按葛老师主编的 Stratigraphy of China（书名曾译为《中国地质史》）讲授，内容大半取材于中国，讲了两年，我们受益最多。"[③]

北京大学美籍数学教授奥斯古德，在华从教期间编写了许多有影响的教材，对我国近代大学数学教育产生了重要影响。1934年至1936年间，奥斯古德在北京大学讲学时，开设了函数论方面的课程，成为首位在中国系统传播函数论的国外数学家。在其讲学期间，他撰写了"实数函数论"课程讲义，取材于他自己所著的《函数论教科书》。[④] 西南联大时期，学校曾将奥斯古

[①] 王鸿祯：《葛利普教授——中国地质学界的良师益友》，载王鸿祯主编《中国地质事业早期史》，北京大学出版社，1990年，第84页。
[②] 黄伟达：《母校理学院地质系读书记》，载黄仕忠编《老中大的故事》，江苏文艺出版社，1998年，第172页。
[③] 黄汲清：《我的回忆：黄汲清回忆录摘编》，地质出版社，2004年，第28—29页。
[④] 郭金海：《奥斯古德与函数论在中国的传播》，《中国科技史杂志》2014年第1期，第1页。

德的两本著作分别列为数学系的教材和参考书：一本是《微积分引论》，作为微积分课程的教材；另一本是《单复变函数论》，作为复变函数论的参考书。①1936年，商务印书馆将奥斯古德所著《微积学初步》翻译成中文，取名《奥氏初等微积分学》予以出版。之后又不断再版，到1951年10月已是第7版。由此可见该书的影响。1950年冬，北京大学数学系在准备工学院一年级初等微积分课程的补充资料时，选译了《奥氏高等微积分》的前几章，后又将全书译出，于1951年由商务印书馆出版。②

沪江大学地质地理系美籍教授葛德石，讲授中国地理课程时，在没有合适教材可用的情况下，遂开始搜集资料，为编写教材做准备。他利用假期，对中国西北特别是鄂尔多斯进行系统的地质考察。在考察之际，拍摄了许多有关中国景观的照片。1926年至1928年间，他依据考察内容编辑成教材并连续油印了三次。这些内容后来成为1934年出版的《中国地理基础》的部分章节。③《中国地理基础》的出版，在国际地质学界产生了广泛影响，直到20世纪80年代仍是西方有关中国地理的唯一大学教材。

金陵大学美籍农业经济学教授卜凯，根据中国国情改编了一系列教材。他在创建农业经济系时，发现所使用的外国教材不符合中国的国情，如农场管理学所使用的美国教材认为，农场管理的理想规模是1821亩，而中国学生的农家概念却只是十几亩。在获得一定经费资助的情况下，卜凯带领农业经济系师生开展了广泛的调查研究，编写了合乎中国国情的农业经济方面的教材，如《中国农家经济》《中国土地利用》《农业经济学》《农场管理学》《农村社会与组织学》《农业统计学》《农产物价学》《农业经济研究法》等。这些具有中国特色的农业经济方面的著作，不仅成了金陵大学学生的教材，还是新中国成立前众多农学院所选用的教材。

丁家立在任北洋大学总教习期间，曾主编一套"北洋大学丛书"作为教

---

①徐利治口述，袁向东、郭金海访问整理：《徐利治访谈录》，湖南教育出版社，2009，第54页。

②[美]W. F. Osgood：《奥氏初等微积分·原序》，张方洁译，商务印书馆，1951年。转引自李艳平、王士平主编：《远方来的播火者——20世纪上半叶世界著名科学家入华记》，首都师范大学出版社，2012，第144页。

③张雷：《葛德石与中国近代地理学》，《地理学报》2009年第10期，第1168页。

材。其中他本人所著的《英文法程》和该校法科教授美国人任纳福所著的《世界通史》，都是后来流行很广的教科书。① 曾在南洋公学和北洋大学任教的英文教员乐提摩（David Lattimore），总结在华八年多的教学经验，写成一本《英文典大全》，后来由商务印书馆出版。该书封面还特别标明"供中国学生用"。该书当时风行全国，几年内就印行了几十版。②

邵可侣编写的《初级法语》于1936年由商务印书馆出版。这部教材虽然是法语初学阶段的基础教材，但被中国的学校广泛采用，效果也较好，直至新中国成立初期仍有再版。③ 曾在西南联大就读的何兆武回忆说，他在大二时曾用《初级法语》做教材，这本教材竟成了他苦闷时期的最佳伴侣之一。他对此书评论道："这本书选得非常经典……不啻当年法文教本里的《古文观止》，不仅供阅读，更可以背诵。"

北京大学德籍教授卫礼贤，在1923年编著《歌德浮士德研究》一书。学者方志浼认为，这大概是为北京大学德文系学生所编著的参考资料。④

讲义是教师为上课而编写的教学材料。由于一方面缺乏教材，另一方面国外原版教科书价格比较高，为节减教育成本，各大学也都鼓励本校教师上课时使用自己编写的讲义。服部宇之吉在京师大学堂教授心理学、伦理学及日语科目时，不仅编写了讲义，还编写了历史教材《万国史讲义》。山西大学堂西学专斋化学教授新常富，也编写过《无机化学》讲义，该讲义中文版被当时的学校普遍采用。⑤ 20世纪20年代在上海交通大学任教的美籍教授汤生，所承担的直流电机、电机实验、电机设计等电机科必修课程，使用的都是自编实验讲义。这些讲义"由简入繁，理论实验兼筹并顾；各部实验，齐整无缺，指导正确，成为以后一段时间里各级应用的范本"⑥。葛利普还编写了翔实的《北京大学理本科三年级古生物学》《北京大学理本科三年级古生

---

① 北洋大学—天津大学校史编辑室编：《北洋大学—天津大学校史（第一卷）》，天津大学出版社，1990，第20页。
② 谢世基：《1919—1925年北洋大学的鳞鳞爪爪》，载全国政协文史资料委员会编《文史资料存稿选编·教育》，中国文史出版社，2002，第111页。
③ 刘洪东：《法语全球推广和传播研究》，山东大学出版社，2014，第197页。
④ 方志浼：《卫礼贤教授及其著作》，《研究与进步》第1卷（1940年）第4期。转引自李孝迁编校：《近代中国域外汉学评论萃编》，上海古籍出版社，2014，第333页。
⑤ 吴文周主编：《太原理工大学百年简史（1902—2002）》，上海辞书出版社，2002，第16页。
⑥ 朱隆泉主编：《思源湖——上海交通大学故事撷英》，上海交通大学出版社，2006，第324页。

物学实习》《北京大学地质系三四年级高等古生物学实习》等讲义，均为英文。翻阅这些厚重且已发黄的讲义（部分现仍存于南京地质古生物研究所），我们可以感受到葛利普当年所付出的心血。明义士在齐鲁大学讲授甲骨研究课程时，也是自编课程讲义，后又将讲义编写成《甲骨研究》一书。

总之，清末以后，外籍教师以西学修养和传播意识，从学术层面全面、深入地直接从西方国家移植自然科学和人文社会科学知识，一定程度上打破了中国近代高等教育原有教材单一、枯燥、缺乏系统性的局面，丰富了我国高等学校的课程内容，保障了教学内容的适切性和针对性。但是能够为中国学生提供自编教材的外籍教师毕竟是少数，沿用西人教材的情况依然较为普遍，如即便到了20世纪30年代，极富知名度的北洋工学院所用的"教本"还是"悉用西籍原版"[①]。

五、体育活动的推介

外籍教师不但将西方自然学科和人文社会科学移植到了中国，同时还将新式体育运动带入中国校园。中国近代学校体育始于洋务运动创办的军事学堂。北洋水师学堂亦称天津水师学堂，为洋务派创办的第一所军事学堂。作为该学堂的会办，严复聘请外籍教练，开设了体育课，将西方体育项目引入该校。据当时在北洋水师学堂修业的王恩溥介绍：

> 我在水师学堂读书那时候，已经开始有了外来的体育活动，当时我还是一个积极参加体育活动的爱好者。那时的体育活动内容，作为校内正式体育课程的，有击剑、刺棍、木棒、拳击、哑铃、足球、跳栏比赛、算术比赛、三足竞走、羹匙托物竞走、跳远、跳高、爬桅等项，此外还有游泳、滑冰、平台、木马、单双杠及爬山运动等，只是还没有篮球、网球等活动。上体育课时一班有30人左右，一般全是头三班全体出操。我们那时所学的体操最初为德国操，主要演习方城操及军事操，后来到了戊戌年间（1898年）就改为英国操了。

[①] 王子祜：《国立各大学现用课本调查》，《图书评论》1933年第1期，第115页。

那时由海军调到一个船长叫曹嘉祥的和两个炮手来当我们的教练，另外还有一个英国人教我们体育。①

从王恩溥先生的亲身经历可知，北洋水师学堂非常重视体育活动，引进了不少西方体育项目，特别是田径、体操。为提高学生参加体育运动的积极性，该校还参与了天津几所学校联合举办的校际间体育比赛。1899年，由北洋大学堂总办王少泉和英国总教习丁家立两人倡议，约请北洋水师学堂、天津武备学堂和天津电报学堂等校，共同举办过一次校际运动比赛，为我国最早的校际体育竞赛。

创办于1885年的天津武备学堂，创建之初就延聘那珀等一批德国官兵为教习，开设了一批军事课程，并将体操和操练作为必修课。其他如江南陆师学堂、直隶武备学堂、湖北武备学堂等军事学堂均在编练新军中将西方的军事操引入。

军事学堂侧重于教学生德国式和瑞典式体操。到了1904年，清政府在《奏定学堂章程》中规定各学堂均开设体操课，并对课时设置、教学目的、内容及设施等做了详细说明。自此，体操课不再为军事学堂所独有。

各级各类新式学堂所设体育课开始一般都是外籍教习引入的。福开森在任南洋公学监院时，将足球、网球、棒球等项目介绍到学校，每周安排学生上2~3次军事体操课。②山西大学堂瑞典籍教师新常富经常带领学生做体操、踢足球。他还绘制了一批体育器械图纸，学校据此制作了一些瑞典体操课所需的教具。金陵女子文理学院美籍教师艾米莉·凯斯（Emily I. Case），将具有节奏性强、协调放松、动作连贯、姿势优美等特点的丹麦体操引入学校，开展教学活动，并通过该校毕业生在全国各地加以推广。③

20世纪初叶，学校里的体育教学和训练开始从兵式操练转向田径、球类等近代技术型、竞技型体育运动。教会大学在体育活动及课程的开设方面起到先导和示范作用。吴蕴瑞在《三十五年来中国之体育》中写道："只有少

---

① 王恩溥：《谈谈六十三年前的体育活动》，载中华人民共和国体育运动委员会运动技术委员会编《中国体育史参考资料（第三辑）》，人民体育出版社，1958，第121—122页。
② 《交通大学校史》撰写组编：《交通大学校史资料选编　第一卷（1896—1937）》，西安交通大学出版社，1986，第13页。
③ 张连红主编：《金陵女子大学校史》，江苏人民出版社，2005，第38页。

数教会学校,如上海之约翰,武昌之文华,苏州之东吴,南京之金陵,开风气之先,有足球、棒球、田径运动等,作为课外运动。"①

圣约翰大学校长卜舫济非常重视体育的教育价值,在其推动下,学校体育教育开展较早且卓有成效,引领了当时的教育潮流。早在1898年,学校就成立了体育会,专门负责举办校内的各项体育活动,如田径、足球、网球、棒球、篮球、羽毛球乃至橄榄球、拳击、马术等。学校规定学生每天早晨要做15分钟的哑铃操,每周一、三、五做军事操。学校还选派学生参加远东运动会、全国运动会等大型体育活动。1924年和1926年,圣约翰大学和东京圣保罗大学还在上海及东京两地进行了篮球对抗赛。

沪江大学在开办之初,也成立了体育会,由葛学溥(Daniel H. Kulp)兼任体育教练,开设有足球、棒球、网球、篮球、排球和室内垒球等课程。学校规定学生每年缴纳运动费2元。要求"全体学生于下午放学后皆当入场运动,如有学生不愿习跳高赛跑等大运动者,须习柔软体操"②。文华大学在美国教师麦卡锡的指导下,组建校足球队,在华中地区球赛中屡获佳绩。1907年,该队取名为"常胜者队"。偏居西南的华西协合大学也将体育运动引进了四川。在丁克生、詹尚华(A. E. Johns)、白明道(P. M. Bayn)和布礼士(A. J. Brace)等外籍教师的指导之下,篮球、网球和排球等运动在校园里开展。在1925年举办的四川省体育运动会上,华西协合大学的学生囊括了几乎全部项目的冠军。金陵大学早在1913年就聘请了体育专家马克罗为师范专科体育教授,每周授课两次,"教授木马、竹球等运动",培养大、中学校和基督教青年会体育与公共卫生的教师和组织者。

外籍教师还组织举办体育竞赛,发展竞技体育。福开森任职期间,成立了南洋公学足球队,组织参加校际间比赛。据他本人回忆:

第一次同圣约翰学院比赛时,我们输得很惨。这次败仗比做其他什么工作都好,刺激了学生对体育运动的新的兴趣。这种兴趣才

---

①吴蕴瑞:《三十五年来中国之体育》,载商务印书馆编《民国丛书·第二编·45·文化·教育·体育类·最近三十五年之中国教育》,上海书店,1990,第225—226页。
②吴禹星编:《1916:徐志摩在沪江大学》,上海交通大学出版社,2014,第84页。

得以延续到现在。①

1913年，位于华东地区的几所大学成立了"华东大学体育联合会"，成员有圣约翰大学、南洋公学、沪江大学、之江大学、东吴大学、金陵大学等6所高校，体育活动得以在大学获得推进。

另外，1909年设立的青岛特别高等专门学堂，体育课在课程设置上占了相当大的课时比重，其内容有体操、足球及各种竞赛等。为确保体育活动的顺利开展，该校设置了占地16万平方米的运动场，占整个校园面积的80%。

1916年，南京高等师范学校成立了体育专修科，为当时中国培养体育师资和体育人才。而该专修科第一任主任为美籍教师麦克乐（Charles Harold Mcloy）。初设时为两年制，1918年改为三年制。1921年改名为国立东南大学体育系，学制为五年。该校从创办到1927年共毕业6届学生，计101人，为我国体育界培养了大批人才。

外籍教师普遍重视体育。他们积极将西方近代体育理论、技术、课程引入中国高校，并建设运动场地，组织竞赛活动。在其指导下，中国学校普遍设置体育课，积极开展各项体育运动，使学生养成了良好的锻炼习惯，增强了体质，同时也推动了中国近代体育教育的发展。

课程设置是一所学校开展教学活动的核心。能够在中国大学留任的外籍教师们，积极向中国近代高等教育机构介绍和引进大量的科学和技术知识，对我国后来高等学校课程设置的改革和发展具有十分重要的意义。他们推广、传播不同于中国传统的教学方法，促进了大学教学与社会实际、现实生活的联系，推动了中国教育早期近代化的进程。

---

① 《交通大学校史》撰写组编：《交通大学校史资料选编　第一卷（1896—1937）》，西安交通大学出版社，1986，第13页。

第五章

外籍教师的学术探究

大学的学术发展端赖教师。在一所大学中，教师是学术研究的主体，其学术水平的高低，决定了所在大学学术水平的高低。一些知名外籍教师以其深厚的学术造诣和专业研究能力，为中国学术界贡献了新知识和新观点，丰富和更新了中国传统知识体系，助力搭建起中国近代学术框架，推动了中国学术的近现代化进程，促进了近代大学一些系科的长足发展。在中国任教的外籍教师，不少人凭借自身的学术专长在诸多学科领域取得了高水平的学研成果，让学生从他们身上获取了专业知识，学到了研究学问的方法，掌握了影响一生的科学思维方式。

第一节　语言学、宗教学研究及文学批评与创作

20世纪中国语言学的发展得益于西方学者之处甚多。其中贡献尤著者，如钢和泰、瑞恰慈和赛珍珠等人。钢和泰是一位将西方语言学研究方法传输于中国学界的世界级学术大师；瑞恰慈是一位将自己的文学批评理论传播到中国的英国学者；赛珍珠则通过自己的文学创作让世界了解中国；另还有一些外籍教师通过翻译中国经典名著的形式将中学外传到西方。

一、钢和泰与语言学、佛教文献和藏学研究

出生于爱沙尼亚贵族家庭的钢和泰，是一位学养深厚的蒙藏佛教专家、梵文学者。胡适称赞钢和泰是一个纯粹学人，终身寻求知识，老而不倦。1918—1929年间，钢和泰执教于北京大学，任梵文与宗教学教授，同时担任哈佛—燕京学社驻燕京大学的中印研究所所长。

钢和泰所用佛教文献材料和文物史料的考证与对勘的研究方法，在当时属于国际学术前沿，对今天的影响也极为深远。《大宝积经迦叶品梵藏汉六种合刊》（1926年，商务印书馆），是钢和泰来华任教后出版的第一部学术专著。此书将大宝积经迦叶品的梵本、藏译本和四种汉译本进行逐段对照比较。这样做，可以让读者立刻看出各种译本与梵本的异同，各种译本风格的差异，以及各种汉译本对内容的取舍等。学者王启龙认为，只有对佛教经典熟悉、佛学造诣深厚并掌握多种语言的天才语言学家，才具备完成此项学研工作的可能。这种看似简单的研究方法，实则需要深厚的学术功力。在钢和泰将此方法介绍到中国之前，许多佛教学者大都根据汉译佛经来研究佛教。

钢和泰还首倡利用梵文读音来了解汉字读音。1923年，他发表的《音译

梵书与中国古音》①一文，堪称中国语言学史上划时代的学术论文，曾引起当时学术界有关上古音的大讨论。此文钢和泰用英文写成，胡适将其翻译成中文并发表在北京大学出版的《国学季刊》上。钢和泰主张应该仿照西方学推求原始印欧语的方法，用比较语言学推求中国原始语，并指出三条研究各时代汉字读法的材料来源：

> 第一，中国各种方言里与日本安南朝鲜文里汉字读音的比较研究。第二，古字典（如唐韵之类）里用反切表示汉字的读法，古韵表可以考见韵母的分类。第三，中国字在外国文里的译音，与外国字在中国文里的译音。②

这种研究中国古代音韵的有效方法，对日后汪荣宝、罗常培、俞敏等诸多学术大家的研究路径产生了直接而深远的影响。③

除此之外，钢和泰的研究成果还体现在30余篇学术论文上，如《关于一份在乾隆时（18世纪）由藏译梵、道光时（19世纪）译成汉语的藏文文献》（《北平国立图书馆馆刊》，1932年）、《佛说圣观自在菩萨梵赞》（《燕京学报》，1935年）、《论迄今不为西方学者所知的一部北京版藏文〈甘珠儿〉》（未刊稿，1934年）等。同时，他出版的学术著作还有《大宝积经迦叶品释论（藏汉对照）》（北平图书馆和清华大学1933年联合出版）、《金刚能断——梵藏汉对照大乘般若波罗蜜多经》、《金刚能断般若波罗蜜多经论（藏汉）》、《两座喇嘛教神殿》（哈佛大学1937年出版）等。这些成果不仅让中国学术界感到震惊，也让国际学术界称羡。

钢和泰丰硕的学术成就为日后北京大学东方学研究取得执中国学术界牛耳之地位奠定了基础。他的研究对象和研究方法，直接影响了当时中国学术界众多领域，诸如语言学、宗教学、历史学、文学等，开启了中国音韵学研究的一代先河。北京大学在创建东方研究领域之初，能聘请到这样一位学术大师实属一件幸运之事。

---

①钢和泰：《音译梵书与中国古音》，胡适译，北京大学《国学季刊》第1卷（1923年）第1号，第47—56页。

②钢和泰：《音译梵书与中国古音》，胡适译，北京大学《国学季刊》第1卷（1923年）第1号，第49页。

③鲁国尧：《语言学文集：考证、义理、辞章》，上海人民出版社，2008，第241页。

二、贺登崧与中国方言地理学

辅仁大学比利时籍教授贺登崧是中国方言地理学的创始人。1945—1948年，他担任北京辅仁大学语言学教授，主持方言地理研究室的工作。

方言地理学，既是一种现代语言研究的理论，也是一种方言研究的方法。研究者可以通过对语言特征的地理分布的分析、解释，来研究方言间的关系及其历史和演变。

贺登崧根据中国的语言情况，试图用语言地理学的观念和方法来研究汉语方言。其研究的主要特点表现在以下几个方面：一是研究者要慎重遴选少量能反映方言特点的语音、词汇和语言片段，到较多的地方进行调查，记录其语音形式；二是研究者要将每个调查项目制成一张地图，对语言资料不作任何修改，以实际记录到的形式标记出来；三是研究者将词及其所指对象联系起来，也就是要研究词汇中所反映出来的物质的和精神的文化现象；四是研究者要对语言现象的地理分布（即地图）做出解释。其中第四项又需以前三项工作为前提。制作语言地图是为了语言（方言）间作比较，为研究语言演变的历史提供可靠的材料，并据此确定语言的和文化的地理界线，进而研究语言和文化之间相互影响的问题。①

贺登崧的研究，主要建立在对中国北方方言调查的基础之上。20世纪40年代，他在山西大同西册田村（1941—1943年）、万全县（1947年）、宣化县（1948年）等地进行方言和民俗调查，用法文和英文发表了一批汉语方言地理学方面的研究成果，在汉语学界引起震动。这些成果主要有：《中国语言学及民俗学之地理的研究》（1943年）、《中国语言地理学——用新方法研究汉语的必要性》（1943年）、《大同方言中的地域性语音变化》（1946年）、《有关语言和民俗的地理学研究方法》（1948年）、《中国语言地理学上的几个问题》（1948年）、《中国语言地理学——山西省北部地区的方言境界线》（1949年）和《察哈尔省方言调查——附录：方言调查表草案》（1950年）等。

---

① [比]贺登崧：《汉语方言地理学》，石汝杰、[日]岩田礼译，上海教育出版社，2003，第1页。

在调查中，贺登崧还特地制作了声调检测仪，用以测量所需语音声调。①

贺登崧对中国的方言研究一直持续到20世纪90年代。1994年，他的日本弟子岩田礼将其早年的论著编辑成《汉语方言地理学》（日文版）在东京出版。2003年，该书中译本由上海教育出版社刊行。此书由贺登崧在20世纪40—50年代发表的四篇论文及相关资料构成，具体内容包括：有关汉语语言地理学研究的若干问题；大同市东南部方言的方言边界线；大同市东南部方言中地域性语音变化举例；宣化地区的语言地理学。它们反映了贺登崧在中国时设计的方言调查计划及其具体成果。

三、瑞恰慈与"新批评派"理论

英国人瑞恰慈是"新批评派"理论的创始人之一，为西方文学理论界的领袖人物，曾六次来华，向中国传播西方文学批评理论。1929年至1931年间，他以客座教授的身份在清华大学、北京大学和燕京大学讲授西洋小说、文学批评和现代西洋文学等课程，其中文学批评为三年级必修课。通过这些课程教学，他把语义分析和心理学方法引进文学批评，对中国现代文学批评产生了重要影响。

瑞恰慈来华前，已经出版了《文学批评原理》《实用批评》等颇有影响的著作。在华讲学期间，他又着手撰著《孟子论心：多义性实验》，详细论述了《孟子》这种散文体中字词的多重意义。由于瑞恰慈感到自己汉语知识不足，遂就该论题与黄子通、李安宅和博晨光等人共同讨论，并在他们的帮助下，翻译了《孟子》中有关论心的内容。该书可谓中美学者合作的产物。对此，瑞恰慈曾专门著文，对这段合作进行了美好的描述：

《孟子论心》是我在北平自然生成的一部作品。在这方面我做了最大的努力去参加学术活动，这些学术活动能够解释那些不可理解的东西——那些人们既不懂又不承认不理解的东西，那些在宏观

---

① [比]贺登崧：《汉语方言地理学》，石汝杰、[日]岩田礼译，上海教育出版社，2003，第151页。

上使人总也摆脱不了的东西。对此我觉得自己必须有所作为，所以我把四位很有学问的人召集在一起，而我多少就像一个秘书。对于汉语我没有不懂装懂，因为我能做的就是把一个汉字和另一个汉字区别开来，实际上我对汉语知之甚少。而且我对宇宙范围内都很美妙的古典汉语的反应也是不敏感的，但是这几个人对汉语的各种用法都了如指掌，为我对书中的一些关键词作了尽可能详尽的解释。①

瑞恰慈的这本书在学术界产生了持久的影响。清华大学美籍教授翟孟生评价《孟子论心》时曾说：

> 他给我们的贡献，与其说是分析了孟子自己的心理或者孟子所冥想的心理，都不如说是解除了西洋人的困难，不致再受西方逻辑与科学所自产生的语言习惯的束缚，以致不了解语言习惯不同的心理——那就是因为语言习惯的不同而使用一种好像文不对题的逻辑结构的心理。在一种意义之下，吕氏系以孟子为例，表演他自己对于语言分析，翻译，解释，以及并列界说（Multiple definition）等所有的见解。②

1930年，瑞恰慈在《清华学报》发表了《〈意义底意义〉底意义》一文，论及自己关注点在心理学与文艺批评这两个层次上，探讨文字所有的模棱的"意义"，而"研究'意义'实是研究彼此借以互相了解的工具"。所以说，他所做的工作很大一部分便是分析"意义"的各种意义。③

瑞恰慈在华从教活动对中国学者朱自清、袁可嘉、朱光潜和钱锺书等人影响至深。

受瑞恰慈影响，其学生燕卜荪于1937年至1939年间，不畏战火来华授业，先后在燕京大学和西南联大教书，在中国学界大力传播瑞恰慈的文学批评理论。

---

① Richards I. A.: "Beginning and Transitions", in *I. A. Richards: Essays in His Honor*, Reuben Brower et al. eds., New York: Oxford University Press, 1973, P. 32. 转引自容新芳：《I. A. 瑞恰慈与中国文化：中西方文化的对话及其影响》，商务印书馆，2012，第65页。
② 李安宅：《意义学》，商务印书馆，1934，第104页。
③ 葛桂录：《I. A. 瑞恰慈与中西文化交流》，《福建师范大学学报（哲学社会科学版）》2009年第2期，第73页。

四、赛珍珠与文学作品

众所周知,赛珍珠是一位享誉世界的美国作家。其实,她也是一位在中国高校任教多年的外籍教师。1919年至1934年间,她在金陵大学外语系任教,并在东南大学、后来的中央大学兼职讲授教育学、英文、英国文学等课程。因教学方法不受中国学生欢迎,赛珍珠负气扔掉教鞭,转而埋头专心伏案写作。在金陵大学的一栋两层楼房里(即南京平仓巷5号——引者注),赛珍珠创作出了一系列文学作品,其中以长篇小说《大地》等三部曲最为著名。以赛珍珠自己和第一任丈夫卜凯在安徽宿县农村开展农业调查的亲身经历和耳濡目染的事情为素材,小说《大地》描写了中国农民王龙一家与土地的紧密关系,再现了20世纪20至30年代中国农民的生活状态。

在金陵大学的寓所里,赛珍珠还创作出其他一些小说和散文。其中小说有《东风·西风》《亲眷》等;散文有《东方和西方以及小说:中国早期小说的来源》和《是否发生了国外布道团事件》等。

赛珍珠的文学作品,让西方世界对中国人民有了更多的了解。在《大地》出版之前,"坊间的通俗'中国小说'多以讽刺及侮辱中国人为主题,再加上探秘搜奇的性质,目的在娱乐读者,但《大地》改变了'中国小说'的形象,透过严肃的主题、洗练的文笔、事实的描绘,把'中国小说'带进美国文学的主流,提升了'中国小说'的地位"[①]。

五、卫礼贤等与中国名著翻译

一些外籍教师对中国文化无比敬仰,凭借语言便利将中国经典著作进行翻译,向世界传播中国文化,推动人类文化的融合。

卫礼贤曾受聘为北京大学德文系教师,教授德文等课程。这位在中国居住20余年的德籍人士对中国文化无比痴迷。他不但现代汉语说得正确、流利,

---

[①] 梁元生:《赛珍珠与中国》,连载于《世界日报·上下古今》(副刊)1991年9月21日—9月26日。转引自[美]黄文湘:《赛珍珠的文学世界》,《河南师范大学学报(哲学社会科学版)》1995年第2期,第62页。

还通晓古汉语，曾将《论语》《孟子》《道德经》《中庸》《大学》等中国经典古籍翻译为德文。据学者方志浵研究，卫礼贤所翻译的中国典籍计12部。而他本人则将1924年翻译的《易经》视为最得意之作，李约瑟博士也称之为"迄今最佳的《易经》译本"①。为使《易经》能在西方更为广泛地传播，卫礼贤还物色人员将他的《易经》德译本转译成英文，后来通过他的好友——心理学家荣格的介绍，一位名叫卡里·贝尼斯（Cary F. Baynes）的美国人承担了这项任务。遗憾的是，1930年卫礼贤逝世时，并未能读到贝尼斯的译稿。该译稿后由其子卫德明审阅。②卫德明也是一位汉学家，也曾在北京大学任教，对《易经》有一番研究，《燕京社会科学》（1940年）杂志上曾发表过他所撰写的《孔子与〈周易〉》一文。卫德明也翻译了一些中国著作，但不同于其父专注于对中国古代典籍的翻译，他的关注点在于对中国新文学作品的翻译，其代表作有：丁玲的《母亲》和《韦护》，沈从文的《神巫之爱》《边城》和《虎雏》，郭沫若的《女神》，茅盾的《子夜》《春蚕》和《蚀》，鲁迅的《彷徨》和《呐喊》等。除此之外，他还翻译过胡适的《中国哲学史大纲》。

除卫礼贤父子外，在中国任教的外籍教师进行过汉著外译的人士还有不少，其他有：20世纪二三十年代，北京大学德籍教师洪涛生将许多中国古诗及剧本译成德文诗体。他翻译的《中国诗人》《琵琶记》《西厢记》和《陶渊明诗选》，博得德国汉学界极好的评价。另外，他还在北京创办杨树岛印刷局，出版自己的中国文学译著和其他德国学者的汉学著作。

辅仁大学德籍教授鲍润生（Franz Xaver Biallas），于1933年就任该校社会学系教授。他醉心于楚辞的研究，曾将《远游》《九章》两篇译成德文。而当时，西方汉学家对楚辞的涉猎并不多。

德籍人士石坦安（Steinen），先后在中山大学、清华大学和北京大学任德文教师，曾将《史记》中的《伯夷列传》、班昭的《女诫》及曹操的几首

---

① 方志浵：《卫礼贤教授及其著作》，《研究与进步》第1卷（1940年）第4期。载李孝迁编校《近代中国域外汉学评论萃编》，上海古籍出版社，2014，第332页。
② 蓝仁哲：《〈易经〉在欧洲的传播——兼评利雅格和卫礼贤的〈易经〉译本》，《四川外语学院学报》1991年第2期，第8页。

诗译成德文。①

英籍教师苏慧廉在任山西大学堂西学专斋总教习期间,翻译出版了《论语》（英文版）。该译本是牛津大学最认可的经典翻译,时至今日,该书重印已有三十余次。赛珍珠在南京的平仓巷5号小楼里,花了5年的时光,完成了《水浒传》的英文翻译。这是《水浒传》最早的英语全译本,在欧美风靡一时,并于1937年、1948年、1957年再版。②

钢和泰、贺登崧和瑞恰慈的研究丰富了世界语言学、宗教学和文学研究,赛珍珠则将中国题材的文学作品带入西方世界,卫礼贤等人对中国经典著作的翻译促进了中外文化的交融,他们的学术活动丰富了人类的文明史。

第二节　历史学研究

不少来华任教的外籍人士对中国的传统文化尤其是悠久绵长的历史十分喜爱。一些外籍教师充分利用在中国任教的便利条件,直接对中国历史展开研究,所取得的研究成果不仅较为丰富,而且往往发中国人所未发。

一、福克司（Walter Fuchs）等与历史学研究

在外籍史学教师中,钢和泰、福克司、噶邦福、胡鲁士、奚尔恩（John J. Heerens）、谢礼士、桑德厚、史式徽、贝德士、卜舫济等人均著有史学专著和论文。其中,硕果颇丰的钢和泰的有关著述已在前文做有陈述,现仅将其他几位史学教师的研究成果加以简介。

作为一位负有名望的汉学家,辅仁大学德籍教授福克司因精通满文,在

---

①傅吾康：《德国青年汉学家》,胡隽吟译,《中德学志》第3卷（1941年3月）第1期。载李孝迁编校《近代中国域外汉学评论萃编》,上海古籍出版社,2014,第224页。
②顾钧：《赛珍珠与中国小说》,载任继愈主编《国际汉学（第7辑）》,大象出版社,2002,第332页。

清史及满族文化研究方面独占鳌头，其学术著作有：《清史料》《范文程之诰命》《御制亲征溯漠方略》《尼布楚订约研究》《回疆一带战（得胜）图》《准噶尔回部等处得胜图》和《平定西域战图》《早期满洲境内的满文碑刻》《1630年至1640年满洲境内淡巴菰烟草之早期高丽史料》《新华裔译语考》《论满文大藏经》《在北平几个图书馆中关于满洲文的新材料》等。另外，他在早期中德文化之关系的研究方面也颇有心得，如《十七世纪中国人对德国所知道的是些什么？》《魏继晋司铎首创德文字典》。除此之外，他还对佛教有过探讨，如《唐朝以前吐鲁番史》《佛经译成中文之技术及组织问题》及《慧超和尚印度游记》等。①

除福克司外，辅仁大学还有几位外籍史学教授也取得了颇为可观的研究成果。德籍教授谢礼士撰写有研究论文《中德两国印刷之发轫》《钦定武英殿聚珍版程式》《明朝的文渊阁》，以及专著《现代中国图书馆概况》等；②荷兰籍教授胡鲁士曾出版《西洋上古史》（上、中册）等。

清华大学俄籍教授噶邦福，在1937年前夕完成了《历史学的综合方法》，并于1938年由商务印书馆出版。其时正值全民族抗战爆发，兵荒马乱，此书又是用英文写成的，虽在国内出版，却迄今不大为人所知。而著名学者何兆武对这本书评价甚高，认为是国内出版的第一部历史理论方面的著作，在近代中国史学史或史学思想史上，颇有值得一提的价值。③

美籍教师奚尔恩于1911年来华，曾任教于山东广文学堂，后任齐鲁大学历史系教授，兼任历史系主任和图书馆馆长。他与张立志合编有《远东历史略图》（第一编普通中国史）和《远东史》，独著有《在山东前线》《美国北长老会山东传教史（1861—1904）》。其中《在山东前线》一书设专章较为客观地介绍了山东史前时代及夏商周时期的历史与地理环境。在地理环境方面，该书着重探讨了泰山的形成及其文化地位，山东的海岸线，黄河、小

---

① 傅吾康：《德国青年汉学家》，胡隽吟译，《中德学志》第3卷（1941年3月）第1期。载李孝迁编校《近代中国域外汉学评论萃编》，上海古籍出版社，2014，第222页。
② 李雪涛：《误解的对话——德国汉学家的中国记忆》，新星出版社，2014，第170页。
③ 何兆武：《西南联大杂忆》，载廖名春、刘巍编《老清华的故事》，江苏文艺出版社，1998，第327页。

清河和京杭大运河等河流湖泊以及山东的交通邮递等问题。①另外，该书对发生在山东的教案也有过描述，成为后来学者研究义和团运动及教案的重要史料。

法籍教授史式徽于1912年来到中国，受聘于上海震旦大学法学院，讲授外交史与法国文学史课程。从1913年开始，他负责编辑《汉学丛书》。在其担任主编的十年间，《汉学丛书》成为当时最权威的专业丛书。从1914年开始，他又花了22年的时间主编《江南传教信息报》。鉴于史式徽严谨的工作态度，后人又把该报译为《史报》。1914年，他开始撰写《土山湾孤儿院：历史与现状》一书，对土山湾孤儿院的各主要部门，如细木工场和雕花间，中西鞋作，五金工场，中西文印书馆，素描、油画及花玻璃工场和照相工场等做了详细介绍。

金陵大学教授贝德士，在中国生活了20多年。作为金陵大学历史系主任，在承担繁重的教学和行政任务之外，他依然潜心研究，先后出版过《西文东方学报论文举要》《中国在变化中》等书，并在《太平洋事务》《世界召唤》《远东评论》和《教务杂志》等杂志上发表过大量文章。贝德士还留下了卷帙浩繁的文献，目前皆存于耶鲁神学院图书馆的特藏室，共计131盒，1162卷。该文献分为通信、中国札记与资料、本人著作、教学资料、私人要件与言行录等八个部分。②贝德士本人和他的工作为后人的研究与写作提供了一个广阔的领域。③为使更多后继者能分享这批文献，贝德士亲炙弟子、著名历史学家章开沅曾专门著文《贝德士文献述略》，"借以引发更多年轻学人兴趣，期望有若干志趣相近者充分利用这批宝贵资料"。④

另外，圣约翰大学校长卜舫济在华50余年间，著有《中国史纲要》《中国的紧要关头》和《上海租界简史》等书。⑤

由于福克司等外籍教师的视角不同于中国人，其研究无疑有助于推进中

---

① 徐保安：《教会大学与民族主义——以齐鲁大学学生群体为中心（1864—1937）》，南京大学出版社，2015，第36页。
② 章开沅：《贝德士文献述略》，载《章开沅文集（第六卷）》，华中师范大学出版社，2015，第424页。
③ 章开沅：《实斋笔记》，陕西人民出版社，2008，第54页。
④ 章开沅：《贝德士文献述略》，载《章开沅文集（第六卷）》，华中师范大学出版社，2015，第420页。
⑤ 张宪文、方庆秋、黄美真主编：《中华民国史大辞典》，江苏古籍出版社，2001，第21页。

国历史研究的广度和深度。

二、戴谦和等与考古学研究

从今天的角度来看,一些外籍教师对中国的考古及研究是具有一定开拓性的。

(一) 戴谦和、葛维汉与三星堆的发现

戴谦和是华西协合大学美籍物理学教授,葛维汉是该校文化人类学和考古学教授。他们于1932年共同建立了中国西部第一个古物博物馆。据统计,1914—1952年间的15885件藏品,[①]其中中国物品为13909件,基本上是他们在四川长期进行考察、考古活动所搜集到的。葛维汉曾13次赴四川的藏族、彝族、苗族、羌族等民族聚居地进行调查研究,对当地少数民族文化、文物进行了系统收集、整理和研究。[②]戴谦和则潜心于寻访巴蜀古迹,发掘遗址、古墓。他们的研究活动开辟了西南考古学、西南民族学研究领域,使华西协合大学成为西方人类学、民族学和考古学在中国西南边疆的研究据点。

戴谦和和葛维汉还是我国四川三星堆遗址的最先发掘者。1929年春,广汉中兴乡月亮湾农民燕道诚偶然发现一坑玉(石)器,共计400余件。1931年夏,戴谦和受英国传教士董笃宜(又译董宜笃)牧师的邀请,对太平场遗址进行了实地考察、测量、摄影及研究。不久,石器发现者燕道诚将其中部分石器赠给华西协合大学古物博物馆保存与研究。戴谦和根据调查所得,撰写了《四川古代石器》一文,发表于华西协合大学华西边疆研究学会主办的英文杂志《华西边疆研究学会杂志》第4卷(1934年)。1932年,葛维汉到华西协合大学任教,得知"广汉玉器"的消息后,一直希望前往考察,但都未果。直至1934年3月初,受广汉县县长罗雨苍的邀请,葛维汉和华西协合大学古物博物馆馆员林名均一道前往燕家院子清理发掘。在仅10天的时间里,共获得各种玉、石、陶器600多件。罗雨苍认为这些器物很有科学价值,遂将它们

[①] [美]葛维汉:《华西协和大学博物馆概况》,《中国博物馆会会报》1936年第3期,第14页。
[②] 周蜀蓉:《研究西部开发的珍贵文献——〈华西边疆研究学会杂志〉》,《中华文化论坛》2003年第1期,第34页。

送给华西协合大学古物博物馆。这是三星堆考古的第一次正式发掘工作,此次考古发掘的成果被葛维汉整理成《汉州(广汉)发掘简报》,在《华西边疆研究学会杂志》第6卷(1935年)上发表,文中将这批出土的文物命名为"广汉文化"(后来发展为"三星堆文化")。葛维汉和戴谦和对三星堆玉石器坑的发掘,是三星堆科学考古发掘之始,由此揭开了以后半个多世纪的三星堆考古序幕。葛维汉所撰写的《汉州(广汉)发掘简报》,除对月亮湾考古发掘过程进行了详细介绍外,还对出土的石斧、小玉珠、方玉、玉璧、石璧、小杵槌、石剑、石凿等玉石器进行了描述。该文为早期研究广汉遗址遗物的集大成者。[1] 郭沫若对戴谦和、葛维汉和林名均的研究给予很高评价。他在与林名钧的信中认为,将各种陶器"判断为周代早期的文物,也许是可靠的",称他们是"华西科学考古工作的开拓者"[2]。葛维汉和戴谦和开启了四川"广汉文化"研究的新纪元,从此在国内外学术界形成了一股探讨和研究广汉古蜀遗址之风。

作为西南田野考古的先驱,葛维汉和戴谦和发表了大量研究论文。葛维汉在《华西边疆研究学会杂志》上发表了55篇论文,涉及人类学、考古学与民俗学等诸多领域。其中《汉州发掘的初步报告》(1934年)、《叙府汉墓发掘报告》(1936年)、《重庆汉墓发掘报告》(1938年)、《成都琉璃厂窑址》(1939年)等发掘报告,为四川地区的考古研究开拓出新局面。1932—1936年间,发表的论文如《四川古代的白(僰)人墓穴》(1932年)、《川南的白(僰)人墓穴》(1935年)、《有关白(僰)人的历史文献》(1936年),开启"僰人"研究之门,为学术界打开了一个鲜为人知的神秘世界。戴谦和则著有《中国西部发现的石器》(1924年)、《四川古代遗迹和文物》(1931年)等论文。他们的研究成果丰富了我国西南地区的考古研究。

(二)鸟居龙藏与中国辽文化研究

鸟居龙藏是日本著名的人类学家、考古学者。学术界认为他是日本对东

---

[1] [美]葛维汉:《汉州(广汉)发掘简报》,沈允宁译,《华西边疆研究学会杂志》1935年第6卷。载李绍明、周蜀蓉选编《葛维汉民族学考古学论著》,巴蜀书社,2004,第179—199页。
[2] [美]葛维汉:《汉州(广汉)发掘简报》,沈允宁译,《华西边疆研究学会杂志》1935年第6卷。载李绍明、周蜀蓉选编《葛维汉民族学考古学论著》,巴蜀书社,2004,第196—197页。

亚民族的历史、文化、民俗进行调查研究的创始人。鸟居龙藏于1939—1951年受聘为燕京大学教授，其间对以内蒙古为中心的辽文化开展重点研究。他先后对下花园石窟、云冈石窟、鞍山画像石墓、金上京城、山东辽东石棚和贝冢等史前遗迹进行调查。《燕京学报》先后刊出其15篇研究成果[①]，如《中国石棚之研究》（1946年第31期）、《下花园之北魏石窟》（1940年第27期）、《金上京城及其文化》（1948年第35期）以及《辽代陵墓雕塑》（哈佛燕京学社1942年）等。同时，他还出版有《从考古学上看辽的文化》等书，其全部论著收入《鸟居龙藏全集》（12卷本）。

（三）明义士与甲骨文研究

加拿大人明义士被誉为"西方研究甲骨第一人"。早在1914年，他在现在的河南省安阳市传教时搜集到了三四万片甲骨，并开始关注甲骨文研究。1932年秋至1936年6月，明义士受聘任齐鲁大学文学院考古学教授，为学生开设了考古学通论、甲骨研究等课程，同时，还为外籍人员举办"商代甲骨文与商代文化"学术演讲。他以自己的藏品为主，在校园内建起一座古物博物馆。与此同时，明义士完成了《甲骨研究》《考古学通论》讲义的写作，发表了一系列研究甲骨文的论文。据学者方辉统计，在齐鲁大学期间，明义士完成的研究成果有：《甲骨研究》（初编，齐鲁大学石印讲义本，1933年）、《商代文化》（《齐大季刊》1932年第1期）、《表校新旧版〈殷墟书契前编〉并记所得之新材料》（《齐大季刊》1933年第2期）、《中国商代之卜骨》（济南扶轮社报告，1933年出版抽印本）、《柏根氏旧藏之甲骨文字》（《齐大季刊》1935年第6期）[②]、《商周的美术》（英文，《亚洲文会》1936年第67期）、《商代的文化与宗教思想》（英文，《亚洲文会》1936年第67期）[③]。其中《甲骨研究》一书，最能代表明义士的学术水平。该书是他在齐鲁大学讲授甲骨研究课程的讲义。另外，明义士对城子崖遗址及济南市附近地区进行了多次考古调查，搜集到数以千计的陶片，并对这些古代遗址展开研究。七七事变

[①] 应琳：《日本人类学先驱鸟居龙藏简介》，《西北民族研究》2000年第2期，第86页。
[②] 1936年曾在济南以单册刊行。
[③] 方辉：《明义士在华期间的文物收藏及其对中国考古学的贡献》，载宋家珩主编《加拿大传教士在中国》，东方出版社，1995，第271—272页。

爆发前，明义士离开济南返回加拿大。为防止甲骨落入日本人之手，明义士将一部分甲骨埋藏于齐鲁大学的校舍内。直到1952年，这批甲骨才被人挖出来，有8000多片，均交由山东省博物馆馆藏。

戴谦和、鸟居龙藏和明义士等人从事的考古发现工作，发掘和守护了一批中国文物，为中国博物馆的发展做出了贡献。

第三节　社会学研究

史禄国、葛学溥、史图博、贝德士和史迈士等外籍教师，通过在华任教期间的学术研究，为中国社会学研究提供了学术研究范式。

一、史禄国与中国体质人类学

俄籍教授史禄国是著名的人类学家，以通古斯人研究、族体理论而著称于世界人类学界。他于1922年底起自俄国流亡至中国，来华后先后任教于厦门大学、广州中山大学和清华大学。在任教期间，他坚持既往的学术研究路径，积极致力于中国人类学的研究，为中国人类学确立了研究范式。

1926年冬至1927年春，史禄国在厦门大学国学院任人类学教授，承担了3项课题，分别为"福建人种考""福建孩童长成测验"和"东胡语言比较词典"。同时，还撰写《中国人种概论》，拟刊于《国学季刊》。[①]1928年5月、6月间，他在广州测量了2212名学童，用以探讨中国南方人发育问题。[②]1928年7月至10月，受中央研究院史语所和中山大学语史所共托，史禄国前往云南做人的体质测量研究，这是中国第一次有组织的人类学调查。在昆明，史

[①]《国学研究院最近之工作》，《厦门大学周刊》1926年第163期。转引自张彦：《史禄国：以中国为家的俄罗斯人》，载陈其斌、冼奕、曹勤华主编《人类学的中国大师》，黑龙江人民出版社，2008，第455页。

[②]王建民：《二十世纪前半期中国体质人类学发展概述》，载陈国强、林加煌主编《中国人类学的发展》，生活·读书·新知三联书店，1996，第144页。

禄国率领的团队对包括学生、士兵、罪犯在内的近两千人进行测量,摄得人类学照片150幅。10月底,研究团队回广州后,又对士兵进行测量。[①]其高足费孝通认为,史禄国"有关中国人的体质研究至今还是空谷足音,并无后继"[②]。1929年,史禄国的英文论文《中国人体发育论》作为历史语言研究所单刊甲种出版。

史禄国所撰写的英文论著《中国南方人类学·第一部》(草稿),将他在中国的体质人类学研究进一步扩大和深入。他采用国际通用标准和器具测量人体,辅以"类型比较法"分析处理数据,找出东亚的人类体质类型,为中国学者进一步研究提供了借鉴。与此同时,史禄国仍然专注于通古斯人研究,出版了《北方通古斯的社会组织》(1933年)和《通古斯人的心态》(1935年)两本著作。

二、葛学溥与体质人类学

葛学溥是沪江大学美籍社会学系教授。他于1914年主持该校社会学系工作,讲授社会学课程。他是最早以规范的人类学全貌民族志方法和社区研究方法对华南乡村进行研究的西方学者。[③]1918—1919年,葛学溥指导的学生在广东省潮安县归湖镇溪口村(学名"凤凰村")进行田野调查。1923年,他又亲往该村,实地走访并进行体质测量,对前次调查进行检验和补充,留下了最早关于广东体质人类学的记录。依据这些田野资料,葛学溥写成专著《华南的乡村生活——广东凤凰村的家族主义社会学研究》,于1925年在哥伦比亚大学出版。该书全方位地描述了一个乡村村落,记录和分析了凤凰村的人口、经济、政治、教育、婚姻和家庭、宗教信仰和社会控制等,并对凤凰村进行了体质人类学的调查,得出凤凰村人的祖先跟北方群体存有血缘关系,凤凰村人是北方移民和当地原住民的混血儿的结论。该书是中国社会学、人

[①] 王建民:《中国民族学史 上卷(1903—1949)》,云南教育出版社,1997,第110页。
[②] 费孝通:《师承·补课·治学》,生活·读书·新知三联书店,2002,第86页。
[③] 徐义强:《葛学溥与20世纪初潮州乡村生活的人类学书写——以〈华南的乡村生活〉为中心的讨论》,《汕头大学学报(人文社会科学版)》2013年第2期,第26页。

类学第一次对村落的全面田野调查。这项研究使得凤凰村成为中国人类学史与农村社区研究史上的典范。在书中，葛学溥自创了核心概念"家族主义"（Familism），认为"家族主义"是一种社会制度，所有的行为、标准、思想、观念都产生于或围绕着基于血缘聚居团体利益的社会制度。家族是所有价值判断的基础和标准。村落的其他制度，包括政治制度、社会控制、宗教信仰、亲属制度，都围绕"家族主义"这一核心。2012年这本书的中译本还在中国出版。

由葛学溥发端的中国村落研究，引起中国学者的关注。20世纪30—40年代，一些中国学者亦将具体村落作为研究对象，如费孝通之于开弦弓村，林耀华之于义序和黄村，杨懋春之于台头村，许烺光之于喜洲等。[①]

三、史图博与畲族、黎族研究

德籍人士史图博虽是同济大学生理学教授，却醉心于东方民族的人类学研究。1929年夏天，史图博和学生李化民对浙江省南部和福建省北部山区的畲族进行了民族学考察研究，并据考察所得写成《浙江景宁敕木山的畲民调查记》，于1932年出版德文版。该调查报告对景宁畲族的族称、姓氏、风土人情等做了介绍，是我国第一次将畲族作为一个民族进行的系统研究。

1931年和1932年，史图博两次前往海南岛，对五指山地区的海南黎族和苗族等族群进行考察和研究，指明了海南岛黎族的来源、族群分类与分布、民族特征与文化遗产。其研究成果为《海南岛民族志》（德文版）。[②]据学者高泽强（昂·德威·宏韬）研究，在《海南岛民族志》出版之前，人们对黎族社会历史文化的认识一直比较零碎，因此《海南岛民族志》对黎族文化的系统构建和黎族社会面貌的完整呈现，可以说是前无古人。直到今天，凡研究黎族的专家学者或黎族文化的爱好者，基本还是沿着史图博所构建的框架

---

① 李红、胡彬彬：《中国村落研究的三种范式——基于相关文献的初步反思》，《光明日报》2016年10月19日。
② 杜靖：《中国体质人类学史研究》，知识产权出版社，2013，第36—37页。

对黎族文化进行研究的。①另外,史图博还著有《中国民族生理学和民族心理学》等学术作品。

四、贝德士和史迈士与南京地区战祸调查

美籍人士贝德士是历史学教授,曾任金陵大学历史系主任、文学院院长、副校长,在中国基督教史研究方面颇为精深。史迈士是该校社会学系教授。他们两人曾于1938年3—6月对南京地区在日军侵华战争中所遭受的巨大损失展开调查。史迈士及其助手将调查结果撰写成《南京地区战争灾祸》一书。该书主要记录了1937年12月至1938年2月,南京城区、郊区人民在日军暴行中受损和受害的情况,贝德士为之撰写了前言。该书共分为六章:市区调查、农业调查、与救济物资和救济方案有关的调查结果、附录、表格、地图。它作为专门针对南京大屠杀的第一个正式且比较全面系统、合乎学术规范的调查报告,为揭露日军在南京地区的暴行、粉碎日本掩盖滔天罪行的谎言,提供了强有力的证据。

之后,贝德士和史迈士等人又进行了一些专门调查,写成了《南京之战事损失》《南京农作物调查及经济情形实录》和《南京人民之职业、收入与支出》三本著作。其中《南京农作物调查及经济情形实录》是他们在1938年夏、秋两季对农作物和经济情形调查的结果,系统地报告了南京近城各区农作物种植区域、收获状况及水灾损失,显示了中国农民的恢复能力和支持能力。《南京人民之职业、收入与支出》一书是贝德士、史迈士等人于1938年至1939年冬对南京战争损失、农作物和经济情形,以及南京人民的职业、收入、生活状况等的调查,该书有助于从总体上把握救济计划,也为我们了解当时的社会情况提供了可靠而翔实的历史材料。

史禄国等人的社会学研究不但提供了研究范式,而且极大地充实了中国社会学研究内容。

---

① 高泽强(昂·德威·宏韬):《论史图博对黎族方言体系建立的重大贡献》,载闫广林主编《海南历史文化(第二卷)》,社会科学文献出版社,2012,第220页。

第四节　理学研究

在中国近代大学里，理学作为新兴的学科领域，其创建过程选择外来师资是一种必然。所聘的一些外籍教师能够将西方的科学理论引进中国课堂，并且能够创造性地结合中国实情开展相关的学术研究。

一、班威廉与物理学研究

英国人班威廉自1929年到燕京大学后，历任助教、讲师、副教授、教授，1932—1942年任物理系主任。他所从事的研究涉及统计力学、热磁学和电磁学、液氦、相对论及现代物理学中的哲学问题等众多领域，特别是在20世纪30年代初期，他就开始了低温超导现象和表面现象的研究。学者孙洪庆在《班威廉在中国（1929—1945）》一文中收录了班威廉在燕京大学任教期间发表的42篇论文，其中独立发表的达28篇[①]，与人合作发表的论文也多是班威廉指导学生开展的科学研究成果。班威廉曾指导学生围绕"热磁效应"和"热电效应"问题进行了系列研究，相关研究论文多达十几篇。[②]其中，他指导陶士珍研究镍与铁的热磁效应，其后张文裕、徐云贵等人均就同一课题展开研究；指导冯秉铨研究铜在非对称加热情况时电势梯度与温度梯度的关系，其后毕德显、李文江、陈仁烈等人分别用不同的金属材料继续在该方面进行研究。可以说，无论从数量上还是从质量上讲，班威廉的研究成果在当时中国国内物理学研究中均属罕见。

在华任教期间，班威廉还参加过中国共产党组织的学术活动。太平洋战争爆发后，班威廉夫妇和林迈可夫妇逃出燕京大学，前往晋察冀根据地。在那里，他们为八路军举办了一个无线电教师培训班，讲授高等物理学、微积分、

[①] 孙洪庆：《班威廉在中国（1929—1945）》，载《2008年全国博士生学术论坛——科学技术哲学论文集》，山西大学2008年印行，第9—10页。

[②] 孙洪庆：《班威廉在中国（1929—1945）》，载《2008年全国博士生学术论坛——科学技术哲学论文集》，山西大学2008年印行，第8页。

高等微积分和理论电磁学等课程，培训晋察冀边区和晋冀鲁豫根据地的无线电工程技术人员。①这些人后来都成为新中国无线电领域的领导骨干。

1942年6月，在晋察冀边区召开的第一次自然科学大会上，班威廉受邀在大会上宣读有关液体氦气研究的论文②，这是他在燕京大学进行液氦研究的初步成果。值得关注的是，班威廉还与另一位燕京大学英籍教授林迈可一起当选为晋察冀边区自然科学研究协会理事。③

二、葛利普与地质学研究

葛利普在来华前已是美国著名的地质学家。1920年，他应聘任北京大学地质系教授和农商部地质调查所古生物室主任，1934年任北京大学地质系主任，为中国地质学会创立会员之一。在华26年（1920—1946年）间，他著述丰富，发表学术论著151篇，超过在美国30年（1890—1919年）间发表的145篇。④其中，仅在《中国地质学会会志》上发表的论文就有11篇⑤，在《地质汇报》上发表的论文有9篇⑥，主要涉及古生物学、地层学和地学史方面的研究。在古生物学研究方面，葛氏撰写有《中国古生物志》7册（1922—1936年）和《蒙古之二叠纪》（1931年），并协助丁文江规划出版《中国古生物

---

①[英]班威廉、克兰尔：《新西行漫记》，裴然、何文介、吴楚译，时代书局，1950，第76页。
②《晋察冀边区自然科学研究会隆重开幕》，载武衡主编《抗日战争时期解放区科学技术发展史资料（第八辑）》，中国学术出版社，1989，第207页。
③《自然科学研究会大会讨论通过协会简章纲领》，《晋察冀日报》1942年6月28日。
④潘云唐：《葛利普——中国地质科学工作者的良师益友》，《中国科技史料》1982年第3期，第27页。
⑤具体为：《震旦系》第1卷第1期（1922年）、《地槽的迁移》第3卷第2期（1924年）、《新生代及灵生代地层概论》第6卷第2期（1927年）、《新生代及灵生概论》第6卷第3—4期（1927年）、《贵州晚志留世石燕层中之珊瑚》第9卷第3期（1930年）、《喜马拉雅喀拉昆仑及其西部地质研究》第11卷第4期（1932年）、《用脉动学说来划分古生代地层系统》第15卷第1期（1936年）、《地质学之基本观念及其与中国地层学之关系》第16卷（1937年）、《中国地层上间脉动之重要》第18卷第2期（1939年）、《两极管理大地发育学之现状》和《中国中部中生代地层剖面之新解释》第19卷第2期（1940年）。均见吴凤鸣：《1911至1949年来华的外国地质学家》，《中国科技史料》1990年第3期，第68页。
⑥具体为：《中国二叠纪新发现之阔翅类化石》（1920年第2号）、《直隶开平之下二叠纪动物化石》（1920年第2号）、《山东之白垩纪化石》（1931年第5号）、《中国北部之白垩纪软体类化石》（1931年第5号）、《中国中部归州层内之白垩纪化石》（1931年第5号）、《中国泥盆纪腕足动物群》（1931年第3号）、《华北奥陶纪化石》（1922年第1号）、《云南志留纪生物群》（1926年第3号）、《中国古生物珊瑚化石》（1922年第2号）等。均见吴凤鸣：《1911至1949年来华的外国地质学家》，《中国科技史料》1990年第3期，第68页。

志》。在亚洲地层研究方面，他撰写有《中国地层》2卷（1924年、1928年）及与之有关的中国新生界总结（1927年）和对亚洲古地理图的编制（1925年）等，这些都是研究中国地层学的重要文献，对中国地层学的发展起着重要作用。他还广为搜集中亚、东南亚零星地层古生物资料，有些部分至今仍为相关研究者所参考，嘉惠学人，功不可没。①1924年，他撰写的《地槽的迁移》，第一次把当时西方盛传的地槽学理论引入中国。在全球地质理论研究方面，他撰写了《脉动理论下的古生界地层》4卷（1934—1938年）、《年代的节律：脉动和极控理论下的地球史》（1940年）和《我们生活的世界：地球历史新论》（1944年，1961年出版）等。葛利普是世界上第一个解释脉动理论的地质学家，并以脉动理论观点把古生代划分为14个脉动周期，把中生代划分为5个脉动周期。从1934年起，葛氏开始撰写14卷册的专论《脉动说》，可惜在他临终时仅完成7卷册，其中5卷册得以出版。②

葛利普在中国生活、工作了26年，为中国地质研究和地质教育做出了卓越贡献。其在普通地质学、地层地质学以及古生物学方面所取得的成就影响至今。为纪念葛利普在中国地质事业上的贡献，中国地质学会特设葛氏奖章，以表彰在中国地质工作中有成就的地质学家。

三、吕登岸（Bruxelles Scheut）与疫苗研制

吕登岸为比利时天主教圣母圣心会传教士，于1931年在辅仁大学设立微生物研究所③，专门研究、制造预防斑疹伤寒病的疫苗。斑疹伤寒病曾于20世纪前后肆虐华北和内蒙古地区。病人发病后，往往全身出现红斑点，高烧40℃上下，难以治愈。吕登岸于1901年来华后，冒险到内蒙古考察，目睹了该病症，所以决心在中国研制防伤寒药剂。当他获悉波兰威格尔博士已发明一种预防斑疹伤寒病的疫菌后，便于1930年亲赴波兰，与威格尔接洽，制作

---

① 王鸿祯：《中国地质学人的良师益友——纪念葛利普教授逝世50周年》，《古生物学报》1997年第4期，第406—407页。
② 吴凤鸣：《1911至1949年来华的外国地质学家》，《中国科技史料》1990年第3期，第68页。
③ 该研究所征得辅仁大学同意，设在该校内。1936年3月1日划归辅仁大学管理。

了一批疫苗，并带回中国。由辅仁大学张汉民和盖大夫到内蒙古实验注射，发现效果很好。

由于这种疫苗免疫期只有一年，必须每年注射一次才有效果。1932年1月，吕登岸又派遣辅仁大学张汉民赴波兰威格尔实验室学习疫苗的研制方法，数月后，张汉民学成归来，开始动手研制。① 后成功研制的斑疹伤寒病菌疫苗效果非常好，挽救了不少人的生命，吕登岸声名远播，屡获南京国民政府教育部的嘉奖。②

四、米士与云南现代地质学研究

1939—1946年，德籍地质学家米士先后任教于中山大学和西南联大，给学生讲授普通地质学、岩石学、构造地质学和地质制图等课程的同时，在中国云南开展地质调查工作，从事开拓性地质研究，成为云南现代地质学研究的先驱和奠基者之一。他对滇池周围的地质构造特点作了调查测量，研究了云南中部大地构造特征和前寒武纪地质，提出"澄江运动"和"晋宁运动"两个概念，被地质学界所接受。他还远赴滇西，考察点苍山和滇西地质构造。他撰写的《云南中东部震旦系地层》《云南构造史》《滇东昆明区之石炭纪岩相并兼论铝土矿之生成》《滇西晚二叠世乐平统之发现》《云南西北部二叠纪含蜓类岩石》等著作，涉及云南地质构造及变质地质、前寒武纪地质和震旦纪冰碛层等方面的研究，提出"大理苍山复变质作用"和"红层的变质作用"等论述，被传为经典式研究。③

---

① 白峰、赵旭：《医学界微生物学家张汉民博士访问记》，《辅仁生活》1940年第11期，第6页。
② 《校史述略》，《辅仁大学年刊》1937年。转引自孙邦华：《战胜瘟疫重在预防——记原辅仁大学研制预防斑疹伤寒疫苗的活动》，载北京市档案馆编《北京档案史料（2003.2）》，新华出版社，2003，第82页。
③ 董申保：《纪念我的导师——孙云铸教授和米士教授》，载北京大学地质学系建系100周年纪念文集编委会编《百年辉煌　继往开来——北京大学地质学系建系100周年纪念文集》，北京大学出版社，2009，第99页。

五、克勒脱纳和卞沙（Woffgang Fanzer）与华南地貌学研究

中山大学地理系德籍教授克勒脱纳是德国著名的地理学家，来华前为德国基尔大学教授。应中山大学副校长朱家骅的邀请，克勒脱纳于1929年秋来到中山大学，创立了该校的地理系，讲授自然地理课程。克勒脱纳于1931年秋回国后，其继任者是德国杰出地理学者卞沙。

在华期间，克勒脱纳最著名的研究活动就是组织了对云南的地质考察。1930年6月，克勒脱纳组织"云南地理调查团"入滇考察，行程1200千米，耗时4个月。考察队由广州经河内入昆明，以大理为中心，分两队进行调查。一队留在大理搜集有关地理、气象、人种等各项资料，另一队由他与林超、张道琛等4人组成西行缅甸边境（受阻不能入境），主要是考察地貌，同时也兼及矿产、植物、农业、人种、语言等项目。西行一队后经萨尔温江，折向金沙江，返回大理，一路拍摄了几百幅照片和一部电影。在考察过程中，他和学生一起登上了高达4100—4300米的点苍山，并在3900米以上山地发现了冰川地形——第四纪冰川遗迹。克勒脱纳和助手林超将其称为"大理冰期"，这个名称至今仍为我国及国外学者广泛使用。① 由于东南亚山地当时没有冰川地形存在的报道，所以克勒脱纳的考察引起当时及后来地质学者和地理学者的注意。回校后，考察队写出了《1930年云南地理考察报告》，用中、英文发于《国立中山大学地理系报告集刊》（第一卷第1、2号，1931年）上。克勒脱纳还把在云南高原考察的成果，以短文方式发表于《中国地质学会会志》（1931年）上。此次考察是民国时期我国地理学界有组织的地理考察活动之始，已被载入《世界地理学史》，克勒脱纳对云南高原地质地形现象的研究，为地理学界之先驱。②

卞沙在中山大学任教期间，除讲授地貌学外，还带领学生对广东西南部、雷州半岛溶岩台地、北海港、西江和北江河谷地形，香港和九龙海岸地形进

---

① 曾昭璇：《两位德国学者对我国华南地貌研究的贡献》，《中国科技史料》1990年第9期，第39页。
② 马玉华主编：《中国边疆研究文库·初编·西南边疆》（第4卷），黑龙江教育出版社，2013，第6页。

行了野外考察，并将考察成果撰写成多篇论文，如《罗浮山区域之地理问题》《香港海岸有何失序？》和《台湾的冰川时代》，发表于国内外杂志。其中《香港海岸有何失序？》一文，指出地壳运动的不均匀性，造成香港的上升和下降地形，对后学者研究华南海岸地形的升降富有启迪。

班威廉、葛利普、米士、克勒脱纳、卞沙以及吕登岸等外籍教师从事的研究工作，有利于提升中国理学的研究水准。

第五节　工学研究

在中国近代大学里，工学作为新兴的学科领域，同样需要选择外来师资建设，尤其在高等教育初步发展阶段更是这样。在工学领域，一些外籍教师所开展的卓有成效的研究，不仅为工科尤其工学人才的培养提供了知识养分，而且从整体上提升了中国工学系科在世界上的学术地位。

一、维纳与计算机研究

诺伯特·维纳是美国科学院院士，麻省理工学院数学系教授，控制论创始人。在清华大学电工系教授李郁荣的促成下，维纳受清华之邀于1935年8月—1936年6月来华任该校数学系和电机工程系客座教授，讲授傅里叶级数、傅里叶积分、勒贝格积分等课程。李郁荣在麻省理工学院攻读博士学位期间，曾和维纳开展过电网络模型——"李－维纳网络"的研究工作。维纳到清华之后，很快就在《国立清华大学理科报告》上发表了《法勃瑞间隙定理》[1]和《卡尔曼定理》[2]两篇论文。与此同时，他继续和李郁荣研究电网络设计。后来，维纳在出版的《控制论》一书序言里写道，他本人在控制论创立中的作用主

---

[1] 该文发表于《国立清华大学理科报告》第1种（英文版）第3卷第3号。
[2] 该文发表于《国立清华大学理科报告》第1种（英文版）第3卷第4、5号。

要取决于两件事情，其中一件就是同李郁荣在电网设计工作上的合作。这本书的出版，宣告了控制论这门新兴学科的诞生。维纳在20世纪40年代创立的控制论中所讨论的群与统计力学、马克斯韦沃、时间序列、信息和通讯等内容都反映了他和李郁荣的早期研究成就。维纳后来曾多次向时任清华大学工学院院长顾毓琇表示，感谢清华大学当年为他创造了一个很好的科研环境并提供了专心研究的条件，使他有充裕的时间认真地整理自己的思路，这对后来形成控制论具有极重要的意义。所以，回顾自身在学术研究领域的历程，他宁愿选择1935年作为控制论创立的起点。①

从维纳与清华学人之间有关的原始信件及资料可以得证，维纳在清华大学与李郁荣进行了计算机的研究工作。② 同时，他还指导华罗庚与徐贤修合作完成了《关于傅里叶变换》一文。1936年6月，作为美国麻省理工学院和清华大学代表，维纳出席了在挪威奥斯陆举行的第十届国际数学家大会。在会上，除宣读他自己在清华所作的《有关间隙定理》论文外，他还将华罗庚与徐贤修的论文带到会议上，让华、徐两位中国青年学者为世界数学界所知。

二、华敦德与航空研究

1936年1月—1937年12月，经著名的航天工程学家冯·卡门的推荐，美国航空专家华敦德前往清华大学机械工程学系担任航空讲座教授，开展航空教育与研究。华敦德是一位对工作高度负责的专家。据清华大学1936级航空组教员张捷迁回忆，华敦德"全副精神，用在研究"，莅校后立即进行飞机模型试验。是年6月，他和中国同事冯桂连、殷文友一起，在助教、学生的协助下，仅用三周时间完成了当时远东最大的南昌15英尺航空风洞的初步设计。该风洞开启了当时世界上工程设计的先河："用钢筋混凝水泥筑成，应用薄壳理论，厚仅3.5英寸，最大风洞壳直径34英尺，用土产材料制成。

---

① 魏宏森：《维纳在清华》，《自然辩证法通讯》1980年第1期，第62—63页。
② 魏宏森：《N. 维纳在清华大学与中国最早计算机研究》，《中国科技史料》2001年第3期，第230页。

天气温度变化，风洞涨缩自由，产生应力最少，亦为国内首创。"①1938年，该大风洞遭受到日寇的空袭，虽中二弹，仍巍然屹立如旧。在设计、施工风洞的同时，华敦德发表论文多篇，如《回气航空风洞的效率》（华敦德、冯桂连、张捷迁合作，载1936年7月《国立清华大学理科报告》）、《清华航空风洞的能力比率》（华敦德、冯桂连、张捷迁合作，载1936年12月《国立清华大学理科报告》）、《薄层管支环之弯矩分析》（华敦德、张捷迁合作，载1937年6月《清华工程季刊》第1卷第2期）、《中国清华大学之十五呎口径航空风洞》（载英国1938年8月《英国飞机工程》）、《中国清华大学之五呎口径风洞》（载英国1938年10月《英国飞机工程》）②。

1936年5月，中国工程师学会及各专门工程学会在杭州举行联合年会，华敦德、王士倬、冯桂连、张捷迁等联合撰写的论文《清华大学机械工程系之航空风洞》，被评为1936年中国工程师学会论文第一名，并作为《工程》杂志"第六届年会论文专号"首篇论文发表。1938年，华敦德代表清华大学参加第14届国际应用力学大会，提交了关于风洞设计理论的论文《影响回气航空风洞能力比率的因数》。他在风洞设计方面的实践研究和学术研究成果，不仅使自己成为运用分析方法设计风洞之鼻祖，而且让清华大学得到国际航空界的重视，提升了清华大学的学术影响力。

三、罗德民（Walter Clay Lowdermilk）与水文调查

美籍学者罗德民是国际水土保持科学的奠基人之一，曾于1922年9月至1927年3月在金陵大学任教。任职期间，他率领任承统、李德毅和沈学礼等师生，先后到河南、山西、陕西等省进行农业查勘及有关植被和水土流失等问题的实地调查研究，并在山西省的沁源、方山、宁武等位于黄河流域的县设置径流泥沙测验小区。他首次采用科学方法实地测定了不同植被条件下的

---

①张捷迁、盛健：《怀念美籍讲座教授华敦德博士对清华的贡献》，《航空史研究》1998年第4期，第34页。
②《清华航空研究所论文一览表》，载北京大学、清华大学、南开大学、云南师范大学编《国立西南联合大学史料·三（教学、科研卷）》，云南教育出版社，1998，第688—695页。

水土流失量。这一首创性的试验研究工作，对以后的水土保持科学研究产生了相当大的影响。根据多年研究成果，罗德民写出了《影响暴雨径流和土壤侵蚀的因素》一文，于1926年携带此文参加在日本东京召开的第三届泛太平洋会议。此文运用具体数据说明问题，给人印象深刻，因此此文在会上宣读后，受到与会者一致赞扬。此后，测定不同条件下水土流失量的实验方法得到普遍采用。

罗德民的研究侧重对中国早期水土流失的探析。他提出了"人为的加速侵蚀"这一重要概念[①]，用以和地质学上的侵蚀相区别。在他看来，水土流失和水旱灾害与人类文明发展紧密相关，只有做好水土保持工作，才能使一个地区的人民安居乐业，经济繁荣昌盛；反之，就可能发生灾害，长此下去文明也会衰落。在野外调查时，他很注重访问当地农民，吸取中国人的水土保持经验，并将这些经验升华为系统化理论。他还广泛搜集地方志书，了解中国古代水旱灾害情况。在所得资料的基础上，他先后著有《中国急需培植垦荒造林之人才》《黄河流域之冲蚀与水灾》《山西森林之破坏与山坡土层之剥削》和《山西森林保育问题之商榷》等论文，"充实了当时还处于草创阶段的世界水土保持科学"[②]。罗德民的研究为黄河流域开展水土保持科学研究起到了奠基作用，可以说，中国的水土保持研究是在他的帮助下开始的。

维纳、华敦德和罗德民在华研究工作成果世界闻名，提升了所在系科的水准。

第六节　农学研究

中国作为一个农业大国，为外籍教师的农学研究提供了广阔舞台。他们

[①] 黄河水利委员会黄河志总编辑室编：《黄河志·卷十一·黄河人文志》，河南人民出版社，1994，第199页。

[②] 戴龙苏：《罗德民先生的贡献》，转载自高继善：《母校对我国水土保持的贡献》，载金陵大学南京校友会编《金陵大学建校一百周年纪念册　1888—1988》，南京大学出版社，1988，第61—73页。

将农学研究与中国农情相结合，推动了中国农业的发展。

一、高鲁甫与植物研究及培育

岭南大学农学院美籍教授高鲁甫是该校农科教育开拓者。他从事植物研究笔耕不辍，著述丰硕。在华任教期间，他先后在《岭南农学会年报》《岭南科学杂志》《岭南农业杂志》《农事月刊》《农事双月刊》和《佛罗里达州园艺公报》等刊物上发表论文多篇。据倪川、倪根金撰写的《岭南大学农科教育开拓者高鲁甫生平、著述考》[①]一文记载，高鲁甫在中国居留期间（1908—1947年），关于农作物的学术研究论文、著作及手稿达40篇（部）。

通检高鲁甫的研究文字多是在对作物培育的基础上撰写而成的。他初入岭南学堂（岭南大学前身）时，就着手从美国夏威夷引进木瓜苗，进行选育与改良，数年后适应了广东气候的木瓜，个大、汁多、香甜，改变了原本只能作为蔬菜或药材的用途，成为名震粤港澳的著名水果。1916年，高鲁甫专门撰写《岭南木瓜》一文，回顾了自己改良木瓜的初衷与历程。

自来到广州的第三年开始，高鲁甫就着手对岭南及中国南部各地开展大量的植物资源调查。在对潮汕的柑橘进行调查的基础上，他编成《广东柑橘属植物调查报告》，并在《岭南农学会年报》上发表《制止橘类虫害病症法》论文；在对荔枝和龙眼的品种开展调查的基础上，他撰写了《岭南荔枝》一文。后文于1919年荣获民国政府农林部甲等奖。1921年，他所撰写的《龙眼与荔枝》一书在纽约出版，这是西方学界最早研究荔枝、龙眼的著作之一。后来此书在美国重印十余次，直到2008年仍在刊印。高鲁甫对荔枝的兴趣一直延续了20多年，1943年时，他还在《佛罗里达州园艺公报》上发表了《荔枝成功种植的生态因素》《福建陈紫荔枝历史的再阐释》等研究文章。

1937年，高鲁甫到广西考察，在桂北永福县山村发现了罗汉果，并采摘下来。当时，罗汉果还没有被科学界命名，他依其土名为该果正式命名。随后，

---

① 倪川、倪根金：《岭南大学农科教育开拓者高鲁甫生平、著述考》，载广州市地方志办公室编《民国人物与广州城市发展研究》，广东经济出版社，2010，第189—193页。

又与植物学家史怀夫一道进行深入研究，合作完成《广西的罗汉果》一书，在填补了学术界对罗汉果的研究空白的同时，也令罗汉果成为老百姓喜食的寻常水果。

另外，高鲁甫还亲自主持出版了《岭南农学杂志》与《农事双月刊》等刊物，为广东农业科学研究提供了很好的科研交流平台。

二、克立鹄与农业病害虫研究

克立鹄是福建协和大学美籍生物系教授，对中国家蚕病害、蜜蜂的采蜜效能和饲养、农业害虫、寄生虫、昆虫和鸟类等，都有过深入研究。

著名生物学家唐仲璋认为，克立鹄是我国最早研究家蚕的专家。克立鹄曾对僵蚕病进行研究，探求病因，建议蚕农不要把蚕粪和食残的桑叶倒在桑树的根上用作肥料。同时建议蚕业科研机关，要仿效巴士德检验母蛾的方法摒弃带病蚕卵。克立鹄还对其他害虫开展研究，例如他曾采集福建蚜虫类标本，寄予日本专家 R. Takahashi 鉴定出好多新种；帮助夏威夷昆虫学家哈登（F. C. Hadden）研究福建省三种水稻螟虫的寄生蜂，一共发现 12 种。在福建福清、莆田和漳州等荔枝之乡，他指导农民使用震落法捕捉荔枝椿象这一害虫，即由一人攀登树上，用力摇晃树枝，使栖息在上面的椿象下坠到地面，捕捉后收集焚毁。此法曾在很多地方被采用。1929 年，克立鹄与人合作对福州郊区及北岭地区人体寄生虫病展开调查，在水牛粪便中找到日本血吸虫卵，这是在福建省发现日本血吸虫病的先声。

克立鹄还对中国蜜蜂和意大利蜜蜂做过比较研究，他用统计学方法测量两种蜜蜂的颈部和舌部的长度，以探测两种蜜蜂采蜜的效能，并提出改良中国蜂的饲养方法。他还建议将养蜂作为农村副业，以有利于果树传粉。[1]

克立鹄还是一位富有科学牺牲精神的教师。在对裂头蚴病进行研究的时

---

[1] 唐仲璋：《纪念克立鹄教授》，载唐崇惕、赵尔宓编《唐仲璋教授选集——纪念唐仲璋教授九十周年诞辰》，四川教育出版社，1994，第148页。

候,他和两位医生各吞食一头活的裂头蚴,将自己的身体作为感染实验体。①

三、卜凯与农业经济学研究

美籍人士卜凯是金陵大学农业经济系教授,主讲农业经济和农场经营管理课程。在华任教期间(1920年至1944年初夏),他学研勤勉,著述颇丰,先后出版专著3部,发表学术论文47篇、报告2篇、演讲2篇。②这些研究成果集中于中国农家经济社会状况调查,以及中国农村人口、物价、农具等方面的研究。其中,最值得推崇的是《中国农家经济》③和《中国土地利用》④两部著作。这两部著作奠定了卜凯在世界农业经济史上的杰出地位。作为中国近代农村经济研究的开创者,卜凯为中国近代农业经济建立起了一套完善的调查资料。

《中国农家经济》一书,是卜凯在1921—1925年间,组织学生调查7省14县17处2866个农家的成果。此书一问世,即成为国际学术界研究中国农村问题的经典。费正清主编的《剑桥中国晚清史》和《剑桥中国民国史》的中国近现代农业和农村史部分,主要资料均来源于此书。

《中国土地利用》(文论、图集、统计三部分)一书,详细论述了当时中国土地利用的现状和影响梯度利用的自然因素、社会因素及精良使用问题等,并将所调查的地区划分为两大农业地带和八大农区。书中对1929—1933年的数据进行分析,这些数据,来自对22个省186个县16786个田场38256个农户的统计。浩繁的数据统计分析,不仅凝聚着无数人员的数年心血,而且使一批中国本土学术精英得以成长。该部学术著述,曾获得当时南京国民政府出版局授予的最佳出版专著奖,并在日本、美国先后出版发行。教育家徐特立称之为"难得的好书"。

---

①唐仲璋:《纪念克立鸽教授》,载唐崇惕、赵尔宓编《唐仲璋教授选集——纪念唐仲璋教授九十周年诞辰》,四川教育出版社,1994,第149页。
②杨学新、任会来:《卜凯文献挖掘整理的现状与思考》,《中国农史》2013年第2期,第110—115页。
③1930年由太平洋关系中国委员会与金陵大学出版英文本,1936年由商务印书馆出版中译本。
④1937年在美国出版英文本,1941年由成都金陵大学印行中文本。

《中国农家经济》和《中国土地利用》是人们研究中国近现代农业和农村问题不可或缺的著作。而卜凯的研究和教育工作，也在中国近代经济学研究和经济学科的建设方面留下浓浓的笔墨。

除在以上学科领域的研究较为集中外，外籍教师还有一些研究散见于其他领域，如先后在厦门大学、清华大学、辅仁大学和北京大学任教的德籍教授艾克，在教授德文的同时，还曾对中国古建筑和中国明式家具做过深入研究。1926年，艾克受聘厦门大学后，与法国学者戴密微（Paul Demiéville）和中国学者陈万里、张星烺等结伴，一起考察泉州古建筑，著有《泉州的双塔》。他对古塔的研究受到建筑学家梁思成的赞赏。后来到辅仁大学任教时，他又沉醉于中国明式家具的样式研究中，同时任北京协和医院建筑师的杨耀一同挑选、购买明式家具，并对其进行分类和结构类比，解剖家具的榫卯，进行拍照、绘制图纸等。在此基础上，他于1944年出版了《中国花梨家具图考》（英文版）。此书收录了122件家具实物，30余张测绘图纸和4张榫卯构造图纸，为明式家具研究的开山之作，得到了学界高度评价："本书考证科学，照片精美，图纸精审，榫卯准确，成果丰富，奠定了它在明式家具研究领域中的经典著作地位。"①

来华任教的外籍教师，通过自身的科学探讨和学术研究，为中国知识分子打开了了解国外科学、教育研究动态的窗口，引进了近代各学科的理论和思想，拓宽了中国师生的视野。特别是一些外国知名学者，在特定时代的学术领域各领风骚，在学术研究方面起着某种程度的引领作用。他们撰写了大量的论文和专著，留给我们一批珍贵的文献资料，其学术拓荒活动深深地影响了中国近代的学术发展。但也应该看到，在中国大学任教的千余位外籍教师中，能够从事科学研究的毕竟是少数，大部分外籍教师还是以开设课程、传授知识为其主要的职业活动。

---

① 古斯塔夫·艾克：《中国花梨家具图考》，薛吟译，陈增弼校审，地震出版社，1991，第3页。

第六章

外籍教师对中国近代大学构建的影响

中国近代大学勃兴之始，中国传统教育制度培养出来的知识分子对西学所知几近于零，对仿建西方新兴学科无能为力，难以充任新学教师，更无力构建近代科学体系和设置新知课程。中国近代大学只能借助外籍教师以解师资匮乏之急。一些优秀的外籍教师为中国刚刚起步的近代高等教育贡献了自己的知识和智慧。他们担当起创建近代新兴学科、讲授新知的重任，促进了中国文化的多元化，丰富了世界思想库，成为中国近代大学构建中的重要力量，为中国近代大学尽快步入正轨奠定了基础，为中国近代新兴学科的发展提供了保障，为中国近代社会培养了大批人才。

第一节　设科建系　传播新知

外籍教师将西方教育模式和学科建制引入了中国近代大学,他们向中国学术界传播、介绍和解读各类学科国际发展的最新信息,促进了中国学校各科的知识创新和体系建构。

一、引进西方教育模式

早在洋务运动时期,丁韪良就尝试对京师同文馆进行改革,将国外大学的办学元素全面移植到学堂之中,为新式教育的发展奠定基础。之后,在具有现代意义的中国大学初创时期,各学校由于聘请的外籍教师数量和质量的不同,以及这些来华外籍教师对学校事务参与程度的差异,从而形成了特色鲜明的带有不同国家烙印的教育模式。如山西大学呈现的是英国教育模式,同济大学和中山大学地理系移植的是德国教育模式,京师大学堂和三(两)江师范学堂采用的是日本教育模式,辅仁大学和震旦大学借鉴的是法国教育模式,华西协合大学则兼容英国、美国和加拿大教育模式,而北洋大学、清华大学和各基督教教会大学几乎完全袭用美国教育模式。这里仅以体现日本、美国、德国和法国教育特征的学校为例予以阐析。

(一)京师大学堂和三(两)江师范学堂的仿日模式

京师大学堂和三(两)江师范学堂同为清末新政时期产生的新式高等教育机构。在复校之初,两校皆聘用日本教师为正教习。如京师大学堂仅设的师范馆和仕学馆分别聘请服部宇之吉和岩谷孙藏为正教习;三(两)江师范学堂先后聘请菊池谦二郎和松本孝次郎为总教习。在其聘期内,日本教习基本掌握了学堂运行的全方位工作。他们参与学堂章程制定、系科设置、学校管理、课程设置及教学、教科书采用、教学仪器购置、校舍设置及教师配置等工作,无不仿效日本学校的做法。

在学校章程制定方面，日本教习参与了所在学校章程的制定和解读工作。服部宇之吉初到京师大学堂，就参与该学堂管理规程的讨论，帮助制定了《师范馆章程》。该校师范馆于1902年12月18日开学，第二天，仕学馆正教习岩谷孙藏就向两馆学生讲解学堂的义务、学堂与国家的关系、学生的职任以及教习的期望等条规；12月20日，服部宇之吉给学生解读各门学科在学习方面的注意事项。菊池谦二郎则在东亚同文会的协助下，制定了《三江师范学堂章程》。

日本教习不但参与了学堂课程设置，而且承担了大部分课程的教学工作。《钦定京师大学堂章程》中，师范馆开设课程有14门，即伦理、经学、教育学、习字、作文、算学、中外史学、中外舆地、博物、物理、化学、外国文、图画、体操，① 并规定"以上各科，均用译出课本书，由中教习及日本教习讲授；惟外国文用各国教习讲授"。但师范馆开学后，实际开设的课程却为伦理、经学、中国历史、中国地理、算学、物理、教育、西史、外国文（西文、东文）、体操及卫生学等11门。暂时取消章程中规定的博物、化学、习字、作文、图画等课程，增加了卫生学课程；教育学课程教授的内容由教育宗旨改为心理学。这是服部宇之吉对原定课程所做的一些调整。京师大学堂历年任用的日本教习共25名，几乎承担了与西学有关的全部自然科学和社会科学课程。

菊池谦二郎执掌三江师范学堂时，将师范生的修业年限分为三类：一年最速成科、二年速成科、三年本科。最速成科的学制为一年，开设了修身、历史、文学、舆地、算学、体操、英文、教育、理化概说、博物、生理卫生、图画、手工、东（日）文等课程，每周授课36学时。速成科的学制为两年，所学课程较最速成科增加了农学和法制经济等课程，且课程程度也明显加深，每周仍为36学时。初级师范本科的学制为三年，开设了17门课程：修身（经学）、历史、教育、文学、舆地、算学、物理、化学、生理、博物、图画、农学、法制经济、手工、体操、英文、东（日）文。与《奏定学堂章程》对"完全科"规定的课程相比，减去了"习字"，把"读经讲经"与"修身"

---

① 《钦定京师大学堂章程》（光绪二十八年七月十二日），载朱有瓛主编《中国近代学制史料（第二辑上册）》，华东师范大学出版社，1987，第760—761页。

合为一门，同时增加了生理、农学、法制经济、手工、英文、东（日）文等6门。其本科课程更为注重课程的实用性和现代性。此三类课程开设门类数量、课程深度和广度都有所不同，凸显出该学堂培养紧缺师资的层次性和相对科学性。

松本孝次郎继任总教习时，正值三江师范学堂改制为两江师范学堂。他对之前该校课程设置方案又做了调整，实现了从初级师范学堂向优级师范学堂的改组。松本孝次郎力主强化理化、农学博物和手工等实科课程，开办有数理化、农工、博物、图画、手工专业分类科，并配金工场、木工场、农事试验场和蚕室等教育设施。三（两）江师范学堂的课程同样多由日本教习承担。根据苏云峰的统计，从1903年至1911年，三（两）江师范学堂先后聘请日本教习达32人次。

另外，两所学堂所需的教科书、教学器械、教学仪器、药剂和动植物等，也均由日本教习从日本购进。如在1905年，服部宇之吉曾为京师大学堂从日本丸善书店采购数学、物理、动物、教育、历史五科书籍计185部223本[1]。

京师大学堂和三（两）江师范学堂是清末规模较大的师范学堂，可以说其发展和日本教习的引进息息相关。当时中国师范教育无章可循，无制可考。随着日本教习的亲身示范，日本师范学校的管理体系、教学理论和教学方法得以在两校中运用，为中国造就了一批现代教师。

（二）清华大学和北洋大学的仿美模式

清华大学源于用美国退还的庚子赔款兴办的清华学堂，起始是一所留美预备学校，其办学目的是培养留美预备生。清华学校时期，遵循的办学方针是"延用美国高等初等各科教习，所有办法均照美国学堂，以便学生熟悉课程，到美入学可无扞格"[2]，在其学制、课程设置、教学计划安排、教材使用、教学方法等方面，均照搬美国学校。其目的一是"教导充分的科目，俾学生可以直接升入美国大学"；二是"引注美国的风俗习惯和教授法，俾学生到美

---

[1]《大学堂为购办书籍事呈学务大臣文》（光绪三十一年十月十八日），载北京大学校史研究室编《北京大学史料　第一卷（1898—1911）》，北京大学出版社，1993，第491页。
[2] 朱有瓛主编：《中国近代学制史料（第三辑上册）》，华东师范大学出版社，1990，第569页。

国不致感不便";三是"成立个模范学堂,俾国内学校知所效法"。①

1911年2月,18名美国教员来到北京②,待到4月清华学校开学后,他们开始按照美国方式运作学校。清华学校的学制定为八年,分高等、中等两科,各为四年制。其中高等科分科教授,参照美国大学办理。在课程、教法方面模仿美国学校,设数学、物理、化学、政治、经济、美国史、英文文学、西方文化(后改称现代文化)和第二外国语等,全部使用英文教科书,教师用英语上课。中等科设世界地理、数学、化学、卫生、图画、音乐、修身等课程。另外,学校行政会议、布告、印行的刊物、校长及中外名人在校的讲演、学生演讲会和辩论会等,也多用英文。英国哲学家罗素于1920年参观清华学校后说:"清华学校恰像是一个由美国移植来的大学校。"③闻一多在该校求学时,面对清华学校过分美国化现象所发出的呼喊:"美国化呀!够了!够了!物质文明!我怕你了,厌你了,请你离开我吧!东方文明啊!支那的国魂啊!'盍归乎来!'让我还是做我东方的'老憨'吧!"④足以说明清华学校的美式教育烙印之深。

1923年7月,张彭春担任教务长后,开始着手对清华学校的学制和课程进行改革,重组"课程委员会",筹备新设大学部的课程,这被认为是清华学校体制改革的转折点。不过,清华学校的美国特征依旧清晰可见。尽管学校教学与行政由中国人自己管理,美国教师人员减少,但清华大学的办学方针与教学制度、内容及方法,仍然未能摆脱"一切仿效美国"的做法。⑤在办学理念方面,清华学校的工程教育承袭麻省理工学院。在学制上,采用美国大学的四年制与学分制。课程设置讲求通识教育,如工学院各系一、二年级开设工程学基础课程等通识课,三年级开设基础理论课,四年级开始分组教学,学生学习带有专门性质的技术课程。在教材方面,采用美国大学教材,如土木系与麻省理工学院、密歇根大学基本相同,化学系与美国威斯康星大学大

---

① 《清华园与清华学校》(作者未署名),载清华大学校史研究室《清华大学史料选稿 第一卷 清华学校时期(1911—1928)》,清华大学出版社,1991,第24页。
② 《清华园与清华学校》(作者未署名),载清华大学校史研究室《清华大学史料选稿 第一卷 清华学校时期(1911—1928)》,清华大学出版社,1991,第24页。
③ 朱有瓛主编:《中国近代学制史料(第三辑上册)》,华东师范大学出版社,1990,第569页。
④ 闻一多:《美国化的清华》,《清华周刊》1922年第247期。
⑤ 清华大学校史编写组:《清华大学校史稿》,中华书局,1981,第116页。

同小异。①英语依然是学生常用的语言工具。

总之，整个清华学校时期，从学校的教育方针到教师聘用，从校园文化到制度，皆打上了美国烙印。

北洋大学也是一所典型的美国式学校。办学之初，盛宣怀聘美国人丁家立为总教习，照搬美国大学办学模式。从学制上，学校分设头等学堂和二等学堂。头等学堂相当于美国的大学本科，二等学堂相当于大学预科，学制均为四年。头等学堂分设律例（法律）、工程（土木）、矿冶和机械四个工科专业。后来陆续增设了铁路专科、外文（法文班、俄文班）等专业。"课程编排，讲授内容，授课进度，教科用书，均与美国东方最著名之哈佛耶鲁等大学相同。"②所设法律学、财政学、格物学、矿学兼地舆学、冶金、机器工学、物理、力学等现代课程，都由美籍教师担纲讲授。

北洋大学是中国近代大学中聘用美国教师最多的学校。③课堂教学语言是英语，课程采用美国原版教科书，连学生作业和考试也要用英文书写。各种实习实验测验机械器具、测量仪器、制图仪器、课桌等教学设备，都从美国购买。据北洋大学1925届学生谢世基回忆，就连铅笔、橡皮、墨水、图钉等文具，也都购自美国。④

另外，在华基督教教会大学在创办初期，都由美籍传教士管理学校，并聘请美籍传教士任教，完全依照美国高校模式办学。除办学理念、学校发展规划、课程设置、教学方法照搬美国高校外，学校的教材、教学设备、图书资料等也都从国外运来。学生上课所用教材多为英文原版。20世纪30年代，基督教大学的中国教师比例有所提升，但这些经学校遴选的中国教师和行政人员大都受过西方教育，或留过学，或毕业于教会学校，其办学思路依旧延续美国高校教育模式。在华基督教教会大学在办学过程中与美国大学保持了密切的学术联系。如美国韦尔斯利学院与燕京大学女部于1920年结成姊妹学校；哈佛大学与燕京大学合作，于1928年成立燕京—哈佛学社；宾州州立

---

① 清华大学校史编写组编著：《清华大学校史稿》，中华书局，1981，第115页。
② 李书田：《北洋大学五十年之回顾与前瞻》，《东方杂志》1945年第20期。
③ 参见本书"表2-4 美籍教师在中国近代大学的人数一览"。
④ 谢世基：《1919—1925年北洋大学的鳞鳞爪爪》，载全国政协文史资料委员会编《文史资料存稿选编·教育》，中国文史出版社，2002，第119页。

大学从 1912—1942 年持续支持岭南大学高鲁甫教授的研究；康奈尔大学则在 1924—1930 年间为金陵大学农学院派遣植物育种专家。这些学术交流活动无不给中国基督教教会大学留下美式痕迹。

（三）同济大学的仿德模式

在中国运用德国教育模式最典型的学校无疑是同济大学。该校的前身是同济德文医学堂，始建于 1907 年。1917 年改由中国人接办。其间十年，它都属于一所德国人创办和管理的学校。其校舍是以普鲁士皇家机械学校为蓝本而建成的。这段办学历史，使该校拥有了德国教育模式特征的前提和基础。中国人接办学校后，由于学校聘用了大量德国教师，学生又使用德国教材，教学语言为德语，使得学校在学制、课程设置、人才培养方式等方面的德国模式得以延续。随着全民族抗战爆发，1938 年，大批德国教师离校归国。他们的教职迅速由德国教授培养出的中国助教顶替，中国教师以其辛勤工作维持了学校运转，同时也延续了同济大学的德国教育模式。

（四）福州船政学堂和震旦大学的仿法模式

采用法国教育模式最典型的学校应属福州船政学堂和震旦大学。其中福州船政学堂一开始就聘请法国人日意格和德克碑做正、副监督。日意格采用法国教育模式，按学科分设专业和课程。学校分前学堂和后学堂。前学堂的学生学习驾驶，采用英国海军培养方法；后学堂学生学习制造，采用法国军港士官学校的科目编制。教师多由日意格在法、英两国聘请，教材采用两国原版教材或汉译本。

震旦大学是一所由天主教耶稣会在中国创办的教会大学，初名为震旦学院，为近代大学中聘有法国教师最多的学校。该校自 1908 年迁至上海卢家湾后，耶稣会就任命法籍教士韩绍康（H. Allain）为院长。学校参照欧洲学制，把预科、本科共四年的肄业期改为六年，以法国的学士学位教程为样板，设置三年制预科教程和三年制高级教程。预科教程属于中等教育性质的课程，高级教程属于本科教育课程，毕业后可获得一个等同于法国本科的学历证书。在课程开设方面，多以法国学校开设课程为蓝本。以该校的法学院课程为例，除开设少量的中国法律课程外，大多数课程尤其是基础理论、国际法、商业法等，都以法国法律为基础。一位 1944 年就读于震旦法律系的校友回忆：

学校（法律系）有两位法国教授，拥有巴黎大学的博士学位，另外还有一些中国教授，多为著名律师或法官，同时在几所大学讲课。当然，无论是法国还是中国，法律体系都源于欧洲，但是，由于以法文教授的中国法律课程相对较少，震旦大学的学生很少能通过中国的律师资格考试。①

同时，由于学校聘请的法籍教师较多，很多课程是用法语讲授的。

另外，有些大学的某一或某些系科参照了某一个国家的教育模式。如美国作物育种学家芮思娄（John H. Reisner）在金陵大学农林科执掌11年（1917—1928年）间，把美国大学教学、科研、推广三位一体的农学办学模式搬到了该校。又如圣约翰大学和燕京大学的新闻系在创办初期，办学目的、教育理念、教学方式完全采用美国密苏里大学新闻学院新闻教育模式。该系任课教师中，不管是美国人还是中国人，几乎都是美国密苏里大学新闻学院毕业的学生。当时所有的新闻教科书或参考书没有一本是中文的。再如1929—1931年间，德籍教授克勒脱纳受聘在中山大学组建地理系。他按照德国模式完成了地理系的建设和地理学科的架构，并将高度重视野外工作的德国地理学派的传统植入中山大学地理系。

还有一些大学在办学过程中，由于所聘外籍教师来自多个国家，于是学校同时采用了多个国家的教育模式。其中最为典型是位于成都的华西协合大学。华西协合大学由英国、美国、加拿大三国基督教教会的五个差会（美以美会、公谊会、英美会、浸礼会、圣公会）共同主办，采用了英国、美国和加拿大高校的办学模式。学校教师也大多来自这三个国家，尤其以加拿大人和美国人居多。学校的组织管理按"协合"原则，仿照牛津大学、剑桥大学的体制，实行"学舍制"，即每个差会建立和资助自己的学院，管理自己的资金和设备。而医科的创办者们则按照美国、加拿大A级（Grade A）计划制订教学计划、设置科目。学制初为六年，其中预科三年，正科三年。自1920年开始，学制增加为七年，其中预科三年，正科四年。20世纪30年代后，定为预科一年，

---

① 马学强：《上海的法国文化记忆——以震旦大学为中心的考察》，载忻平主编《历史记忆与近代城市社会生活》，上海大学出版社，2012，第345页。

正科六年。因学生入校程度不一，在实行七年制教学时，八年制、九年制也同时存在过一段时间。① 如此创造性的制度，目的在于保证学校在育才方面拥有独立的办学自主权，体现了西方近代医学教育的风格。

由上可见，西方高等教育模式对中国近代大学的管理制度、课程设置、教学方法等都有很深的影响，对中国社会现代化的推进是有积极意义的。实际上，对西方现代教育的模仿是一个时代的产物。最终，中国教育要以自己的固有文化和历史为基础，在适应现代社会需要的同时，创造出一个全新的教育模式。

二、创设系科引领潮流

外籍教师对中国系科发展的贡献体现在两个方面：一是在中国近代大学里，首创并建设了一些系科；二是将一些已有系科办得具有世界性学术影响力。

（一）外籍教师首创系科

在外籍教师首创的系科中，比较有影响力的有金陵大学农林科、华西协合大学的牙科系、圣约翰大学的新闻系及中山大学的地理系。

1. 裴义理（Joseph Bailie）创设我国最早的四年制农科——金陵大学农林科

金陵大学农林系科在中国高教农林教育领域独树一帜。1914年，加拿大籍美国人裴义理，在金陵大学创设了中国第一个四年制农科②，翌年增设林科，1916年又将农、林两科合并，称作农林科，下设生物、农艺、林学等系，裴义理为科长。裴义理所为，开中国农林教育之先河，被誉为中国近代农林事业主要组织家及中国农林教育的开创者。裴义理是一位对中国富有同情心的外籍教师。据陈裕光回忆，裴义理创办农科时曾说过："中国这么多农民饭还吃不饱，自然灾害年年发生，别的什么教育谈不上，先要办农业学校。"③裴义理于1916年离华后，另一位美籍教师芮思娄接任农林科主任，直至1925

---

① 罗中枢：《四川大学：历史·精神·使命》，四川大学出版社，2009，第149页。
② 1910年3月，京师大学堂开办三年制农科。
③ 南京农业大学校史编委会编：《南京农业大学史1902—2004》，中国农业科学技术出版社，2004，第30页。

年9月离任回美。著名农业专家沈宗翰曾称赞"芮氏任科长十五年,努力造成一个研究中国农业与训练中国学生的农学院"①。他采取教学、研究和农业推广相结合的办学模式,十分关注该系科与中国农业的联系,进一步推进了金陵大学农林科教育的发展步伐。1918年,该校农林科与"万国蚕桑合作改良会"合作,成立了中国最早的蚕桑系,美籍教授吴纬士任该系系主任。1921年,卜凯成立了农业经济组,1925年,改为农业经济系,为我国农业院校第一个农业经济系。1923年,农业经济系成立农业图书研究部,搜集中国古今农业书籍及各种地方志,编纂《先农集成》《农业论文索引》等书刊,为系统整理我国农业遗产工作最早的机构。1924年,农林科成立了最早的农业推广部,由美国植棉专家郭仁风(J. B. Griffing)担任主任。同年秋,设林学函授部,学制一年,为我国林业函授教育的开端。1925年,在芮思娄的努力下,金陵大学与美国康奈尔大学开始合作。康奈尔大学先后派遣世界著名作物育种专家洛夫(H. H. Love)、马雅思(C. H. Myers)和魏庚(R. C. Wiggans)来金陵大学讲学及指导育种工作,培养了一批近代作物育种专家。1929年金陵大学农林科改为农学院,下设农艺系、森林系、蚕桑系、园艺系和农业经济系。1933年,农学院创办农村金融与合作讲座,对中国农技人员开展培训,聘请美国专家史蒂芬(W. M. Stevens)讲授"运销合作组织"与"中国实用合作会计",首开中国合作培训农业经济干部的先河。

金陵大学首任中国籍校长陈裕光认为,"金大校誉鹊起,闻名国内外,农科是一主要因素"②。胡适对金大农学院曾经有过这样一段评价:

> 民国三年以后的中国农业教学和研究的中心是在南京。南京的中心先在金陵大学的农林科,后来加上南京高等师范学校的农科。这就是后来金大农学院和东南大学(中央大学)的农学院。这两个农学院的初期领袖人物都是美国几个著名的农学院出身的现代农学者,他们都能实行他们的新式教学方法,用活的材料来教学生,用中国农业的当前困难问题来做研究……从这样简陋的开始,——从

---

① 胡适:《〈中年自述〉序》,载《胡适全集》第13卷,安徽教育出版社,2003,第640页。
② 陈裕光:《回忆金陵大学》,载江苏省政协文史资料委员会编《江苏文史资料集萃·教育卷》,《江苏文史资料》编辑部刊行,1995,第44页。

"雇佣江北难民在紫金山造林，以工代赈"开始，——在二十多年内，发达到全中国农业科学的教育研究的一个最重要中心，——全中国作物品种改良的最重要中心：这一段历史是中国科学发达史的一页，是中华民国教育建设史的一页，是很值得记载的。①

2. 葛学溥开设我国高校最早的社会学专业——沪江大学社会学系

1914年，时称浸会大学的沪江大学成立社会学系，该校创办的沪东公社可称为近代中国最早的社会服务机构。社会学系和沪东公社的创始人是美籍教师葛学溥。1913年他来到中国，次年即主持社会学系工作。沪江大学社会学系开办时，葛学溥承担了当时唯一的一门社会学课程的讲授工作。1915年，社会学系改为社会科学系，课程增至5门，即人类学、社会学、社会制度、社会病理学和社会调查等。执教期间，葛学溥首次运用西方文化人类学的观点和方法，指导学生对中国村落和城市社区进行小规模的调查，前者为广东潮州凤凰村，后者为杨树浦地区。对广东潮州凤凰村的调查研究成果即为《华南的乡村生活：广东凤凰村的家族主义社会学研究》（1925年），对杨树浦地区的调查研究，催生了沪东公社的成立。此后，沪东公社在杨树浦地区开展了长达30余年的社会工作服务。

其后，燕京大学、金陵大学、华西协合大学、齐鲁大学、岭南大学、华中大学、福建协和大学等教会大学，也先后成立了社会学系。1952年，沪江大学社会学系并入华东师范大学，为后者的社会学发展奠定了厚实的根基，学脉得以延续至今。

3. 林则创建了我国最早的牙医系科——华西协合大学牙科系

华西协合大学牙医系科为全国首创，且具有国际水准。1949年以前在中国创办的牙医学院校、系有8所，包括华西协合大学牙科学院、上海司徒博齿科医学专门学校、震旦大学牙医学系、南京国立牙医专科学校、南京军医学校、北平大学医学院齿学系、哈尔滨医科大学齿科医学院等。其中华西协合大学牙科学院创建最早。

---

① 胡适：《〈中年自述〉序》，载《胡适全集》第13卷，安徽教育出版社，2003，第640—641页。

1917 年，加拿大籍教师林则和吉士道，在华西协合大学设立牙科系，1919 年又扩建为牙科学院，成为与医科并列的学科。该牙科院系的创设，为中国最早建立的培养高等牙科医师的院系。该校牙科学院学制为六年，加上一年预科，实为七年制教育。林则和同事们一道，建立了完善的口腔医学课程体系：

预科：生物、无机化学、数学、语文、英语语法、英语阅读、伦理学、党章、体育。

第一年：物理化学、有机化学、比较解剖学、脊椎动物学、心理学、科技英语（牙科）、药剂学、药理学、病理学、临床病理学、诊断学、体育。

第二年：生物化学、系统解剖、骨骼学、组织学、英语、科技英语、神经解剖、体育。

第三年：生理、细菌学、牙齿形态学、英语、科技英语（牙科）、药剂学、药理学、病理学、临床病理学、诊断学、体育。

第四年：内科学、义齿修复学、口腔应用解剖、外科学、比较口腔解剖学、口腔组织学、口腔生理学、神经精神病学、口腔病理学、预防口腔学、皮肤病学、牙科学。专题讲座：演示、临床病理讨论。

第五年：牙齿学、修复学（上）、修复学（下）、口腔应用解剖学、口腔生理学、牙周学、口腔临床病理学、儿科牙齿学、牙齿矫正学、公共卫生、牙科历史、预防口腔学、口腔内外科（外科守则、骨折、肿瘤、根管治疗、诊断、拔牙、X射线、麻醉、口腔射线治疗、耳鼻喉）。

第六年：实习、轮换（牙科、临床）。

在第五年与第七年临床学习期间，穿插普通内科学、普通外科学、口腔比较解剖学、放射学、卫生学与公共卫生学等。①

1936 年，林则博士创建华西协合大学医牙研究室，1946 年更名为华西协合大学口腔病研究室，为中国第一个口腔医学研究室。同年 7 月，该校牙医学院创办《华大牙医学杂志》（中英文版，季刊），林则任主编，为中国最

---

①周学东主编：《中国现代高等口腔医学教育发展史》，高等教育出版社，2011，第52页。

早的牙医学学术期刊。1948年,牙医学院成立正牙系。至1949年,牙医学院拥有8个系,分别是口腔生理解剖系、口腔组织病理系、正牙系、口腔外科系、牙周学系、牙体学系、赝复学系、小儿科系,学制七年。[1] 由此,华西协合大学牙医学院搭建起集医疗、教学、科研于一体的口腔医学学科体系,处于我国口腔医学研究发展的前沿阵地,对中国高等口腔医学教育的发展产生深远影响。1950年,华西协合大学牙医学院更名为四川医学院口腔医学系。现为四川大学华西口腔医学院。

因林则对中国口腔医学的贡献,中华民国政府向他颁发了一级荣誉勋章和金星勋章。于右任曾题"林则博士推广牙医教育之宏绩,敝国人士每饭不忘"以赠。著名国际友人文幼章评价其"他作为牙医学之父受到占世界人口四分之一的民众们的尊敬"。1999年7月,华西口腔医学院在新落成的口腔医学科教大楼前,为林则博士铸造了一尊铜像,以纪念他对中国现代口腔医学的创建与发展做出的杰出贡献。

4. 毕德生创建我国最早的新闻系——圣约翰大学报学系(即新闻系)

在中国乃至亚洲最早创办新闻系(当时称为报学系)的大学是圣约翰大学。早在1920年,该校美籍教授卜惠廉在教务会议上提出设立报学系的动议,得到校长卜舫济的同意。1921年9月,该校报学系开始招生。当时在上海担任《密勒氏评论报》主笔的美国人毕德生,受聘任系主任。由是,拉开了美国密苏里大学新闻学院毕业生在中国发展新闻事业的序幕。因毕德生是兼职,白天要办报,所以授课都安排在晚上。当时选读该系的学生有四五十人。报学系师生还创办了实习报纸《约大周刊》(英文)。同年11月,美国著名新闻教育家、密苏里大学新闻学院院长沃尔特·威廉来上海访问,特地到该系参观。他对毕德生创办圣约翰大学的新闻系极为赞赏:"毕德生既系余之爱徒,刻能在中国报界供职,又能在约翰大学创办新闻学科,殊觉荣幸。"[2] 1924年,毕德生返回美国。系主任一职由其校友、美国俄克拉荷马州《新闻报》主编武道接任。武道也是美国密苏里大学新闻学院毕业生,且为该学院首位

---

[1] 周学东主编:《中国现代高等口腔医学教育发展史》,高等教育出版社,2011,第54页。
[2] 《昨日各方面欢迎威廉博士之盛况》,《申报》1921年12月13日。

硕士毕业生。1939年武道离开圣约翰大学，在南京国民政府宣传部任顾问，直至1949年离华返美。他在任期间，新闻系课程得到扩充，开设了新闻学、校对与时评、广告原理、广告之撰作与征求、推销术、新闻学之历史与原理等6门课①。教学语言为英文。除1941年底至1947年停办，该系在其余年份，每年招生规模在50~60人之间。

圣约翰大学新闻系创办之后，中国新闻教育逐渐发展起来。1923年秋，大夏大学创办报学科。1924年，燕京大学成立报学系。1925年春，光华大学创办了报学科和广告科。1929年9月，复旦大学成立新闻系。②1952年9月，圣约翰大学新闻系并入复旦大学新闻系。其新闻教育的存在时间虽不满30年，但属中华人民共和国成立前新闻教育专业办学最长的系科之一。

5. 克勒脱纳创办了理科框架下的地理系——中山大学地理系

1929年秋，德籍教授克勒脱纳在中山大学创设的地理系，是我国大学中第一个按照理科办学原则和架构来设置组建的地理系。此前，我国地理学在学科分类上归属于文科，一直在文科框架内发展，所设课程多为人文地理、经济地理。自该校地理系成立后，中国高校地理学的教育即进入文理兼授共研的学术和学科领域。

6. 韦棣华创建我国第一个图书科——文华大学图书科

美籍教师韦棣华女士于1920年与文华大学校长孟良佐在湖北武昌创办文华大学图书科，为中国第一所培养图书馆学专门人才的机构。开办初期，该科仿美国高校图书馆办学模式，招收大学毕业或肄业二年以上的学生兼修图书馆学专业，学业两年。1922年，第一届学生毕业。1924年，韦棣华促成美国政府退还庚子赔款用于发展中国图书馆事业，使图书科获得独立办学经费。1926年，该科开始面向社会招收大学生。1929年，经教育部批准改办为独立的图书馆学专门学校，名称易为私立武昌文华图书馆学专科学校（后人简称为"文华图专"）。从此，中国图书馆学教育事业弦歌不辍。1953年8月，文华图专整体并入武汉大学。

---

① 熊月之、周武主编：《圣约翰大学史》，上海人民出版社，2007，第154页。
② 马光仁：《上海近代新闻事业的历史地位》，载《马光仁文集》，上海社会科学院出版社，2013，第246页。

（二）外籍教师助推已有系科具有世界性学术影响

一些外籍教师在华期间的卓越工作，促使中国高校的学科水平得到不断提升，有些学科在某些领域还处于世界领先地位。如北京大学地质学系，在20世纪30年代位于研究领域前列，被公认为世界一流，受到国内外同行的关注和重视。这样的办学成就与葛利普在北大的努力分不开。对此，北京大学地质系学生出身的杨钟健曾评价：

> 自他（葛利普——引者注）到中国后，地质界有显著的进步。关于中国地质学会的创立和十年来中国地质学会会务的发展，葛教授出力很多，也是有莫大的功勋的。①

外籍教师在中国大学里的开创性工作，无疑为中国学科发展奠定了良好的学术基础。如钢和泰开创了北京大学梵文教学和研究，这一传统后来由季羡林和金克木等学术大师发扬光大。今日北京大学的梵文研究、印度研究、中亚研究等，不仅蜚声国内外学界，而且还在相关的学术领域处于执牛耳的地位。

以上所言及的外籍教师首创的系科，多创建于20世纪10—20年代之间。这一时期正值中国大学系科初创时期，这些系科之学脉一直延续至今，泽润当代。

三、推动课堂外语教学

中国近代高等教育自其产生以来，一直处于急起直追世界先进国家教育的境地。为了更快更直接地吸收和授教相关学科知识，培养新知人才，中国近代一些大学常常将外文作为教学语言，尤其是在创办时期。由于外籍教师在师资和办学方面发挥了主导作用，课堂教学使用外语，在教学中推行使用外文原版教科书更为得心应手，使外语成为学校的教学用语。

圣约翰大学校长卜舫济是一位热衷推行英文教学的外籍学校管理者。他认为推行英文能更好地为基督教事业培养知晓西方文化的人才。在掌管该校

---

① 杨钟健：《纪念葛利普教授六三诞辰》，载《自然论略》，上海商务印书馆，1947，第184页。

前身圣约翰学院后，他就开始在学校推动全英文教学。除中文课外，不论是中国教师还是外国教师，都要求用英语进行教学。学校所有的教科书、参考书（包括中国历史、中国地理）也都用英文编印，要求学生用英文做习题，用英语回答教师的提问，甚至中国学生之间相互交谈也被要求用英语。除此之外，学校的章程、规则、通告、往来公函、会议发言、会议记录及一切文书档案，也全部使用英文。学校还创办有英文杂志《约翰声》，该刊自1890年3月正式出版，一直到1937年才停止刊印。学校还组织采用英语交流的各种类型的校园文化活动，如演讲会、辩论会、合唱会、英文竞赛、演英文剧等，以便形成英文学习的校园氛围。圣约翰大学提倡英语教学的直接结果，就是使学生掌握一门娴熟的外语，能够直接学习和吸纳西方各先进学科知识，并且能够直接进入美、英等西方国家的高校继续深造，由是提高了学校的声望，扩大了生源，成为富有家庭子弟争相报名的洋学堂，更成为其他学校竞相学习的榜样。

与圣约翰大学一样，其他基督教教会大学也多采用英文作为教学用语。如金陵大学除国文、中国经史等课程不得不使用中文授课外，其他课程一律用英文教授。学校组织的文娱活动、助教指导实验、运动场上运动员的口语、学生助威的啦啦队，也一律采用英文。20世纪30年代，位于华东的金陵大学、圣约翰大学、东吴大学等校还每年举行英语辩论会。

而属于天主教教会大学的震旦大学因聘用众多法籍管理人员和教师的原因，授课语言则采用法语。同济大学因是德国人创建，有以德语为主要教学语言的传统。即使在国立大学中，也有一些学校、院系的教学语言采用外语。如北洋大学，在课程开设、教材使用、排课、问答、考试等环节全部使用英文。

当然，一味追求外语教学，对教学的进度和效果也带来一定的消极影响，使得学生学习进度大打折扣。就目前来看，将外语作为教学语言在当时是中国近代大学不够成熟的一种表现或一种应变之方。这也表明中国早期高等教育机构对外籍教师依赖之深，诸多西学课程需要由外籍教师担纲，而他们中只有极少数人会运用汉语来教学，多数外籍教师则不通汉语，课堂讲授只能使用外语。同时，学校又缺乏中文版教材，学生只得选择外文原版教材。这从同济大学初期教学的事例中可以得到佐证。

同济大学的前身同济德文医学堂是一所培养医学人才的学校。医学和一些自然学科课程多由德国老师讲授。由于德国教师采用德语授课，学生难以听懂，致使德国教师将大量时间花在德语教学方面，这些课实际上也变成了语言课。1915年，解剖学教师欧根·库洛斯在报告中提到：

> 由于学生的语言困难，必须通过在黑板上大量描绘来进行讲解，为此所需的教学时间要比在德国多一倍。

> 德国教师承认，语言困难还加深了教学双方的隔阂和不信任，教师为此避免运用提问、讨论这些有益的教学方法，学生则被动地依赖于书面教材，继续沿袭千年来形成的不求甚解而死记硬背的习惯，没有训练出通过独立学习和主动钻研达到真正理解的学习方法。①

鉴于此种情况，该校只得增设德文科（又称语言科），以利学生们掌握必要的德语知识，为今后进入医科学习做好语言方面的准备。这一举措，使学校有效地改善了因语言问题带给教学过程的困扰。

至20世纪30年代，中国大学生仍沉溺于外语学习，尤其是英语。对此现象，在世界文化合作委员会第14次会议上，柏林大学教授卡尔·帕克（C.H.Becker）曾提出批评："在多数学校中，（中国大学生）均孜孜于英文之书籍，及其入大学也，外国语言，虽朗朗上口，而于一切学术仅知皮毛。"他认为："此则其弊在于教授科学，而不与生活为直接之参照……一言以蔽之，教科学而不用中文，科学终非中国物也。"② 帕克曾作为国联中国教育考察团团长，于1931年9月30日至12月30日，对中国的上海、南京、北平、杭州、天津、镇江等地进行教育考察，最终提交《中国教育之改进》报告书。该报告书在当时影响较大，为南京国民政府改建中国高等教育提供了重要参考。

---

① 李乐曾：《德国对华政策中的同济大学（1907—1941）》，同济大学出版社，2007，第52—53页。
② 陈和铣编：《世界文化合作会讨论改进中国教育报告书会议记录》，中华书局，1933，第4—5页。

四、创办刊物探讨学术

一些在华外籍教师在任教期间,还通过创办刊物的方式,来传递学科知识和探讨学术问题,在西学东渐中扮演了重要的时代角色。

华西协合大学的一群外籍教师于1923年创办了一份英文杂志,取名为《华西边疆研究学会杂志》。该杂志是华西边疆研究学会的会刊。该学会由美籍人类学家、解剖学家莫尔思(Dr. W. R. Morse)于1922年3月创立,是一个以"促进中国西部边疆和西南各省的科学研究"为宗旨的学术研究机构,其学研活动直至1950年结束。该学会的早期会员都是外籍人士[1],正是他们为杂志提供了大量稿件。他们对华西地区的人文科学和自然科学进行了广泛研究,为当代的西南边疆研究提供了宝贵的文献资料。直到今日,他们的学研成果仍然是研究中国西南边疆地区有关考古学、人类学、民族学、历史学、语言学、民俗学、宗教学、地质学、生物学等学科的珍贵史料。自1932年始,《华西边疆研究学会杂志》每年刊印一期,至1946年停办,共发行16卷20册,发表文论300多篇,作者140余位。[2]

华西协合大学另一位加拿大籍教师林则于1946年1月创办了《华大牙医学杂志》。该刊物为中、英文版季刊,是中国最早在国内外公开发行的牙医学术期刊。林则任该杂志主编。1948年7月,该刊更名为《华西牙医》(双月刊),全英文出版。1950年,该杂志又更名为《中华口腔医学杂志》。至此,林则不再担任杂志主编。该刊物所发表的学术论文,不仅及时反映了我国当时的口腔医学研究发展状态,而且有效促进了近代中外牙医学的学术交流。

美籍古生物学家和地质学家葛利普于1925年创建北京博物学会。次年,该学会杂志《北平博物杂志》创刊,每年一卷。在其后的26年间,该杂志共刊行20卷,发表文章568篇,大都涉及植物学、动物学、生理和医学、地质学、

---

[1]其发起人计有12位,分别是莫尔思、戴谦和、詹尚华、傅士德(C. L. Foster)、冬雅德(E. Dome)、司特图(H. N. Steptoe)、布礼士、缪尔(J. R. Muir)、路门(G. B. Neumann)、胡祖遗、李哲士和彭普乐(T. E. Plewman)。见成恩元著,易艾迪整理:《华西边疆研究学会始末记》,载四川大学博物馆、四川大学考古学系、成都文物考古研究所编《南方民族考古(第十一辑)》,科学出版社,2015,第194页。

[2]成恩元著,易艾迪整理:《华西边疆研究学会始末记》,载四川大学博物馆、四川大学考古学系、成都文物考古研究所编《南方民族考古(第十一辑)》,科学出版社,2015,第204页。

综合类的学术研究，以及关于学会活动和相关人物的介绍，极大地促进了中国生物学的发展及学科水平的提高。①

辅仁大学德籍汉学家鲍润生，在当时校长陈垣的支持下，于1935年创办了《华裔学志》，之后成为在中国以西文（德文、法文、英文）出版的最为重要的学术刊物。因劳累和患斑疹伤寒，鲍润生于1936年不幸去世，继任主编先后有雷冕（Rudolph Rahmann）、卜恩礼、弥维礼、马雷凯等德籍人士。《华裔学志》与一批在各校任教的德籍教师联系密切，如艾克、谢礼士、福克司、罗越、洪涛生、卫德明、傅吾康、马仪思等。他们在此驻足，对中国展开研究，短则几年，多则十几年，发表在杂志上的文章多用英文、法文和德文撰写，这与向西方传播中华民族文化遗产的杂志宗旨相吻合。我们也可以从由鲍润生所确定的第1期内容上看到该杂志对中国文化传统的关注，诸如陈垣的《〈切韵〉和它的鲜卑作者》、顾立雅的《商代青铜器的制造和装饰的起源》、埃克·古斯塔夫的《石质建筑亭式宝塔的结构特征（一）》、福克斯·瓦尔特的《关于1626年清太祖阿巴亥皇后之死》、卫德明的《关于（宋代）阿云的诉讼》以及鲍润生翻译的《屈原〈九歌〉的最后部分》等专文。②1948年，该杂志暂时停刊。1954年在日本复刊之后，相继在日本、美国、德国办刊，直到今天仍是国际汉学领域最重要的学术期刊之一。国内外学术界对其研究热度依然不减。2015年5月6日，为纪念《华裔学志》创刊80周年，在北京外国语大学召开"《华裔学志》与西方汉学"学术研讨会，会议由北京外国语大学中国海外汉学研究中心、中国台湾辅仁大学华裔学志汉学研究中心、德国奥古斯丁华裔学志研究院联合主办。

上述所列种种杂志，在近代中国均属学术性较强的刊物，所刊登的研究成果均处当时各自所属领域的领先水平，也为当代学术研究提供了极具学研价值的史料和范本。

---

① 孙承晟：《葛利普与北京博物学会》，《自然科学研究史》2015年第2期。
② [德]弥维礼：《〈华裔学志〉（Monumenta Serica）简介》，李然、游心译，载《国际汉学》编委会编《国际汉学》第1期，商务印书馆，1995，第498—499页。

第二节　培养人才　发展新学

外籍教师在华授业的活动，提升了中国近代高校高层次人才培养的水平，为中国培养了一批开拓各项事业的栋梁之材。这些学子学成后成为各行各业的领军人物，在中国的民族进步和社会建设过程中发挥了举足轻重的作用。

一、维纳与中国数学家华罗庚的成才

诺伯特·维纳在清华大学任教期间，曾为数学系师生讲授傅里叶级数和傅里叶积分等课程。当时已在清华大学数学系任助教的华罗庚和该系学生徐贤修一同聆听了他的课程。在维纳的指点下，华、徐二人合作完成了《关于傅里叶变换》一文。维纳回国后，即将这篇论文推荐发表在由麻省理工学院出版的《数学和物理杂志》上，这不仅使华、徐二人为国际数学界所知，也进一步促进和激励了他们对数学的研究热情。该文是华罗庚当年在国外发表的五篇论文之一。

维纳慧眼识珠，敏锐地察觉到华罗庚所具有的常人难以比拟的潜质，遂向当时的英国著名数学家哈代极力推荐，由是促成华罗庚前往英国剑桥大学学习，接触到哈代—李特伍德学派的最新研究成果，并得到名师的指点。在剑桥期间，华罗庚发表了至少 15 篇文章，其中一篇关于高斯的论文使他享誉国际数学界。华罗庚是中国解析数论的创始人和开拓者，被誉为"中国现代数学之父"。

二、瑞恰慈对钱锺书、朱自清等中国学人的影响[①]

瑞恰慈是英国"新批评派"理论的创始人之一，也是中国英语语言文学

---

① 此目内容主要参考容新芳所著《I. A. 瑞恰慈与中国文化：中西方文化的对话及其影响》一书，特此说明，并致以谢忱！（容新芳：《I. A. 瑞恰慈与中国文化：中西方文化的对话及其影响》，商务印书馆，2012，第170—171页。）

和比较文学的奠基人之一。他对中国学界的影响,起自清华大学任教期间。1929年9月—1931年1月,他任清华大学外国语文系教授,讲授第一年英文,西洋小说,文学批评,现代西洋文学(一)诗、(二)戏剧、(三)小说等课程①,将西方的语言学、心理学、文艺批评理论介绍到中国。他的教学不仅对一些中国学者的创作思想和艺术风格产生了影响,而且为中国学术界培养了一大批卓有建树的专业人才。

受瑞恰慈影响最直接的人物非钱锺书莫属。1929年秋,19岁的钱锺书入清华大学外国语文系学习。其时瑞恰慈正好在清华大学执教,"教的是新生一年级的英语",而钱锺书就是这个"一年级"的新生。②在清华大学读书期间,钱锺书撰写有《美的心理学》一文,从中可隐约看出他对瑞恰慈理论的独到理解。③在《美的心理学》中,钱锺书对瑞恰慈《文学批评原理》提出的应重视心理学等现代科学的研究方法,予以充分的肯定,指出文学批评应该借重于"日新又新的科学——尤其是心理学和生理学"。如同《文学批评原理》一样,钱锺书的《美的心理学》也是用科学的方法与概念对文艺批评理论进行讨论,这一成果反映出他在西方哲学、文艺理论和美学方面的深厚功底,以及卓越的思辨与语义分析能力。王先霈在自己主编的与瑞恰慈著作同名的《文学批评原理》中评价道:

> 钱锺书在《谈艺录》《宋诗选注》等著作中曾自觉不自觉地从事过新批评的实践。在批评方法上,钱锺书说过,我有兴趣的是"具体的文艺鉴赏和评判"。在对李贺、李商隐、陶渊明、辛弃疾等人的诗歌分析中,他对其中的一些字句的推敲、玩味和旁征博引,对于比喻中的两柄和多边的含义的阐释,都可以看到新批评的"细读法"的痕迹。不过,钱锺书主要是一种摘句式的研究,他做的较多的是一些互文性的阐发,而对于诗歌整体结构不甚关注。④

通过在中国的教学活动,瑞恰慈对朱自清、李安宅、叶公超、曹葆华等

---

① 齐家莹编:《清华人文学科年谱》,清华大学出版社,1999,第89页。
② 钱锺书恰于瑞恰慈到校之年(即1929年)入清华外文系,1933年毕业。
③ 徐葆耕:《瑞恰慈与清华》,载徐葆耕编《瑞恰慈:科学与诗》,清华大学出版社,2003,第2页。
④ 王先霈主编:《文学批评原理》,华中师范大学出版社,1999,第154页。

中国学界知名人士也产生了重要的影响。瑞恰慈在清华大学任教时，朱自清、吴宓、叶公超等人都是文学院的教师。朱自清对瑞恰慈的理论表现出浓厚的兴趣。1934年，他给叶圣陶的一封信中言及"弟现颇信瑞恰慈之说，冀从中国诗论中加以分析研究。又连带地对中国文法颇有兴味。暇当从事于此二端"①。在《中国文评流别述略》中，朱自清也多次使用了瑞恰慈的分析方法。如他在这篇文章的第一部分"论比兴"中，论及诗歌中"比只是修辞的方法，兴却不只于此而关于全诗的用意"②，讲的就是瑞恰慈的"语境"说。在文章的第三部分"论兴趣"中，朱自清说到"情感以外还有文义、口气、用意等（用英人瑞恰慈说）"③，他用括号形式表明自己使用的这些术语均来源于瑞恰慈的理论。

另外，李安宅的《意义学》、吴世昌的《诗与语音》等，或直接或间接地受到了瑞恰慈的影响。④

三、葛利普、巴尔博、米士和新常富等与中国地质人才的培养

1922年，中国地质学会在北京成立，首批62名会员之中，外籍会员竟占22席。

在地质人才培养方面，北京大学地质系表现最为突出。近代中国地质人才，大半出自该系葛利普门下。1920年始葛利普任教于北京大学地质系，开启了中国地质高等教育规范化的道路。作为北京大学唯一的古生物地层学教授，葛利普除了讲授古生物学、地史、欧美地质比较学、普通生物学等课程，还于每周日下午设公开讲座，讨论"地球与生物之演化"等问题。从1920年至1937年日寇占领北平止，北京大学地质系前后有19个年级的学生听过他的课，其中比较著名的学生有王绍文、王若怡、孙立铸、赵亚曾、王炳希、俞建章等。

---

①朱乔森编：《朱自清全集》第11卷（书信补遗编），江苏教育出版社，1998，第96页。
②朱自清：《朱自清选集（下）》，人民文学出版社，2004，第211页。
③朱自清：《朱自清选集（下）》，人民文学出版社，2004，第213页。
④齐家莹：《瑞恰慈在清华》，吴虹飞：《瑞恰慈与中国20世纪三四十年代的文学批评》，载徐葆耕编《瑞恰慈：科学与诗》，清华大学出版社，2003年，第125—130页。

著名记者范长江在北大读书期间,担任过《北平晨报》《大公报》等报刊的特约通讯员。1935年1月,他曾发文《北京大学地质系沿革及其成绩》,详细列出学生的成就,并评论道:

> 苟中国经济他日能脱离殖民地之地位,进入其必然的新机构之前途,则必相应而至之地质人才的需要,大为增加,而北京大学地质系之将来,必能有更大之学术上之与技术上之贡献也。①

另外,中国著名古生物学者,如孙云铸、赵亚曾、杨钟健、斯行健、黄汲清、乐森璕、尹赞勋、俞建章、朱森、陈旭、许杰、盛莘夫、王珏、卢衍豪、秉志、赵金科、计荣森等,均为葛利普的高足。有人做过统计,1955年首批中国科学院地学部委员24人中,他的学生就有12人;1980年当选的64名地学部委员中,他的学生就有16人。②

燕京大学地理地质学系成立于1919年,停办于1934年。教学质量在教会大学中名列前茅。在该系开办的过程中,主要课程皆由美国人达伟德(Walter W. Davis)与英国人巴尔博两人主持。达伟德生于北京,曾在汇文大学(原汇文书院)讲授地质学。1919年,汇文大学和通州华北协和大学(原潞河书院)合并为燕京大学后,达伟德留任燕京大学地理地质系副教授,主要讲授地理课程,1923—1934年任系主任。巴尔博于1920年任教燕京大学,主要讲授地质课程。他们两位服务于燕京大学十余年,为中国培养出一大批地学人才,其中包括黄玉蓉、张印堂、林观得、丁骕、卞美年、李连捷、马溶之等,涵盖了地质、地理及土壤学等地学领域。③其中尤以卞美年、李连捷最具代表性。两人在燕京大学读书期间,常随巴尔博进行野外考察。1930年,巴尔博曾带领卞美年考察桑干河,并合作研究桑干河流域的洪积统火山。卞美年毕业之后,巴尔博又将其推荐至地质调查所新生代研究室参与周口店发掘。卞氏成为周口店遗址研究最辉煌时期的主要研究者。1934年,崭露头角的卞美年又陪同巴尔博考察庐山冰川及秦岭等地,之后师生两人通信不辍。李连捷曾随巴尔

---

① 范长江:《北京大学地质系沿革及其成绩》(1935年1月),载《范长江新闻文集(上册)》,新华出版社,2001,第24页。
② 潘云唐、陈晓云、谭凯:《A. W. 葛利普——中国地质古生物学家的良师益友》,载《第40届国际地质科学史学术研讨会论文摘要汇编》,2015年6月印刷,第30页。
③ 张雷:《巴尔博与中国地质学(1921—1935)》,《中国科技史杂志》2015年第3期。

博到山西、赤峰等地开展野外考察。在巴尔博指导下，发表名为《遵化地区的自然地理初步研究》论文。新中国成立后，李连捷当选为中国科学院院士，为中国土壤学学科创始人之一。

德籍教授米士在西南联大地质地理气象学系任教期间，该系共毕业学生166人。截至1995年，这批人中共有21人当选中国科学院院士，占毕业学生总数的12.8%。[1] 其中，除刘东生和叶笃正获国家最高科学技术奖外，还有宋叔和、王鸿祯、董申保、谢义炳、黄劭显、关士聪、张炳熹、郝诒纯、涂光炽、池际尚、马杏垣、穆恩之、顾知微、陈梦熊、杨起等人，都为我国地质科学、气象科学和能源科学发展做出了杰出贡献。

除此之外，瑞典人新常富于1902—1911年、1920—1930年任职山西大学期间，也培养出一批优秀学生，如孙建初、王曰伦和王竹泉等，他们后来也都成为中国科学院院士。

四、克勒脱纳、卞沙与中国第二代地理学者[2]的培养

1929年7月至1931年6月间，德籍教授克勒脱纳任职中山大学地理学系主任，前后招收过两届学生，共计23人。1929级学生有12人，分别是叶汇、周廷儒、周立三、楼桐茂、李杰、吴汉光、叶欢河、黄法兴、林超、吕逸卿、孙宕越、周炳照；1930级学生有11人，分别是黄秉维、梁溥、戴燕福、陈浩、金宝桢、任绍熹、符鸿通、麦吉庆、骆恭陶、黄植履、黄次骏。这些学生在1933年至1934年间陆续毕业。克勒脱纳离任后，又由德籍教授卞沙接任系主任一职（1931—1932年），并于1932—1933年间任教授。因此，这23名学生在自然地理基础方面受到了克勒脱纳和卞沙两位学养深厚的地理学家的严格训练，培养了深厚的学术素养，日后多成为中国近现代地理学界的栋梁之材。现借助学者刘琦《克勒脱纳教授的两届学生》一文的详细介绍，人们可

---

[1] 西南联大北京校友会编：《国立西南联合大学校史——1937至1946年的北大、清华、南开》，北京大学出版社，1996，第169—170页。
[2] 据中山大学地理学系1929级学生林超的说法，第一代中国地理学者多属未经严格训练的地理界人士，如张相文、竺可桢、翁文灏、丁文江等。参见曾昭璇原著，曾新、曾宪珊编注：《岭南研学记》，中国广播电视出版社，2003，第174页。

以从这些学生的去向了解他们的事业成就或成才情形：黄秉维，中国科学院院士，曾长期担任中国地理学会理事长、中国科学院地理研究所所长。周立三，中国科学院院士，曾长期担任中国科学院南京地理研究所所长。周廷儒，中国科学院院士，曾任北京师范大学地理系主任30年。林超，中国著名地理学家，先后被聘为北京大学等6所大学的教授，中国综合自然地理学的奠基人。吕逸卿，曾任中山大学地理系主任和广东省地理学会理事长。孙宕越，曾任中山大学地理系主任，在台湾创办文化大学地理学系，并任系主任。楼桐茂，广州地理所研究员。梁溥，曾任中山大学地理系主任，在区域经济地理学和农业地理学领域做出了杰出的贡献。叶汇，中国著名地理学家，曾任中山大学地理系主任，在地貌学研究方面成绩突出……①

五、班威廉与中国物理学人才的培养

燕京大学是中华人民共和国成立前开展研究生教育的为数不多的学校之一。②该校物理学研究生教育在美籍教授班威廉主持物理系工作期间得到较好的发展。作为物理系主要的研究生导师，班威廉先后为研究生开设了相对论、量子力学、张量与矢量分析等课程。③在教学的同时，他还指导研究生开展研究工作。1934届学生冯秉铨，在班威廉的指导下，潜心研究"铜在非对称加热情况时电势梯度与温度梯度的关系"④；1934届和1935届学生毕德显、李文江、陈仁烈等人，继续在该方面分别用不同的金属材料进行研究。这两届学生的研究成果均在《英国物理学会会刊》上得以发表。1934—1941年，燕京大学物理系毕业的研究生共计25人（见表6-1），研究领域涉及统计力学、热磁学及热电学、相对论等。这些研究生的硕士论文，大多是在班威廉指导下完成的。

---

① 刘琦：《克勒脱纳教授的两届学生》，载刘琦主编、广东省地理学会编《地理学在广东发展的回顾》，中国评论文化有限公司，2003，第78—79页。
② 早在1927年，燕京大学物理系就设立了研究部，开始招收研究生。
③ 孙洪庆：《班威廉在中国（1929—1945）》，载《2008年全国博士生学术论坛——科学技术哲学论文集》，山西大学2008年印行，第3页。
④ 孙洪庆：《班威廉在中国（1929—1945）》，载《2008年全国博士生学术论坛——科学技术哲学论文集》，山西大学2008年印行，第4页。

表 6-1 燕京大学物理系毕业的研究生（1934—1941年）

毕业年份	研究生姓名
1934	陈尚义、周朋三、徐献瑜、冯秉铨、李文江、毕德显、吴国璋、袁家骝
1935	陈仁烈、徐允贵
1936	许宗岳、高墀恩、王承书
1937	杜连耀、王润全
1938	程利昌、莫文泉
1940	郑观森、谢民生、葛庭燧、曾泽培、马振玉、程京
1941	冯树功、武金铎
因日寇入侵而未能毕业者	谢振寰、雷耳曼、李欧、李祖承、廖增祺、孙念台、孙德兖、王知人、王燕强、扬长生、乐嘉树等

【资料来源】潘永祥、吴自勤、范淑兰：《燕京大学物理学系史稿》，《物理》1993年第8期。

六、裴义理、芮恩娄和卜凯等与中国农业人才的培养

金陵大学农学院在裴义理、芮恩娄和卜凯等美籍教师的辛勤工作下，于农业人才培养方面卓然于世。自1914年裴义理在金陵大学创设农科始，直至1937年七七事变爆发，在该农学院学习过的学生有1200余人，占当时全国高等农业学校学生的三分之一；而从事农业教育及农业改良工作的学生，又占其农学院学生总数的95%。

在贝德士档案中，保存有一份美国学者对中国教会大学的评估报告，内称："据报告，1947年北京大学农学院的教师有一半以上毕业于金大农学院。而金大校友还主控着许多农业机构与学校。"[1]金陵大学校长陈裕光也称："各地有关农业单位和大专院校，主要负责人也多系金大农科出身。农学院历届毕业生，称得上是遍地开花。"[2]有关资料显示，1949年前，金陵大学学生一

---

[1]章开沅：《发扬金陵之光——纪念金陵大学120周年华诞》（2008年9月27日在金陵大学120周年纪念大会上的讲话）。载《章开沅文集（第九卷）》，华中师范大学出版社，2015，第347页。
[2]陈裕光：《回忆金陵大学》，载江苏省政协文史资料委员会编《江苏文史资料集萃·教育卷》，《江苏文史资料》编辑部刊行，1995，第45—46页。

度领导着中国农林部7个技术部门中的5个，5所国立研究所中的3所，10余所国立大学农学院中的7所。1949年以后，由于院系调整，该校培养出来的众多农学精英及其影响更遍及整个中国，为中国农业的发展和农村经济的繁荣做出了重要贡献。

在金陵大学农学院的美籍教师中，卜凯是工作时间较长的一位外籍教师。他自1920年任教金陵大学始，到1944年离华归国，除去中间回美学习的5年，将全部精力都奉献给了中国近代农村经济人才的培养。截至1952年院系调整之时，卜凯创建的农业经济系所培养的本科生达488名。这些高素质的农业经济人才毕业后，以技术排头兵或学术骨干的身份活跃于我国农业领域。

七、温德与中国英语人才的培养

在中国英语教育史上，美籍人士温德是与瑞恰慈、燕卜荪、吴宓齐名的人物。自1923年至1987年，他先后在东南大学、清华大学、西南联大、北京大学、昆明英语专科学校任教。在华期间，他所讲授的课程较多，如第二年法文、第三年法文、第四年法文、第一年英文、第三年英文、西洋文学史分期研究——文艺复兴时代、伊丽莎白时代诗、文艺学、莎士比亚、英诗入门、英国诗歌（从贝奥武夫到19世纪）、英语语调和法国文学专题等。由于在华时间较长，接受过他教育的学生众多，可惜无人做过系统的统计。但以下高足名单足以说明他在教学与人才培养方面的贡献与成效：钱锺书、季羡林、李赋宁、杨绛、何兆武、王佐良、许国璋、周珊凤等。这些中国外文学界的大家，都曾受其亲炙。另外，在昆明躲避日本侵华战火时期，温德为谋生计，曾在昆明英语专科学校兼职，从而为云南培养了一批优秀的中学英语教师。

八、林则与中国牙医人才的培养

加拿大籍人士林则，被称为"中国现代牙医之父"。来华后，他以华西协合大学牙医学院为基地，开展口腔医学教育，培养了大批牙医人才。从

1921年第一名牙医学学生黄天启毕业，至1950年林则离开中国的30年间，牙医学院共培养出毕业生152名，其中男学生119名、女学生33名。①他们分布在国内外牙医学机构和大学中，多为口腔医学领域的开拓者和领军人物。

为说明林则培养中国牙医人才的大致情形，现以其学生中数位佼佼者为例：毕业于1921年的黄天启，为中国首位牙科学毕业生，历任华西协合大学、中央大学、齐鲁大学教授，仁济牙症医院院长、四川省人民医院口腔科主任等职。1939年毕业的学生宋儒耀为中国整形外科的开拓者，于1957年创建中国医学科学院整形外科医院。1937年毕业的学生邹海帆，为中国牙周病学开拓者，为母校创建了中国牙周病学研究室，曾担任过华西协合大学牙医学院院长和口腔系研究室的主任。1930年毕业的学生毛燮均，为我国口腔正畸学科的创始人之一，1949年在北京医学院建立了口腔正畸科。1930年毕业的学生陈华，创办了中国人自己开办的第一所牙症医院。1930年毕业的学生席应忠，以自己杰出的医术参与筹建上海第二医学院口腔医学院。②

华西协合大学牙医学院还培养了一批外国留学生。如在1929年，该院接受了第一位外籍学生——苏联人谢尔韦茨（Fegenle Sharvitch），以后陆续有印尼、匈牙利、韩国等外籍学生进入牙医学院学习。

由于有了林则这位学科带头人在该校牙医学院长期执教和学研，使得华西协合大学的毕业生完全可以和美国、加拿大及其他国家一流牙医学院的毕业生相媲美。鉴于该校毕业生的质量水准，美国纽约州大学于1934年做出决定：凡是华西医大毕业生，可以同时授予纽约州大学的医学博士、牙医学博士等学位（D.D.S）。③

九、韦棣华与中国图书馆学人才的培养

作为中国近现代图书馆事业开山鼻祖的韦棣华，和其学生沈祖荣一道，

---

①郑麟蕃、吴少鹏、李辉菶主编：《中国口腔医学发展史》，北京医科大学、中国协和医科大学联合出版社，1998，第183页。
②周学东主编：《中国现代高等口腔医学教育发展史》，高等教育出版社，2011，第14页。
③郑麟蕃、吴少鹏、李辉菶主编：《中国口腔医学发展史》，北京医科大学、中国协和医科大学联合出版社，1998，第183页。

培养了众多图书馆学方面的人才。从1920年文华图书科正式成立到1953年8月并入武汉大学为止，文华图专为国内图书馆、档案馆界培养了数百人。[①]1920—1949年间，国内重要图书馆的业务骨干，文华图专的毕业生几乎占了半壁江山。如"南京图书馆馆长汪长炳、上海图书馆馆长李芳馥、湖北省图书馆副馆长张遵俭、中国科学院图书馆副馆长顾家杰、四川大学图书馆馆长桂质柏和毛坤、中山大学图书馆研究员周连宽、外交部国际关系研究所图书资料室主任陈尺楼"[②]等，均为国内著名图书馆专家。另外，有一批毕业生供职于海外，如美国哈佛大学燕京图书馆创始人和馆长裘开明、普林斯顿大学东亚图书馆馆长及美国亚洲研究委员会东亚图书馆分会主席童世纲等。

由上可见，外籍教师对中国人才的培养是多方面的，这些学生后来多成为各行各业的栋梁之材，对中国现代社会的发展做出了开拓性的贡献。

第三节　架设桥梁　促进交流

站在中国近代大学讲台上的外籍教师，本身就是异域文化信息的传递者。他们以其特殊的身份，将西方现代科技知识和管理制度等传入中国近代大学，同时又利用多种渠道和方法向西方输出以儒家为核心的中国传统文化和成就，这一过程加强并加速了中西方之间的文化交流。他们通过自己的教学和研究工作，架起连接中国与各国的桥梁、开凿中国与各国交流的通道，在近代中外教育交流中扮演了重要的"星使"角色。

---

①一种说法是600多人（见吴晞：《图书馆史话》，社会科学文献出版社，2015，第128页）；一种说法是400多人[见徐全廉：《奉献中国图书馆事业的美国友人韦棣华》，载《武汉文史资料》编辑部编《武汉文史资料·武汉人物选录》（1988年增刊），武汉市政协文史资料研究委员会1988年12月刊印，第458页]。

②吴晞：《图书馆史话》，社会科学文献出版社，2015，第128页。

一、助推中国学子留学海外

外籍教师利用自身的海外关系在推动中国向海外派遣留学生及早期选派留学生方面，起了不小的作用。

福州船政学堂正监督日意格，在对我国首次留欧学生的选派、管理方面，发挥了关键性作用。福州船政学堂先后四次选派80多人分赴英、法等国留学，他们是中国最早的官派留欧学生。1873年，在日意格的建议下，福州船政大臣沈葆桢向清政府提出派遣福州船政学堂学生分赴英、法两国留学的计划，并请日意格拟出留学条议、章程及用费清单。1875年，日意格利用回国采购设备的机会，促成沈葆桢选派魏瀚、陈兆翱、陈季同、刘步蟾、林泰曾等人随其出国。其中刘步蟾、林泰曾进入英国高士堡学堂学习。1876年春，他们和陈季同一起随日意格回国；而魏瀚、陈兆翱则继续留在法国学习。同年，日意格被福州船政局任命为留学洋监督后，又与李鸿章、李凤苞等共同策划留学章程和培养计划。经过积极筹备，1877年3月，日意格和华监督李凤苞一道带领第一批留学生分赴英、法等国学习。日意格具体负责留学生的学习和实习事宜。这批学生于1880年学成回国后，大多成为中国近代海军将领和造船专家，其中包括刘步蟾、林泰曾、叶祖珪、林永升、邱宝仁、方伯谦、黄建勋、林颖启、萨镇冰等。[1]1881年初和1885年底，福州船政学堂又派出第二批和第三批留欧学生，仍聘日意格任留学洋监督。不幸的是，正值盛年的日意格竟于1886年去世。对日意格任留学洋监督九载的工作，李鸿章给予高度评价，称其"异常奋勉"[2]。为表彰日意格在留学事务上的贡献，李鸿章特上奏朝廷赏其二等宝星，以示鼓励。

华西协合大学牙科创始人林则，为建设中国牙科人才队伍，将毕业留校的学生陆续送到国外进修。如黄天启在1926—1928年、1937—1938年两次赴加拿大多伦多大学进修，相继获得牙医学理学士、牙医学博士学位，并取得

---

[1] 中国人民政治协商会议福建省福州市委员会文史资料委员会编：《福州文史资料选辑（第二十二辑）·船政文化篇》，中国人民政治协商会议福建省福州市委员会文史资料委员会2003年刊印，第83页。

[2] 《日意格陈季同请奖片》（光绪十二年二月初九日），载顾廷龙、戴逸主编《李鸿章全集（奏议十一）》，安徽教育出版社，2008，第344页。

加拿大行医执照。①宋儒耀于1942年被送到美国罗切斯特大学医学院整形外科、脑外科学习，后转入宾夕法尼亚大学学习，获医学科学博士学位。邹海帆于1948—1949年到美国和加拿大研修。毛燮均于1935—1936年前往美国明尼苏达及塔夫兹大学进修后，又于1947年秋再次赴美国学习，在哈佛大学考察牙医教育及进修口腔正畸学。②席应忠在20世纪40年代两度到美国进修，先后在美国福赛斯（Forsyth）儿童牙科医院进修儿童牙科，在美国哈佛大学牙医学院学习正畸学、口腔外科学和颌面赝复学，在美国科罗拉多州费兹蒙陆军医院进修颌面外科学、赝复学和头颈部解剖学。③

以上这些学生先后学成归国，一直从事牙医专业的工作。也有一些学生出国后虽留在国外，但依然不忘为我国培养口腔医学人才，如严开仁到美国进修后就留在美国，成为哈佛大学正畸学教授。从1982年开始，他多次回国讲授牙颌畸形的固定矫治技术，致力于培训国内的正畸专业人员，并免费接受国内各大口腔医学院人员去国外学习。④

文华大学美籍教师韦棣华，于1914年和1917年分别资助沈祖荣和胡庆生两名学生，前往美国纽约公共图书馆学校学习图书馆学。其中，沈祖荣为中国，乃至亚洲，第一个赴美留学研习图书馆学的人。他们学成归国后，在文华大学开设图书馆学课程，并协助韦棣华于1920年3月创建文华大学图书馆科，该科为中国第一个图书馆学专业教育机构。1941年，沈祖荣在文华图书馆专科学校创办了档案管理科，开中国档案学教育之先河。

燕京大学美籍教师包贵思推荐学生谢婉莹（即冰心）到美国威尔斯利女子大学攻读硕士学位。1923年8月，谢婉莹由上海乘坐约克逊号邮船赴美留学，包贵思还不忘给自己在美国的父母写信，嘱托他们照顾谢氏。

金陵大学校长包文，为了助自己学校的毕业生陶文濬（即陶行知）前往美国留学，不仅让已毕业的陶行知留校助学以赚取赴美路费，更直接与自己

---

① 《中国口腔医学年鉴》编辑委员会编：《中国口腔医学年鉴（1986）》，人民卫生出版社，1987，第252页。
② 《中国口腔医学年鉴》编辑委员会编：《中国口腔医学年鉴（1984）》，人民卫生出版社，1986，第234页。
③ 《中国口腔医学年鉴》编辑委员会编：《中国口腔医学年鉴（1986）》，人民卫生出版社，1987，第250页。
④ 樊明文主编：《口腔临床医学导论》，高等教育出版社，2003，第228页。

家乡伊利诺伊州立大学联系，使陶行知于金陵大学毕业的当年即1915年秋，如愿踏上赴美留学的旅程。陶行知先赴伊利诺伊州立大学深造，后转哥伦比亚大学，归国后成为一代教育大家。金陵大学美籍教师克乃文于1921年，推荐该校图书馆管理员李小缘自费赴美，到纽约州立图书馆学校留学，李小缘获图书馆学士学位。后李小缘进入哥伦比亚大学师范学院研究教育社会学，1925年获教育社会学硕士学位。回国后，李小缘筹建了金陵大学图书馆学系。该校另一位美籍教师卜凯，于1925年创建我国第一个农业经济系，为充实该系师资队伍，他积极选派青年教师到美国深造。在他的努力下，金陵大学先后派送徐澄、乔启明、杨蔚、刘澜涛、应廉耕、崔毓俊、沈宪耀和王立我等人到卜凯的母校康奈尔大学深造。另外，他还选派孙文郁到斯坦福大学、潘鸿声到华盛顿州立大学学习，欧阳萍到明尼苏达大学深造。在他所选派的学生中，除杨蔚获得博士学位外，其余人士都获得了硕士学位。

燕京大学地理地质系教师巴尔博，曾亲自致信美国克拉克大学校长阿特伍德，向后者推荐学生黄玉蓉前往克拉克大学学习。1928年，黄玉蓉从该校顺利毕业，为目前所知中国第一位地理学女硕士。随后，黄玉蓉又被巴尔博邀请至燕京大学担任助教，教授地理基础课程。[①] 巴尔博还应已毕业的学生丁骕请求，协助他前往美国进修。

外籍教师选派的赴海外留学的中国学子，学成之后多回到母校效力，充实了学校的师资力量，从中我们可以看到这些外籍教师的深谋远虑。

二、联合海外高校合作办学

外籍教师利用自己的学术背景，尽其所能与海外知名大学开展合作办学。金陵大学、燕京大学和圣约翰大学的外籍教师是其中的典型代表。

金陵大学美籍教师包文、芮思娄和卜凯等人，为中美农业教育和科学交流活动的重要组织者。1923年，在校长包文和芮思娄的努力下，金陵大学农林科获得美国对华救灾剩余基金约70万美元的资助，得以在安徽、河南、南

---

① 张雷：《巴尔博与中国地质学（1921—1935）》，《中国科技史杂志》2015年第3期。

京等地购买土地，开展农业改良等科学研究。1925年，芮思娄积极寻求与康奈尔大学合作进行作物改良研究，形成了一个由国际教育基金会资助、康奈尔大学和金陵大学执行的研究计划。这一交流项目，使得农林科学生可以获得美国康奈尔大学学士学位，并获得直接升入康奈尔大学农学院或美国其他大学农学院攻读硕士、博士学位的资格。同样基于这一项目，康奈尔大学自1925—1931年间，每年派遣一名育种学教授到金陵大学主持作物改良。由此，这一项目为中国培养了一批农业人才，特别是造就了中国的作物育种专家。至七七事变爆发前，金陵大学的农业教育、研究及推广博得广泛的国际赞誉。另外，卜凯还先后选派十多位青年教师到美国康奈尔大学等学校深造，这些人后来都成了中国农业经济学界的权威。其如乔启明开创了中国早期农村社区研究，成为有影响的农村社会学家；裴保义为土壤肥料学家，为中国土壤肥料学的发展、人才培养和普及工作做出了重大贡献；孙文郁曾任金陵大学农业经济系主任、农学院代理院长，新中国成立后任农业部计划司副司长，著有《农业经济学》《农业经济调查》等；万国鼎是中国农史学科的主要创始人之一。

燕京大学在美籍人士司徒雷登的领导下，国际化办学成效卓著。该校先后与美国若干高校开展合作。如与密苏里大学新闻学院合作，开设新闻专业，培养新闻学的专业人才；与普林斯顿大学合作，开设社会系与政治系；与威尔斯利女子学院、哥伦比亚大学等校合作开展法学、教育学等项目的研究与教学。特别值得关注的是，该校与哈佛大学合作成立了哈佛—燕京学社。哈佛—燕京学社是一个专注于国学教学与研究的纯粹学术组织。其宗旨在于：

> 通过哈佛大学和燕京大学以及中国其他大学之间的合作，为中国文化领域的研究、教学和出版提供资助；基金优先用于中国文化主要包括文学、艺术、历史、语言、哲学和宗教的研究。[①]

该学社成立于1928年1月，总部设在哈佛大学，并在哈佛大学与燕京大学两校分别设两个基地。其领导机构由9人董事会和5人执行委员会组成。

[①] 樊书华：《美国铝业大王查尔斯·马丁·霍尔与哈佛—燕京学社的缘起》，《世界历史》1999年第4期，第81页。

燕京方面设北平管理委员会，负责管理学社在北京的研究工作。因其发展稳定，研究成果丰硕，该组织成为民国时期中外大学校际合作办学的典范。

在哈佛—燕京学社合作范围内，燕京大学对文、史、哲三系进行改造，一方面招收文史类研究生，另一方面选送成绩优异的研究生到哈佛大学攻读博士学位，借以提高学校声望和学术水平。燕京大学凭借充裕的资金，聘请到当时文史方面的权威学者，中文系有容庚、郭绍虞、郑振铎、孙楷第、高名凯；历史系有顾颉刚、洪业、张星、许地山、邓之诚、齐思和、聂崇歧、陈垣、鸟居龙藏（日籍）等。如此强大的学人阵容，使燕京大学成为当时中国的历史研究中心。通过学社补助，燕京大学出版了一系列学术性书刊，如《燕京学报》《哈佛燕京学社汉学引得》等。图书馆的藏书量也因而得以迅速增加，由1925年藏书1万册，到1929年增至14万册，1933年增为22万册。[①]学社因这种优势而带来的学术成效得到了当时中外学界的一致肯定。

哈佛大学的汉学研究也由此受益无穷。从1929年起至后来的三四十年代，哈佛大学派遣研究生及学者赴华留学，从事汉学研究，如魏鲁男（James Hamilton Ware）、戴德华（George Edward Taylor）、卜德（Derke Bodde）、毕乃德、舒斯特（Carl Schuster）、西克门（Laurence Sickman）、赖肖尔（Edwin Oldfather Reischauer）、芮沃寿（Arthur Wright）、饶大卫（David Nelson Rowe）、费正清（John King Fairbank）、海陶玮（James Robert Hightower）、施瓦茨、顾立雅（Herrlee Glessner Creel）等。这些学者在中国期间与中国学者交往广泛，并接受严格规范的学术训练，日后都相继成为美国汉学界颇有声望的亚洲学教授，美国的汉学研究水平也借此获得提高。[②]留学、访学生活成为这些美国学者一生中极为重要的一个人生时段。至今，哈佛—燕京学社的汉学研究还未停止。

通过与海外高校合作办学，这些大学在教学和研究方面相互切磋，办学水平获得提升。教师和学生互派，在不同国度的校园里相互交流，学业获得长进。

---

① 张凤：《哈佛燕京学社75年的汉学贡献》，《文史哲》2004年第3期，第60页。
② 张寄谦：《哈佛燕京学社》，载章开沅、[美]林蔚主编《中西文化与教会大学》，湖北教育出版社，1991，第153—155页、第161页。

三、西传中学力促文化融合

任何民族的发展和壮大都离不开与其他文化的交流、沟通、传播和吸收。清末和民国时期,大学成了中国学者与异域学界学术互动的场所,一些专攻中国文化的外籍教师,利用自身的文化和语言优势,在为中国学术文化注入新元素的同时,也运用西方学界理解的方式将中华文化向世界传播,由此中西文化在交融和共生中不断激荡和创新,从而形成了魅力无穷的人类文化景观。

自19世纪后半期始,欧洲学者对中国历史、语言、文学、文化、宗教开展研究,形成了汉学这门学科。美国汉学兴起后,逐渐将欧洲汉学仅对中国传统文化的研究扩展到对近代乃至当代中国的研究,而不再限于文史哲领域。[①]如今汉学已成为西方大学人文学科的一门显学。

在华高校外籍教师中,有一批造诣较深的汉学家,尤以德籍和美籍教师阵容较大。他们致力于汉学研究,以语言优势,通过译介中国著名典籍,西传中学,在向世界阐释中国文化的过程中,形成独特的原创思想,丰富了世界思想库。

创建于1921年底的北京大学研究所国学门,就曾云集一批外籍汉学家,在西传中学方面硕果累累。20世纪20年代初,胡适等中国学人感觉到西方学术不仅在自然科学、社会科学等领域已经远超中国,即使是对中国文史的研究,也走在前列。陈垣先生更明确提出"把汉学中心夺回中国"的志向。为此,北京大学成立研究所国学门,聘请一些西方汉学家从事研究,以期提高中国汉学研究水平。

钢和泰为北京大学研究所国学门首先聘请的西方汉学家。早在1918年,胡适就曾邀请流亡中国的钢和泰到北京大学教授梵文、藏文和古印度宗教史等课程。1922年,钢和泰即被聘为国学门导师。在华期间,钢和泰对中国文化开展了卓有成效的工作,其学术成就已在本书第五章有所涉及,现不再赘述。对此有人做过如此评价:"钢和泰的存在,是近代中国学术界沟通国际

[①] 张西平:《海外汉学热:从入华传教士开始》,《中国图书商报》2005年7月22日。

东方学及汉学的重要媒介,对于整体上促成中国学术进入近代世界起到重要作用。"①与此同时,钢和泰还主持中印关系研究所,因搜集大量文献文物,培养了一批研究人员,该研究所也很快成为国际知名的东方学研究中心,吸引了来自世界各地的学者和访问者。

伊凤阁(Aleksei Lvanovich Lvanov)是俄国著名的汉学家,以西夏史研究闻名。1923年,他被北京大学研究所国学门聘为导师,从事西夏国文字与西夏文化研究,同时开设西夏语课程。在来华之前,他曾任教于圣彼得堡大学,其间指导过瑞典最有影响力的汉学家高本汉(B. Karlgren)。高本汉曾在1910年3月来华逗留两年,在奖学金已经用完的情况下,他在山西大学堂教授法语和英语谋生。1923年12月,胡适任编委会主任的北大《国学季刊》刊载有伊凤阁的论文《西夏国书说》。

自1899年来到中国后,德籍汉学家卫礼贤就与中国文化结下不解之缘,把翻译介绍中国经典、宣传中国文化作为自己的毕生事业。他于1923年受聘于北京大学讲授德文,也参与了北京大学研究所国学门的活动。卫礼贤热衷儒家文化的研究和传播。据统计,他的学研成果中有关中国的译著、专著达24种,在中国与德国创办的与中国有关的报刊8种,译品14种,发表了有关中国研究的论文247篇。至于在各种书报登载的零星文章,其量更是惊人。他的著述和译作,推动了中国文化在德国和西方的传播,被欧洲誉为"中国文化的传教士"。北京大学德籍教授郑寿麟在《卫礼贤的生平和著作》一文中感慨道:"卫先生半世替中国文化作宣传,德国对他尚且非常敬仰,中国对他实在有很多该感谢的地方。"②

卫礼贤对《易经》(德文版)的翻译和阐释,在众多《易经》译本中最受人欢迎。这部译著为卫礼贤和中国学者劳乃宣历经十年共同完成的翻译名著,已超越翻译本身,被赋予更多的原创性思想。劳乃宣曾担任过南洋公学、求是大学堂和京师大学堂的总监,为一代饱学之士。卫礼贤在青岛创办礼贤书院时,曾聘劳乃宣主持书院,由此两人开始了合作翻译《易经》的工作;

---

① 桑兵:《胡适与国际汉学界》,《近代史研究》1999年第1期,第57页。
② 郑寿麟:《卫礼贤的生平和著作》,载李孝迁编校《近代中国域外汉学评论萃编》,上海古籍出版社,2014,第334页。

劳乃宣先把文言文翻译成通俗的现代汉语，并且加上自己的注解；卫礼贤通过注解，把《易经》翻译成德语。为使德文译本尽可能正确地反映原有思想，卫礼贤又把德文译本返译回中文，再拿给劳乃宣看，由劳乃宣再行润色，如此反复推敲。对卫礼贤而言，这一过程实则是一个文化接受与文化输出的过程，预示着两种思维、两种逻辑的碰撞。从事中国古代文化经典在海外的翻译与传播研究，是一个跨学科研究领域，对研究者而言，语言能力只是进入这个研究门槛的基本条件，他还须具备中国传统文化的知识与修养。劳乃宣的加入，有力且有效地帮助卫礼贤跨过了这道门槛。

《易经》（德文版）译本出版后，受到西方学术界广泛关注。德国分析心理学家荣格接触到他的译本后，对《易经》推崇备至。我们从荣格在卫礼贤追悼会上的讲话可以看出这点：

> 几年以前，当时的不列颠人类学会的会长问我，为什么像中国这样一个如此聪慧的民族却没有能发展出科学。我说，这肯定是一个错觉，因为中国的确有一种"科学"，其"标准著作"就是《易经》，只不过这种科学的原理就如许许多多的中国其他东西一样，与我们的科学原理完全不同。①

之后，卫礼贤与荣格不断切磋，终于将《易经》中的理学一脉与西方心理学合流。

卫礼贤对孔子无比崇敬和仰慕，努力探究儒学要旨。力图挖掘出潜藏于中国社会各个阶层和中国社会生活各个层面的"中国精神"。这种学术努力使欧洲学界获益匪浅："不仅为我们打开古老的中国思想宝库，而且如我所指出的，他带来了中国精神的根，滋生了数千年的根，并把他移植到欧洲的土壤之中。"②

辅仁大学也集聚了一批德籍汉学家，如艾克、谢礼士、福克司、罗越、洪涛生、卫德明、傅吾康、马仪思等。在陈垣等中国著名学者的帮助下，他

---

① [瑞士]荣格：《纪念卫礼贤》，载[德]卫礼贤、[瑞士]荣格《金华养生秘旨与分析心理学》，东方出版社，1993，第143页。
② [瑞士]荣格：《纪念卫礼贤》，载[德]卫礼贤、[瑞士]荣格《金华养生秘旨与分析心理学》，东方出版社，1993，第151页。

们对中国展开研究，并将研究成果在《华裔学志》上发表，希冀通过刊文来建构中西文化会通的方法论，促进中西文化交流。这批德籍汉学家认为，中国灿烂的文化成就必然要作为人类文化史不可分割的一部分而得到承认和认同，如果没有给予中国适当的位置的话，那么任何关于世界历史的著作都会不完整和有缺憾。①

在来华外籍教师中，还有一些人士严格说来并非汉学专家，但他们与中国的近代学术发展颇有关系。如留华逾50年，收藏大批古物，并著有《中国艺术综览》《历代著录吉金目》《历代著录画目》等书的美国人福开森；研究中国哲学的美国人博晨光；研究基督教在华历史的瑞士学者王克私；等等。

另外，许多外籍教师的博士论文都以中国相关领域为对象开展研究。如巴尔博在华期间，以华北地质特别是张家口地质为研究对象，进行了广泛考察。1928年，他以《张家口附近地质志》一文获得博士学位。一些外籍教师的学术事业则是以研究中国问题著称。如美国地理学家葛德石就以研究中国地理著名，其《中国地理基础》一书享誉海内外。

这批外籍教师中学西传的研究成果，有利于在世界范围内考察中国文化的价值，将中国文化融合到世界各国和各种文化之中。他们通过对中国古代文化典籍的翻译，以及对中国近代文化和社会的研究，加深了人们对中国的理解。这些理解和接受，又构成了世界文化的一部分，中国文化的世界性意义从而得以彰显。

在近代特殊的历史条件下，外籍教师对西方教育的内容与教育方式的推广与传播，促进了中国由传统教育向近代教育的转变，在一定程度上缓解了中国近代新式教育师资匮乏的问题，推进了中国高等教育事业的发展。通过助推中国学子留学海外、促成中外高校合作办学及中学西传等工作，外籍教师架起了中外近代教育交流的桥梁。更重要的是，他们为中国培养了一大批优秀学生，这些学生毕业后遍及全国各地，涉及外交、教育、科技、军事、

---

① [德]弥维礼：《〈华裔学志〉（Monumenta Serica）简介》，李然、游心译，载《国际汉学》编委会编《国际汉学》第1期，商务印书馆，1995，第498页。

政治等各个领域。

但外籍教师自身还存在一些局限性，甚至外籍教师集中的教会大学对中国学生和中国教育的成长发展还产生了一定的负面影响，具体表现在以下几方面：

其一，外籍教师来华授教的渠道不同，个人学术经历不同，其中也不乏不能胜任教职的情况。在前文中，曾提及严复主张"所聘教习，如非万不得已，总以本国人才为主。其聘请之法，则选本国学博与欧美游学生各科中卒业高等而又沉浸学问，无所外慕之人，优给薪水，一面教授，一面自行研究本科。如此则历年之后，吾国学业可期独立，有进行发达之机"。他以为此法"较之从前永远丐人余润，以重价聘请一知半解之外国教员，得失之数，不可同年而语矣"①。因解聘不胜任的外籍教师还曾引起过外交风波。蔡元培在任北京大学校长期间，就因学术水平低、教学态度不认真等原因，辞退了克德莱等外籍教师。其中英籍教师克德来为此还通过英国驻华公使朱尔典向蔡元培施压，朱尔典甚至放出"蔡元培是不要再做校长的了"之类的言论。蔡元培对此一笑置之。

其二，因语言问题，影响教学效果。近代中国大学聘请的外籍教师多不通中文，教学语言采用外文。因此，外籍教师授课时需要翻译帮助。如遇到翻译水平欠佳，会直接导致教学内容失真。为能听懂外籍教师的授课内容，学生自然将大量的时间花在外语学习上。为此还引起了一些国际组织的批判。1930年，国联派遣中国教育考察团前来中国考察。考察团根据中国各教育机构与教育界相关人士提供的资料及调查所得，编拟报告书《中国教育之改进》。该书批评中国大学生沉溺于英文，"在多数学校中均孜孜于英文之书籍，及其入大学也，外国语言虽琅琅上口，而于一切学术仅知皮毛也"，认为"此弊在于教授科学而不与生活为直接参照也。一言蔽之，教科学而不用中文，科学终非中国物也"。②

其三，外籍教师集中的教会大学推行宗教教育和宗教信仰，有悖于对中国学生民族精神培养的初衷。近代中国教会大学的产生、发展是以西方列强

---

① 萧超然等编：《北京大学校史（1898—1949）》，上海教育出版社，1981，第29页。
② 陈和铣编：《世界文化合作会讨论改进中国教育报告书会议记录》，中华书局，1933，第8页。

对华侵略为背景的，因此，这些大学也就自觉或不自觉地成了西方列强侵华的组成部分，是西方列强建立的"文化租界"，企图以传教为手段，达到影响整个中国社会的目的。自在中国开办以来，教会大学在传播自然科学知识的同时，通过设置宗教课程和安排宗教活动来推行宗教教育和宗教信仰，培养了一批宗教信徒，其中以基督教徒为多。至20世纪20年代中叶，中国政府对教会学校和私立学校就宗教教育问题出台了相关政策。1925年11月，北洋政府教育部颁布了《外人捐资设立学校请求认可办法》，明确规定"学校不得以传布宗教为宗旨""学校课程，须遵照部定标准，不得以宗教科目列入必修科。"①1926年10月，广州国民政府大学院公布《私立学校规程》规定："私立学校一律不得以宗教科目为必修科，亦不得在课内作宗教宣传。""私立学校如有宗教仪式，不得强迫学生参加。"② 即所有宗教课程和活动的参与都应是自愿的。自此以后，一些学校通过选修宗教课程、校园宗教生活等途径推行宗教教育。实际上随着历年基督教徒的增加，直到20世纪30年代，教会学校里开展各类宗教活动的现象还是比较普遍的。另外，在公立学校里，虽然禁止宗教教育，但一些外国来华教师是宗教教徒，在授课和与学生日常交往中，有意无意中会对中国学生施加宗教影响。

其四，外籍教师所从事的学术活动未能联系中国实际。从清末到新中国成立初期，外籍教师在一定程度上推动了中国学术的发展，但由于多数外籍教师在华时间有限，对中国国情了解不够透彻，且多以传播本国的学术理论为主，鲜少联系中国实际，将关注点聚焦于中国问题、中国经验上。如清末日本来华教师创建的教育学科，都以德国赫尔巴特教育学说为蓝本，很少联系中国教育实际。中国学者使用外来的知识体系来解释中国，效果往往不佳，在一定程度上影响了学术发展的中国化进程。

总之，我们不可低估和忽视外籍教师对中国教育发展的贡献和作用，但也不能夸大其影响。

---

① 朱有瓛、高时良主编：《中国近代学制史料（第四辑）》，华东师范大学出版社，1993，第784页。
② 朱有瓛、高时良主编：《中国近代学制史料（第四辑）》，华东师范大学出版社，1993，第785页。

结语　外籍教师在华授业的现实观照

如果说"奉夷为师"是中国近代大学在萌芽时期因人才匮乏不得已而为之的举措，那么自20世纪80年代以来，我国对外籍教师的引进，则成为国家层面人才战略的重要内容，目的在于优化高等教育教师队伍结构，提升高等教育发展水平和增强其综合实力，进而提高高校人才培养的质量，为世界贡献更多各领域的领袖人物。尽管我国高校外籍教师引智工作取得了可喜成绩，但也存在诸多不足和问题。如何聘请高素质的外籍教师，如何加强对他们的聘用和管理，成为当今高校必须面对的问题。

对中国近代大学外籍教师在华授业研究，目的在于为今后政府实施更积极有效的海外人才引进政策提供借鉴，加快形成具有国际竞争力的人才制度优势，以利主动面对国际人才的竞争和挑战，确保高校对外籍教师能够进行有效管理，保证外籍教师能够充分发挥作用，实现其聘用效益最大化。

一、探索外籍教师延揽新模式

中国近代大学聘请外籍教师的渠道呈现多样性，客观上推进了人才的跨国流动。中国近代大学通过外国政府直接派遣、外国驻华人员举荐、海外宗教组织选派、国外世俗社团选送、外籍教习受命延揽、驻外使馆参与选聘、官员国外考察招募、友朋关系相互引荐及私人自愿来华求职等渠道，广聚人才，促成了数以千计的外籍教师在华从教授业。

但在不同时期，因学校类型不同，聘请渠道的主次有所差异。一般而言，公立大学以政府主导为主，私立大学特别是教会大学，则由海外宗教组织主导。

当今我国普通高校聘请外籍教师，主要是通过政府组织、合法的中介机构、非政府组织的推荐及私人引荐等。其形式以网络平台为主。随着互联网经济的发展,网络平台在聘用外籍教师方面扮演的角色愈来愈重要。

在这种背景下,政府有关部门在遵循国际人才流动规律的前提下,可将着力点放在为外籍教师聘用提供良好的环境上。首先,加强外籍教师信息库建设,推动信息互联共享。通过整合外籍教师资源,丰富外籍教师信息库,实现外籍教师信息库的资源开放,为高校提供更加丰富的外籍教师候选人。其次是形成更为开放的引进外籍人才和智力的社会氛围,为外籍教师提供诸如医疗保险、户籍、子女教育等方面的优惠政策。"配合外国人永久居留制度改革,健全外籍教师资格认证、服务管理等制度"。[1]其三,搭建国际教育论坛、国际教育交流会等平台,为智力资源供需双方见面创造条件。规范中介机构的招聘行为,促进国内外非政府组织在聘请人员方面开展合作。

高校在聘用外籍教师方面,充分发挥自主权,不断拓宽外籍教师引进渠道。首先,加强与提供教学服务的非政府组织的日常联络和服务工作,深化与国(境)外大学等机构的合作交流,建立专家联系制度。其次,根据学校实际情况,积极申报从国家到地方的各级人才计划项目,争取得到政府支持。最后,重视学校推介工作,努力提高学校在国际上的知名度,积极制定优惠政策,为愿意来校的高层次外国专家提供更好的福利保障,增强学校对高层次外国专家的吸引力。

概而言之,在聘用外籍教师方面,有必要探索政府主导与高校自主发挥相结合的延揽模式。

二、提升外籍教师延聘水准

中国近代大学在较短时期内,能引进国外教学模式、课程体系、教学方法和管理经验在中国大学扎根,且某些学科建设成绩斐然,优秀人才不断涌现,得益于这些学校推行聚集优秀外籍教师于学校教师队伍的理念。而且,中国近代大学聘请的外籍教师多在教学、研究、系科管理方面发挥了综合作用。如前文屡有提及的金陵大学农林院聘请的外籍教师,在中国近代农业系

---

[1]教育部:《国家教育事业发展"十三五"规划》,2017年1月10日。

科组建、高水平的农业教材编写、农业经济调查与研究、作物育种研究、病虫害防治研究，以及我国近代农业优秀人才培养等方面，均有开拓性的建树。有鉴于此，当今高校聘请外籍教师时，也应从延揽单纯教学型教师逐步向集教学、科研、管理于一身的综合型人才转变，特别是要使他们能够参与我国高校重点学科的建设，使这些学科乃至整个学校能保持或赶超国际先进水平，大大提升在世界范围内的学术地位和实力。同时，外籍高端人才的引进还有助于我国高校师资队伍补充新鲜血液，增强学术研究活力。

总之，我们要围绕国家人才发展规划，在全球范围内招聘高层次外籍教师，借以优化教师队伍，提升师资水平。

三、延长外籍教师聘用时限

在本书所梳理辑录的有任职时间标识的1255名外籍教师中，在中国服务20年以上的有107人，执教30年以上者达32人。值得关注的是，20世纪著名的控制论创始人维纳，来清华大学讲学时间达两年之久。

反观目前，我国高校外籍教师聘任期限以6个月以下居多，特别是高层次外国专家来校更多的是做短期交流、讲座报告，能长期引进的比例偏低，导致外籍教师的流动性太大。

相对而言，专业课程的建设、科研项目的攻关，往往需要一个比较长的周期，引进的外籍教师在华工作时间过短，必定会导致课程建设和研究项目衔接不上，达不到学校引进人才的预期效果，造成引智资源的浪费和一定程度上的经济损失。外籍教师在中国大学要有相当长的工作时间，才可能产生较好的工作成效。

鉴于上述原因，高校应该采取相应举措，积极为高水平外籍人才来华工作提供优质高效的服务，尽量延长外籍教师在华教学和科研时间，确保教学工作的稳定性和研究工作的延续性。

四、健全外籍教师资格审核

目前，我国实力雄厚的高校可以通过各领域顶级学者组成的海外顾问专家团队进行外籍教师的甄别和筛选，但是大部分普通高校主要还是通过网络平台、中介机构及前用人单位推荐等形式来聘请外籍教师。外籍教师所有相关信息，如学历学位证书、推荐信等材料均为电子版，高校仅与外教进行电话面试或视频面试及语音测试，就确定聘请人选，很难对教育背景、教学经验、宗教信仰、心理健康等情况有较为准确的掌握，导致聘请外籍教师存在高风险性。因此，学校在对外籍教师的资料核查方面应更加仔细，需要多方印证，尽可能做到多方考察候选人的教学经历、职业态度、教学水平等基本情况，特别要注意了解外籍教师的学历背景与到任后要承担的教学任务的关联性或关联程度，减少选聘工作的盲目性，避免选聘失误。

五、建立外籍教师保质机制

任何时期，聘用的外籍教师都难免会出现良莠不齐的状况。中国近代大学既有钢和泰、葛利普、米士等教学严谨的大师，也有因不胜教职而被蔡元培辞退的克德来、燕瑞博、牛兰德、斯华鲁、伦特、纽伦等人。现今，也有部分高校反映聘任的一些外籍教师缺乏专业教学背景，不能对专业课程的教学内容进行系统和全面的讲授，影响了专业课程整体教学水平。因此，有必要建立外籍教师教学质量保障机制。

首先，在授课前，要对外籍教师进行岗前专业培训。外籍教师在正式上岗前，除要对中国文化和教育现实有初步了解外，还要熟悉学校的生活环境，掌握教学管理制度，制订课程教学计划。其次，要确保外籍教师在课堂教学时，严格按照课程教学大纲所规定的教学内容、授课计划进行教学，避免教学的随意性。有必要要求外籍教师参与教研活动，和中国教师开展教学探讨，及时解决教学上出现的问题。教学内容要注意结合中国学生的学习特点。最后，要建立一套针对外籍教师教学质量的监督及评估体系，以便对其教学能力、教学质量及教学效果进行评估。

六、加强外籍教师合同管理

中国近代大学对外籍教师实行合同管理，规范了外籍教师的教学活动，基本上达到了有据可依、有章可循。

时至今日，合同管理仍然不失为一种有效的管理外籍教师的办法，而且也是目前我国高校对外籍教师的主要管理方式。合同是规范双方权利和义务的有力保障。为此，近年来我国出台了系列相关文件和政策法规，如《高等学校聘请外国文教专家和外籍教师的规定》（1991年）、《外国文教专家聘用合同争议仲裁暂行规定》（1993年）、《国家外国专家局、财政部外国文教专家工资和生活待遇管理办法》（1996年）、《国家外国专家局、财政部关于调整外国文教专家工资的通知》（2000年）、《外国文教专家标准聘用合同》（2008年）、《外国文教专家聘用合同管理办法》（2008年）、《外国文教专家聘用合同管理规定》（2011年）等。学校要参照以上文件精神，制定本校外籍教师的聘用合同。在合同附件中，还要制定更具针对性和细节化的聘任目标，尽量做到内容细化、权责清晰，以保护双方权益，提高外籍教师的聘用效益。

总之，通过对中国近代大学外籍教师的授业研究，我们可以了解、掌握外籍教师在中国教育现代化进程中的影响，有助于总结出我国各时期政府、高校对外籍教师管理的基本规律、基本经验和基本方法，为国家制定全球人才战略提供有益的借鉴。

主要参考文献

一、著作类

[1] 清华大学校史编写组.清华大学校史稿[M].北京：中华书局，1981.

[2] 北京师范大学校史编写组.北京师范大学校史：1902—1982[M].北京：北京师范大学出版社，1982.

[3] 梁山，李坚，张克谟.中山大学校史：1924—1949[M].上海教育出版社，1983.

[4] 复旦大学校史编写组.复旦大学志：第一卷[M].上海：复旦大学出版社，1985.

[5]《交通大学校史》编写组.交通大学校史：1896—1949[M].上海：上海教育出版社，1986.

[6] 萧超然，沙健孙，周承恩，等.北京大学校史：1898—1949[M].上海：上海教育出版社，1988.

[7] 华西校史编委会.华西医科大学校史：1910—1985[M].成都：四川教育出版社，1990.

[8] 朱斐.东南大学史[M].南京：东南大学出版社，1991.

[9] 北京辅仁大学校友会.北京辅仁大学校史[M].北京：中国社会出版社，2005.

[10] 王立诚.美国文化渗透与近代中国教育：沪江大学的历史[M].上海：复旦大学出版社，2001.

[11] 苏云峰.从清华学堂到清华大学　1911—1929：近代中国高等教育研究[M].北京：生活·读书·新知三联书店，2001.

[12] 方惠坚，张思敬.清华大学志[M].北京：清华大学出版社，2001.

[13] 苏云峰.从清华学堂到清华大学　1928—1937：近代中国高等教育

研究[M].北京：生活·读书·新知三联书店，2001.

[14] 王德滋.南京大学百年史[M].南京：南京大学出版社，2002.

[15] 王国平.博习天赐庄：东吴大学[M].石家庄：河北教育出版社，2003.

[16] 张安明，刘祖芬.江汉县华林：华中大学[M].石家庄：河北教育出版社，2003.

[17] 徐以骅，韩信昌.海上梵王渡：圣约翰大学[M].石家庄：河北教育出版社，2003.

[18] 孙邦华.会友贝勒府：辅仁大学[M].石家庄：河北教育出版社，2004.

[19] 张丽萍.相思华西坝：华西协合大学[M].石家庄：河北教育出版社，2004.

[20] 孙海英.金陵百屋房：金陵女子大学[M].石家庄：河北教育出版社，2004.

[21] 谢必震.香飘魏歧村：福建协和大学[M].石家庄：河北教育出版社，2004.

[22] 湖南大学校史编审编委会.湖南大学校史：公元976—2000[M].长沙：湖南大学出版社，2003.

[23] 张连红.金陵女子大学校史[M].南京：江苏人民出版社，2005.

[24] 李乐曾.德国对华政策中的同济大学：1907—1941[M].上海：同济大学出版社，2007.

[25] 熊月之，周武.圣约翰大学史[M].上海：上海人民出版社，2007.

[26] 北洋大学—天津大学校史编辑室.北洋大学—天津大学校史[M].天津：天津大学出版社，1990.

[27] 郭查理.齐鲁大学[M].陶飞亚，鲁娜，译.珠海：珠海出版社，1999.

[28] 队克勋.之江大学[M].刘家峰，译.珠海：珠海出版社，1999.

[29] 文乃史.东吴大学[M].王国平，杨木武，译.珠海：珠海出版社，1999.

[30] 黄思礼.华西协合大学[M].秦和平，何启浩，译.珠海：珠海出版社，

1999.

[31] 德本康夫人,蔡路得. 金陵女子大学[M]. 杨天宏,译. 珠海：珠海出版社，1999.

[32] 罗德里克·斯科特. 福建协和大学[M]. 陈建明,姜源,译. 珠海：珠海出版社，1999.

[33] 柯约翰. 华中大学[M]. 马敏,叶桦,译. 珠海：珠海出版社，1999.

[34] 海波士. 沪江大学[M]. 王立诚,译. 珠海：珠海出版社，2005.

[35] 艾德敷. 燕京大学[M]. 刘天路,译. 珠海：珠海出版社，2005.

[36] 华惠德. 华南女子大学[M]. 朱峰,王爱菊,译. 珠海：珠海出版社，2005.

[37] 贲玛丽. 圣约翰大学[M]. 王东波,译. 珠海：珠海出版社，2005.

[38] 苏精. 清季同文馆及其师生[M]. 福州：福建教育出版社，2018.

[39] 徐以骅. 教育与宗教：作为传教媒介的圣约翰大学[M]. 珠海：珠海出版社，1999.

[40] 史静寰. 狄考文与司徒雷登：西方新教传教士在华教育活动研究[M]. 珠海：珠海出版社，1999.

[41] 费孝通. 师承·补课·治学[M]. 北京：生活·读书·新知三联书店，2002.

[42] 郝平. 无奈的结局：司徒雷登与中国[M]. 北京：北京大学出版社，2002.

[43] 黄涛. 大德是钦：记忆深处的福建协和大学[M]. 北京：中国大百科全书出版社，2007.

[44] 沈岩. 船政学堂[M]. 北京：科学出版社，2007.

[45] 王文兵. 丁韪良与中国[M]. 北京：外语教学与研究出版社，2008.

[46] 王启龙,邓小咏. 钢和泰学术评传[M]. 北京：北京大学出版社，2009.

[47] 章开沅. 贝德士文献研究[M]. 南宁：广西师范大学出版社，2011.

[48] 容新芳. I. A. 瑞恰慈与中国文化：中西方文化的对话及其影响[M]. 北京：商务印书馆，2012.

[49] 顾长声. 传教士与近代中国[M]. 上海：上海人民出版社，2013.

[50] 汪向荣. 日本教习[M]. 北京：商务印书馆，2014.

[51] 谢竹艳. 中国近代基督教大学外籍校长办学活动研究：1892—1947[M]. 福州：福建教育出版社，2015.

[52] 班威廉，克兰尔. 新西行漫记[M]. 裴然，何文介，吴楚，译. 北京：新华出版社，1988.

[53] 约翰·司徒雷登. 在华五十年：司徒雷登回忆录[M]. 程宗家，译. 北京：北京出版社，1982.

[54] 实藤惠秀. 中国人留学日本史[M]. 谭汝谦，林启彦，译. 北京：生活·读书·新知三联书店，1983.

[55] 丁韪良. 花甲忆记：一位传教士眼中的晚清帝国[M]. 沈弘，恽文捷，郝田虎，译. 桂林：广西师范大学出版社，2004.

[56] 芳卫廉. 基督教高等教育在变革中的中国：1880—1950[M]. 刘家峰，译. 珠海：珠海出版社，2005.

[57] 伯特·斯特恩. 温德先生：亲历中国六十年的传奇教授[M]. 马小悟，余婉卉，译. 北京：北京大学出版社，2016.

[58] 北京大学，中国第一历史档案馆. 京师大学堂档案选编[G]. 北京：北京大学出版社，2001.

[59] 中国第二历史档案馆. 中华民国史档案资料汇编：第三辑[G]. 南京：江苏古籍出版社，1991.

[60] 张研，孙燕京. 民国史料丛刊[G]. 郑州：大象出版社，2009.

[61] 潘懋元，刘海峰. 中国近代教育史资料汇编：高等教育[G]. 上海：上海教育出版社，2007.

[62] 王学珍，张万仓. 北京高等教育文献资料选编：1861—1948[G]. 北京：首都师范大学出版社，2004.

[63] 中国第二历史档案馆. 南京国民政府外交部公报[M]. 南京：江苏古籍出版社，1990.

[64] 清华大学校史研究室. 清华大学史料选编[G]. 北京：清华大学出版社，1991—1994.

[65] 王学珍，郭建荣.北京大学史料[G].北京：北京大学出版社，2000.

[66] 北京大学，清华大学，南开大学，等.国立西南联合大学史料[G].昆明：云南教育出版社，1998.

[67] 燕大文史资料编委会.燕大文史资料[G].北京：北京大学出版社，1988—1995.

[68] 中法大学史料编写组.中法大学史料续编[G].北京：北京理工大学出版社，1997.

[69]《南大百年实录》编辑组.南大百年实录：上卷　中央大学史料选[G].南京：南京大学出版社，2002.

[70]《南大百年实录》编辑组.南大百年实录：中卷　金陵大学史料选[G].南京：南京大学出版社，2002.

[71] 南京大学高教研究所校史编写组.金陵大学史料集[G].南京：南京大学出版社，1989.

[72] 西北大学西北联大研究所.西北联大史料汇编[G].西安：西北大学出版社，2012.

[73] 王强.民国大学校史资料汇编[G].南京：凤凰出版社，2014.

[74] 云南大学，云南省档案馆.云南大学史料丛书：教职员卷[G].昆明：云南民族出版社，2008.

[75] 厦门大学校史编委会.厦大校史资料：第五辑　组织机构沿革暨教职员工名录[G].厦门：厦门大学出版社，1990.

[76] 南京国民政府教育部.专科以上学校教员名册：第一册[Z].自印版.1942.

[77] 南京国民政府教育部.专科以上学校教员名册：第二册[Z].自印版.1944.

[78] 贺崇铃.清华人物志：三[M].北京：清华大学出版社，1995.

[79] 燕京研究院.燕京大学人物志：第一辑[M].北京：北京大学出版社，2001.

[80] 南京师范大学百年校庆·校史系列丛书编委会.南京师范大学志：1902—2002[M].南京：南京师范大学出版社，2002.

[81]《同济大学教授录》编委会.同济大学教授录[M].上海：同济大学出版社，2007.

[82]中国社会科学院近代史研究所翻译室.近代来华外国人名辞典[M].北京：中国社会科学出版社，1981.

[83]周川.中国近现代高等教育人物辞典[M].福州：福建教育出版社，2012.

二、期刊类

[1]章开沅.中国教会大学的历史命运：以贝德士文献（Bates'Papers）为实证[J].上海社会科学院学术季刊，1996（1）：184—192.

[2]孙传钊.清末师范教育中来自日本的影响[J].教育评论，1989（3）：66—69，79.

[3]吴凤鸣.1911至1949年来华的外国地质学家[J].中国科技史杂志，1990（3）：66—83.

[4]李乐曾.同济大学历史上的德籍教师[J].同济大学学报（社会科学版），2002（2）：12—17.

[5]生云龙.清华大学教师学历与学缘结构的变迁[J].清华大学教育研究，2008（2）：92—98，103.

[6]郭卫东.西方传教士与京师大学堂的人事纠葛[J].社会科学研究，2009（1）：131—137.

[7]张雷.葛德石与中国近代地理学[J].地理学报，2009（10）：1164—1174.

[8]孙承晟.葛利普与北京博物学会[J].自然科学研究史，2015（2）：182—200.

[9]赵飞飞，殷昭鲁.国民政府授勋的金陵大学外籍教师[J].档案与建设，2015（10）：36—39.

三、档案类

[1]中国第二历史档案馆馆藏"国民政府教育部档案".同济大学聘任外籍教授的有关文书[A].全宗号5.

[2]中国第二历史档案馆馆藏"国民政府教育部档案".中山大学聘请外

籍教授请购外汇的有关函件[A].全宗号5.

[3] 中国第二历史档案馆馆藏"国联世界文化合作委员会中国协会".世界文化合作会议第一至十五次会议工作报告[A].全宗号473.

[4] 同济大学档案馆馆藏.本校德籍教职员调查表：民国21年度、22年度[A].案卷号1-LS11-1337.

后　记

　　2014年初，恩师余子侠教授向我提到准备编撰中外教育交流与变革书系的事，希望我能撰写一部关于外籍教师在中国从教授业的研究性著作。自2007年博士毕业以来，我一直和余子侠教授保持着密切的学术合作，参与了余教授主编的"中外教育交流研究丛书"中《国际教育舞台的参演》一书的撰写，参编了《中国人留学史》和《湖北考试史》等书籍。对于先生这次的嘱托，我依然欣然领命。在搜集资料的过程中，倍感外籍教师在中国近代大学建设中所做的开创性工作之伟大。但由于工作繁复，并且我在教学、科研工作之外，还承担学院管理之责，特别是江汉大学教育硕士专业学位授权点的申报、建设工作耗费了我不少精力和时间，研究过程屡屡中断。在写作过程中，虽屡次想放弃，却都在恩师的鼓励下继续前行。终于，在匆忙之中交稿，实在感觉对外籍教师在华从教授业活动的研究还缺乏深度。加之资料零散、繁杂，觉得还有许多待挖掘、确定的方面。幸而，有先生点拨。他对书稿逐字逐句予以修订，并提出诸多修改意见，使我最终得以完成这一任务。由于本人学养有限，学术功力不足，该书有诸多疏漏错误之处，恳请诸位读者不吝赐教。本文参考了众多书籍和期刊论文，在此对这些书刊的著者、编者谨表示感谢。

　　本书在数据整理过程中，得到江汉大学2014级教育学专业秦安定、毛志娟、王甜三位学生的帮助，在此表示特别感谢。同时，该研究受到湖北省高等学校人文社科重点研究基地——湖北教师教育研究中心、武汉市重点学科——教育学的资助，在此予以说明。